Quendolin Winter

Das Helfernetzwerk

Ein Handbuch zu Unterstützungsleistungen
für Betroffene von Traumafolgestörungen

Das Helfernetzwerk

Haftungsausschluss

Die Benutzung dieses Buches und die Umsetzung der darin enthaltenen Informationen erfolgt ausdrücklich auf eigenes Risiko. Haftungsansprüche gegen die Autorin für Schäden materieller oder ideeller Art, die durch die Nutzung oder Nichtnutzung der Informationen bzw. durch die Nutzung fehlerhafter und/oder unvollständiger Informationen verursacht wurden, sind grundsätzlich ausgeschlossen. Rechts- und Schadenersatzansprüche sind daher ausgeschlossen.

Das Werk inklusive aller Inhalte wurde unter größter Sorgfalt erarbeitet. Die Autorin übernimmt jedoch keine Gewähr für die Aktualität, Korrektheit, Vollständigkeit und Qualität der bereitgestellten Informationen. Druckfehler und Falschinformationen können nicht vollständig ausgeschlossen werden. Die Autorin übernimmt keine Haftung für die Aktualität, Richtigkeit und Vollständigkeit der Inhalte des Buches, ebenso nicht für Druckfehler. Es kann keine juristische Verantwortung sowie Haftung in irgendeiner Form für fehlerhafte Angaben und daraus entstandenen Folgen von der Autorin übernommen werden. Für die Inhalte von den in diesem Buch abgedruckten Internetseiten sind ausschließlich die Betreiber der jeweiligen Internetseiten verantwortlich. Die Autorin hat keinen Einfluss auf die Gestaltung und Inhalte fremder Internetseiten und distanziert sich daher von allen fremden Inhalten. Zum Zeitpunkt der Verwendung waren keinerlei illegalen Inhalte auf den Webseiten vorhanden

1. Auflage

ISBN 978-3-00-081262-0

Titelfoto Assistenzhund „Valentino": © Fotografie Rona Neff, Besitzerin Bea Schultes

Quendolin Winter | c/o Block Services | Stuttgarter Str. 106 | 70736 Fellbach

Vorwort

Wer mit komplextraumatisierten Menschen arbeitet, weiß, dass es ein komplexes interdisziplinäres Hilfenetzwerk braucht, um diesen Menschen ausreichend gut helfen zu können. Jede einzelne Maßnahme allein ist zum Scheitern verurteilt oder doch zumindest oft frustrierend und traurig, sowohl für die Helfenden als auch für die Betroffenen. Betroffene, die doch jede Unterstützung verdient haben, nachdem wir als Gesellschaft versagt haben, sie vor den Gewalterfahrungen zu schützen, denen sie ausgesetzt waren.

Frau Winter hat mit diesem Buch einen unfassbar wertvollen Beitrag geleistet, um Betroffene und Helfer*innen dabei zu unterstützen ein effektives Hilfenetzwerk aufzubauen, mit dem Betroffene eine echte Chance haben sich ein selbstwirksames Leben mit einer tatsächlichen sozialen Teilhabe aufzubauen. Eine vergleichbare Fülle an praktischen Informationen und Hinweisen und eine auch nur ansatzweise ähnlich umfangreiche Zusammenstellung der verschiedensten Möglichkeiten finden sich, meines Wissens, in keiner anderen Publikation.

Dabei ist nicht zu unterschätzen, dass in diesem Buch das Wissen von einer selbst betroffenen Person vermittelt wird, die weiß, wovon sie schreibt, und die sich über viele Jahre mit großem Einsatz ein immenses Fachwissen angeeignet hat, welches sie hier teilt. Auch das macht dieses Buch zu etwas Besonderem, es schafft den Spagat zwischen einem Fachbuch mit anspruchsvoller Expertise, ist aber gleichzeitig nahbar und überzeugend. Hier kann noch die erfahrenste Sozialarbeiter*in oder Psychotherapeut*in neue wertvolle Informationen finden und gleichzeitig Betroffene Hoffnung schöpfen und praktische Tipps für die selbstständige Umsetzung finden.

Ich wünsche allen Lesenden Vergnügen und ein Feuerwerk an Aha-Momenten bei der Lektüre dieses Buches. In der Arbeit und im Leben mit komplexen Traumatisierungen brauchen wir alle Momente der Hoffnung, Lichtblicke, wie es weiter gehen kann. Ich bin mir sicher, dass Sie in diesem Buch fündig werden. Sie halten ein zukünftiges Standardwerk in den Händen.

Leipzig, 15. Januar 2025

Winja Buss

Psychologische Psychotherapeutin

Einleitung

„Man kann einen Menschen nichts lehren, man kann ihm nur helfen, es in sich selbst zu entdecken." Mit den Worten von Galileo Galilei beginnt das Buch – aber wieso, fragen Sie sich wahrscheinlich. Ich, die das Buch schreibt, arbeite viel mit Klient:innen[1] als Peerberaterin für traumabezogene Teilhabeberatung. Ich gebe in meinen Beratungen nie etwas vor. Vielmehr gebe ich meinen Klient:innen Input, ins Nachdenken zu kommen, wie ein Helfernetzwerk aussehen kann. Mit einem einfachen und spannenden Gedankenexperiment:

„Stellen Sie sich vor, Sie hätten 1 Million Euro im Lotto gewonnen. Was würde sich in Ihrem Leben verändern? Welche Wünsche würden Sie sich erfüllen?"

Und da kommen sehr viele Ideen. Und diese Ideen werden gebraucht, um weiterzudenken, wo sie in ihrem Leben hinwollen. Wieso 1 Mio. und nicht beispielsweise 10.000 €? Ganz einfach: mit den 10.000 € wird nur das Nötigste gekauft, Schulden abbezahlt, mal in den Urlaub fahren. Mit der Frage nach 1 Mio. € gehen die Gedanken viel, viel weiter. Es kommen Ideen auf wie zum Beispiel studieren zu wollen, viel mehr Freizeitaktivitäten zu machen, ein Auto zu kaufen und der Führerschein zu machen, auszuwandern und vieles mehr. Da ich selbst Betroffene von Komplexen Traumafolgestörungen bin, weiß ich, wie es ist, nur wenig Hoffnung in die Zukunft zu haben. Wie soll ich eine Lebensperspektive

---

[1] Ich habe in diesem Buch aus pragmatischen Gründen meist die kürzere männliche Form gewählt, mit der immer alle Geschlechter gemeint sind. Da jedoch der Großteil meiner Klient:innen und viele Betroffene von Traumfolgestörungen weiblich oder non-binär sind, gendere ich an diesen Stellen mit Doppelpunkt oder spreche von der/dem Betroffenen. Ebenso handhabe ich es bei anderen konkreten (weiblichen) Personen aus meinem Leben: Assistent:innen, Therapeutin.

entwickeln, wenn mich bereits der normale Einkauf im Supermarkt überfordert? Heute habe ich liebe Assistentinnen an meiner Seite, die mir im Alltag helfen. Mich unter anderem beim Einkauf, unterstützen, indem sie zum Beispiel aufpassen, dass ich mich nicht erschrecke, weil ein Mensch von hinten näherkommt. Ein Wocheneinkauf ist in den meisten Fällen nun ein Klacks für mich. Mein Leben besteht nun aus so viel mehr als nur zuhause zu sein – ich gehe regelmäßig in die Therme, ins Kino und zu Fachveranstaltungen auch außerhalb meines Wohnortes.

Und ich mache das wirklich gerne. Als ich keine Hilfe im Alltag hatte, konnte ich mir gar nicht vorstellen, wie sich ein Leben anfühlen kann, das nicht die ganze Zeit aus Überleben besteht. Aus diesem Grund ist dieses Buch entstanden: um anderen Betroffenen Möglichkeiten an die Hand zu geben, sich ihr eigenes Helfernetzwerk aufzubauen. Ein einfaches und verständliches Buch, das sich mit den Thema Trauma und Helfernetzwerk aufbauen beschäftigt, gab es nämlich in dieser Form bisher nicht.

Aber braucht wirklich jede:r ein Helfernetzwerk?

Ja, auch gesunde Menschen benötigen bzw. haben ein Helfernetzwerk. Dies besteht oft aus Familie, Freunden und Arbeitskollegen. Jedem Menschen kann eine schlechte Nachricht, beispielsweise über den Tod eines nahen Freundes, komplett aus der Bahn werfen, und da braucht es helfende Menschen im Umfeld. Bei Betroffenen von Traumafolgestörungen herrscht oft eine Vereinsamung vor, was bedeutet, mit wenigen Menschen über seine Sorgen und Nöte sprechen zu können. Und da braucht es ein Helfernetzwerk, das dies auffangen kann. Denn jedem Menschen, egal ob krank oder gesund, steht ein Helfernetzwerk zu. Ein Netz, innerhalb dessen man sein darf, wie man ist.

Die Traumatisierungen mussten die Betroffenen allein überleben – das Leben jetzt dürfen sie mit Hilfe bewältigen.

Wer die Kosten für das Helfernetzwerk trägt, beantwortet jedes Kapitel für sich selbst.

Wie arbeitet man mit diesem Buch am besten?

Im Inhaltsverzeichnis sind alle Möglichkeiten als Kurzbegriff benannt und innerhalb des jeweiligen Kapitels wird auf andere Kapitel verwiesen. Deswegen muss man das Buch nicht Kapitel für Kapitel lesen, sondern kann sich die Themen rauspicken, für die man sich gerade interessiert. Ich habe das Buch extra sowohl für Betroffene als auch Fachmenschen geschrieben, damit sie gemeinsam mit dem Buch arbeiten können. Ich habe versucht, traumasensibel zu schreiben, aber es werden hin und wieder Oberbegriffe von Straftaten benannt. Es wird nie ins Detail gegangen, trotzdem möchte ich vorwarnen, dass es an einigen Stellen belastende Momente geben kann.

Mein gebündeltes Fachwissen als Peerberaterin für traumabezogene Teilhabeberatung, mit vielen greifbaren Beispielen, wurde in diesem Buch vereinigt.

Ich habe das Buch in größter Sorgfalt und auf Grundlage eigenen Wissens geschrieben, aber gebe zu bedenken, dass ich keine Rechtsanwältin bin und dieses Buch keine Rechtsgültigkeit aufweist. Alle zitierten Gesetzestexte bzw. Auszüge daraus stammen, soweit nicht anders gekennzeichnet, von der vom Bundesjustizministerium bereitgestellten Website https://www.gesetze-im-internet.de/ .

Weitere Quellen finden sich in der jeweiligen Fußnote der Seite.

Eure

Quendolin Winter

Inhaltsverzeichnis

Inhaltsverzeichnis

Inhaltsverzeichnis

Inhaltsverzeichnis

Was ist ein Trauma?

Eine Traumatisierung entsteht, wenn ein Mensch einem Ereignis oder einer Reihe von Ereignissen ausgesetzt ist, die ihre Fähigkeit zur emotionalen und kognitiven Verarbeitung überfordern. Diese Ereignisse können sowohl einmalig als auch wiederholt auftreten. Entscheidend ist dabei weniger das objektive Geschehen, sondern wie die betroffene Person das Ereignis subjektiv erlebt.

Trauma entsteht häufig in Situationen, die gekennzeichnet sind durch:

- Eine plötzliche und unvorhersehbare Bedrohung für das Leben oder die körperliche Unversehrtheit
- Überwältigende Gefühle von Hilflosigkeit, Ohnmacht und Angst
- Ein Gefühl von Kontrollverlust über die Situation
- Eine tiefe Erschütterung des bisherigen Selbst- und Weltverständnisses

Beispiele für solche Erlebnisse sind schwere Unfälle, körperliche oder sexuelle Gewalt, Naturkatastrophen, Krieg oder der plötzliche

Verlust eines geliebten Menschen. Solche Ereignisse überfordern die Fähigkeit des Menschen, sie zu verarbeiten, und hinterlassen oft anhaltende Spuren auf der emotionalen, körperlichen und sozialen Ebene.

Traumatische Erfahrungen wirken sich unterschiedlich auf Menschen aus, abhängig von Faktoren wie Resilienz, sozialem Umfeld, persönlicher Vorgeschichte und der Art des Ereignisses. Nicht jeder, der ein belastendes Ereignis erlebt, entwickelt eine Traumafolgestörung. Traumata haben oft tiefgreifende Auswirkungen, die sich in verschiedenen Symptomen und Verhaltensweisen äußern.

Traumabedingte Erkrankungen

Traumafolgestörungen sind psychische oder psychosomatische Beschwerden, die aus einem oder mehreren nicht verarbeiteten belastenden Erlebnissen resultieren. Sie können unmittelbar nach dem Ereignis auftreten oder sich erst nach Monaten oder Jahren bemerkbar machen. Die häufigsten Traumafolgestörungen sind:

- **Posttraumatische Belastungsstörung (PTBS):**

Die Symptome umfassen wiederkehrende, belastende Erinnerungen (Flashbacks), Albträume, übersteigerte Wachsamkeit (Hyperarousal) und Vermeidungsverhalten gegenüber allem, was an das Ereignis erinnert. Betroffene fühlen sich oft in einem Zustand permanenter Bedrohung, was den Alltag erheblich beeinträchtigen kann.

- **Komplexe PTBS:**

Menschen, die wiederholten und langanhaltenden traumatischen Erfahrungen wie chronischem Missbrauch oder Gefangenschaft ausgesetzt waren, zeigen zusätzlich zu den Symptomen der PTBS oft Schwierigkeiten bei der Emotionsregulation, ein negatives Selbstbild und Probleme in zwischenmenschlichen Beziehungen.

- **Dissoziative Störungen:**

Dissoziative Störungen äußern sich durch Symptome wie Gefühle der Abspaltung vom eigenen Körper oder der Umgebung, Erinnerungslücken oder das Gefühl, "neben sich zu stehen". Solche Dissoziationen sind grundsätzlich nichts Ungewöhnliches, da auch gesunde Menschen sie erleben können. Ein Beispiel ist das "Tagträumen" während einer monotonen Autofahrt, bei der man sich plötzlich nicht mehr daran erinnert, wie man die letzten Kilometer gefahren ist. Bei einer dissoziativen Störung haben diese Zustände jedoch einen krankheitswertigen Charakter, da sie häufig auftreten, übermäßig intensiv sind und die Lebensführung der betroffenen Person erheblich beeinträchtigen. Diese Zustände treten als Schutzreaktion auftreten, um extremen Stress auszuhalten.

- **Dissoziative Identitätsstörung (DIS):**

Die Dissoziative Identitätsstörung (DIS) ist eine Form der dissoziativen Störungen, die auf dem Spektrum der Dissoziativen Störungen am stärksten ausgeprägt ist. Sie entwickelt sich infolge schwerer und wiederholter Traumata, die ausschließlich in der frühen Kindheit, im Alter zwischen null und fünf Jahren, entstehen kann.

Charakteristisch für diese Störung ist das Vorhandensein von zwei oder mehr unterschiedlichen Persönlichkeitsanteilen, die abwechselnd die Kontrolle über das Verhalten übernehmen. Diese Persönlichkeitsanteile können sich in Namen, Merkmalen, Erinnerungen und Verhaltensweisen voneinander unterscheiden. Bei der voll ausgeprägten Dissoziativen Identitätsstörung treten häufig Symptome wie Erinnerungslücken auf, die über normales Vergessen hinausgehen. Im Vergleich dazu ist die Partielle Dissoziative Identitätsstörung weniger stark von amnestischen Barrieren geprägt.

Betroffene der pDIS und DIS haben oftmals Schwierigkeiten, den Alltag zu bewältigen, da die verschiedenen Identitäten unterschiedliche Bedürfnisse oder Ziele verfolgen können. Hinzu kommen häufig intensive Gefühle von Scham, Angst und Verwirrung, die das Leben der Betroffenen zusätzlich belasten.

- **Borderline-Persönlichkeitsstörung (BPS):**

Die Borderline-Persönlichkeitsstörung wird häufig mit traumatischen Erfahrungen in Verbindung gebracht. Die Störung wird zunehmend auch von Traumatherapeuten als traumabedingte Entwicklungsstörung bezeichnet, da sie in engem Zusammenhang mit der Verarbeitung von Mikro- und Makrotraumata steht. Charakteristisch für die Erkrankung sind instabile zwischenmenschliche Beziehungen, die zwischen Idealisierung und Abwertung schwanken, intensive emotionale Schwankungen und Schwierigkeiten bei der Emotionsregulation sowie impulsives Verhalten, das sich in selbstschädigenden Handlungen, Substanzmissbrauch oder riskantem Verhalten äußern kann.

Betroffene erleben zudem ein tiefes Gefühl von innerer Leere, Identitätsstörungen und intensive Angst vor Verlassenwerden, die oft zu verzweifelten Versuchen führt, emotionale Bindungen aufrechtzuerhalten. Betroffene berichten oft von intensiven, schwer zu kontrollierenden Gefühlen, die sie vor erheblichen Herausforderungen stellen, insbesondere wenn es darum geht, die Folgen von traumatischen Erfahrungen zu erkennen und zu bewältigen. Gleichzeitig wird immer deutlicher, dass die Borderline-Struktur den Betroffenen oft geholfen hat, unter schwierigen Umständen zu überleben. Diese Struktur spiegelt oft bewusste oder unbewusste Bewältigungsstrategien wider, die es ermöglichten, mit unerträglichem Stress umzugehen.

Leider sind diese Überlebensmechanismen häufig mit Stigmata belastet, die die Betroffenen doppelt treffen: Einerseits leiden sie unter den Herausforderungen der Störung selbst, andererseits unter der gesellschaftlichen und oft auch fachlichen Verurteilung. Der Zeitpunkt der Diagnose einer Borderline-

Persönlichkeitsstörung erfolgt häufig erst dann, wenn die Überlebensstrategien, die einst notwendig waren, im späteren Leben zu Problemen führen. Dies geschieht oft, wenn die Strategien nicht mehr an die aktuelle Lebensrealität angepasst sind und sich in Form von Konflikten, emotionaler Überforderung oder destruktiven Verhaltensweisen äußern.

- **Weitere Erkrankungen**

Viele Menschen, die unter Traumafolgestörungen leiden, entwickeln zusätzlich andere Erkrankungen oder sogenannte Komorbiditäten wie Depressionen, Angststörungen oder psychosomatische Beschwerden. Dies liegt häufig daran, dass traumatische Erfahrungen individuell verarbeitet werden und die Reaktionen auf Trauma bei jedem Menschen unterschiedlich ausfallen. Zudem kann die Diagnose solcher Begleiterkrankungen erschwert werden, wenn die fachliche Diagnostik fehlt oder nicht ausreichend auf die zugrunde liegende Traumatisierung fokussiert ist. Die Vielfalt der möglichen Reaktionen auf traumatische Erlebnisse erklärt, warum Betroffene ein breites Spektrum an Folgeerkrankungen entwickeln können.

Zusammenfassend lässt sich sagen, dass traumatische Erlebnisse eine Vielzahl von psychischen und körperlichen Erkrankungen auslösen können. Die individuelle Verarbeitung solcher Erfahrungen führt zu einem breiten Spektrum an Symptomen und Folgeerkrankungen, die von den spezifischen Lebensumständen und der verfügbaren Unterstützung beeinflusst werden.

Kostenträger

Bevor wir zu den einzelnen Leistungen kommen, müssen wir uns vorab anschauen, welche möglichen Kostenträger wir überhaupt haben.

Was bedeutet der Begriff Kostenträger?

Wenn es um den Aufbau eines Helfernetzwerks geht, sprechen wir auch von Rehabilitationsträgern. Beide Begriffe bedeuten das gleiche.

Beim Beantragen von verschiedenen Leistungen muss man genau schauen, welcher Kostenträger zuständig ist, also woher die Beeinträchtigungen kommen und welche Leistungen dafür beantragt werden sollen.

Falls ihr euch unsicher seid, ist dies nicht schlimm, da jede Behörde dazu verpflichtet ist, an den richtigen Kostenträger weiterzuleiten. Es ist nur hilfreich, sich sicher zu sein, wenn es um besondere Leistungen wie Psychotherapie über die Eingliederungshilfe geht, da hier die Begründung immens wichtig ist, damit der Antrag nicht an die Krankenkasse weitergeleitet wird. Dazu aber später mehr im Kapitel „Psychotherapie"

Mir persönlich haben ein paar Eselsbrücken geholfen, insbesondere am Anfang.

Die kleinen Eselsbrücken

Die **Bundesagentur für Arbeit** in Zusammenarbeit mit dem Jobcenter (SGB II+III) ist der Kostenträger zum Ausgleich von Beeinträchtigungen im Zusammenhang mit Arbeit, für Möglichkeiten der Überwindung von Arbeitslosigkeit und zur Förderung für den ersten Arbeitsmarkt. Wichtig: Dies gilt nur bei unter 15 Jahren Erwerbstätigkeit.

Die **Gesetzliche Krankenversicherung** (SGB V) ist der Hauptkostenträger für alle medizinischen Heil- und Krankenbehandlungen. Also hier geht es primär um die Heilung der Erkrankung(en).

Die **Gesetzliche Rentenversicherung** (SGB VI) ist der Kostenträger zum Ausgleich von Beeinträchtigungen im Zusammenhang mit Arbeit, für Möglichkeiten der Überwindung von Arbeitslosigkeit und zur Förderung für den ersten Arbeitsmarkt. Wichtig: Dies gilt nur bei über 15 Jahren Erwerbstätigkeit.

Die **Gesetzliche Unfallversicherung** (SGB VII) beinhaltet alle Leistungen, die im Zusammenhang mit den anerkannten Schädigungsfolgen eines Arbeits- und Wegeunfalls auftreten. Um diese Leistungen nutzen zu können, wird ein bewilligter Antrag auf Arbeits- bzw. Wegeunfall benötigt. Für einige Leistungen reicht es bereits, dass der/die Betroffene sich im Antragsverfahren (nicht Widerspruchsverfahren) befindet.

Der Träger der **öffentlichen Jugendhilfe** (SGB VIII) ist der Kostenträger zum Ausgleich, zur Verbesserung oder Vermeidung der Beeinträchtigung von Kindern und Jugendliche bis 21 Jahren (in Ausnahmefällen bis 27), wenn das Kind als 35a (junge Menschen, deren „seelische" Gesundheit beeinträchtigt ist, die also seelisch behindert sind) eingestuft wurde.

Die **Eingliederungshilfe** (SGB IX) ist der Kostenträger zum Ausgleich, zur Verbesserung bzw. Verhinderung einer Verschlechterung von Beeinträchtigungen, also primär Unterstützung bei „Umgang mit den Beeinträchtigungen".

Die **Gesetzliche Pflegeversicherung** (SGB XI) ist für Leistungen im Zusammenhang mit der Pflege zuständig.

Die **Sozialhilfe** (SGB XII) bietet verschiedene Leistungen zum Beispiel im Zusammenhang mit Hilfe zur Pflege und weiteres.

Das **Soziale Entschädigungsrecht** (SGB XIV), kurz SER (früher Opferentschädigungsgesetz, kurz OEG) beinhaltet alle Leistungen, die im Zusammenhang mit den anerkannten Schädigungsfolgen bspw. einer (tätlichen) Straftat auftreten. Um diese Leistungen nutzen zu können, wird ein bewilligter Antrag auf SER-Leistungen benötigt. Für einige Leistungen im Sozialen Entschädigungsrecht reicht es bereits, dass der/die Betroffene sich im Antragsverfahren (nicht Widerspruchsverfahren) befindet.

Und nun in Langform:

Bundesagentur für Arbeit[2]

Die Bundesagentur für Arbeit (BA) übernimmt umfangreiche Dienstleistungsaufgaben auf dem Arbeits- und Ausbildungsmarkt für Bürgerinnen und Bürger sowie Unternehmen und Institutionen. Um diese Dienstleistungen zu erbringen, gibt es ein flächendeckendes Netzwerk von Agenturen für Arbeit und Jobcentern (bzw. gemeinsamen Einrichtungen) im ganzen Land.

---

[2] www.arbeitsagentur.de

Die Hauptaufgaben der BA umfassen:

- Förderung von Beschäftigung und Erwerbsbeteiligung
- Vermittlung in Lehr- und Arbeitsplätze
- Berufsberatung
- Beratung für Arbeitgeber
- Unterstützung der Berufsausbildung
- Berufliche Weiterbildung
- Leistungen zur Erhaltung und Schaffung von Arbeitsplätzen
- Entgeltersatzleistungen, wie zum Beispiel Arbeitslosen- oder Insolvenzgeld

Die Bundesagentur für Arbeit ist außerdem Trägerin der Grundsicherung für Arbeitsuchende und erbringt als solche in den gemeinsamen Einrichtungen Leistungen zur Beendigung oder Verringerung der Hilfebedürftigkeit, insbesondere durch Eingliederung in Arbeit, und Leistungen zur Sicherung des Lebensunterhaltes.

§ 1 SGB II - Aufgabe und Ziel der Grundsicherung für Arbeitsuchende

1. *Die Grundsicherung für Arbeitsuchende soll es Leistungsberechtigten ermöglichen, ein Leben zu führen, das der Würde des Menschen entspricht.*

2. *Die Grundsicherung für Arbeitsuchende soll die Eigenverantwortung von erwerbsfähigen Leistungsberechtigten und Personen, die mit ihnen in einer Bedarfsgemeinschaft leben, stärken und dazu beitragen, dass sie ihren Lebensunterhalt unabhängig von der Grundsicherung aus eigenen Mitteln und Kräften bestreiten können. Sie soll erwerbsfähige Leistungsberechtigte bei der Aufnahme oder Beibehaltung einer Erwerbstätigkeit unterstützen und den Lebensunterhalt sichern, soweit sie ihn nicht auf andere Weise bestreiten können. Die Gleichstellung von Männern und Frauen ist als durchgängiges Prinzip zu verfolgen. Die Leistungen der Grundsicherung sind insbesondere darauf auszurichten, dass*

- *durch eine Erwerbstätigkeit Hilfebedürftigkeit vermieden oder beseitigt, die Dauer der Hilfebedürftigkeit verkürzt oder der Umfang der Hilfebedürftigkeit verringert wird,*
- *die Erwerbsfähigkeit einer leistungsberechtigten Person erhalten, verbessert oder wiederhergestellt wird,*
- *Nachteile, die erwerbsfähigen Leistungsberechtigten aus einem der in § 1 des Allgemeinen Gleichbehandlungsgesetzes genannten Gründe entstehen können, überwunden werden,*
- *die familienspezifischen Lebensverhältnisse von erwerbsfähigen Leistungsberechtigten, die Kinder erziehen oder pflegebedürftige Angehörige betreuen, berücksichtigt werden,*
- *Anreize zur Aufnahme und Ausübung einer Erwerbstätigkeit geschaffen und aufrechterhalten werden.*

Mögliche Leistungen:

- Leistungen zur Teilhabe am Arbeitsleben
- Unterhaltssichernde und andere ergänzende Leistungen

Gesetzliche Krankenversicherung

Die Gesetzliche Krankenversicherung (GKV) hat die primäre Aufgabe, die Erhaltung, Wiederherstellung oder Verbesserung der Gesundheit der Versicherten zu gewährleisten.

Die Verantwortung für die Gesundheit der Versicherten liegt bei den Versicherten selbst. Es ist die Verantwortung der Krankenkassen, die Versicherten durch Aufklärung, Beratung und Unterstützung zu unterstützen.

§ 1 SGB V - Solidarität und Eigenverantwortung

Die Krankenversicherung als Solidargemeinschaft hat die Aufgabe, die Gesundheit der Versicherten zu erhalten, wiederherzustellen oder ihren Gesundheitszustand zu bessern. Das umfasst auch die Förderung der gesundheitlichen Eigenkompetenz und

Eigenverantwortung der Versicherten. Die Versicherten sind für ihre Gesundheit mitverantwortlich; sie sollen durch eine gesundheitsbewusste Lebensführung, durch frühzeitige Beteiligung an gesundheitlichen Vorsorgemaßnahmen sowie durch aktive Mitwirkung an Krankenbehandlung und Rehabilitation dazu beitragen, den Eintritt von Krankheit und Behinderung zu vermeiden oder ihre Folgen zu überwinden. Die Krankenkassen haben den Versicherten dabei durch Aufklärung, Beratung und Leistungen zu helfen und unter Berücksichtigung von geschlechts-, alters- und behinderungsspezifischen Besonderheiten auf gesunde Lebensverhältnisse hinzuwirken.

Mögliche Leistungen:

- Leistungen der medizinischen Rehabilitation
- Unterhaltssichernde und andere ergänzende Leistungen

Zuzahlung[3]

Die folgenden Zuzahlungsregeln gelten neben der Versorgung mit Arzneimitteln, Heil- und Hilfsmitteln für nahezu alle Leistungen der GKV. Hierunter fallen Krankenhausaufenthalte, Vorsorge- und Rehabilitationsmaßnahmen, häusliche Krankenpflege, Haushaltshilfe und Fahrkosten.

Wie hoch sind die Zuzahlungen?

Grundsätzlich leisten Mitglieder Zuzahlungen in Höhe von 10 % des Abgabepreises, mindestens jedoch 5 € und höchstens 10 €. Es sind jedoch nicht mehr als die jeweiligen Kosten des Mittels zu entrichten.

---

[3] www.bundesgesundheitsministerium.de/zuzahlung-krankenversicherung.html

Bei Heilmitteln und häuslicher Krankenpflege beträgt die Zuzahlung 10 % der Kosten sowie 10 € je Verordnung.

Um das Engagement der Versicherten für ihre eigene Gesundheit zu stärken und die besondere Stellung der Familie zu unterstützen, fallen keine Zuzahlungen an bei:

- Kindern und Jugendlichen bis zum vollendeten 18. Lebensjahr, mit Ausnahme der Fahrkosten,
- Untersuchungen zur Vorsorge und Früherkennung, die von der GKV getragen werden,
- empfohlenen Schutzimpfungen,
- Harn- und Blutteststreifen.

Belastungsgrenzen für die Zuzahlung

Grundsätzlich werden alle Zuzahlungen im Bereich der GKV für das Erreichen der Belastungsgrenze berücksichtigt. Daher sollten immer alle Zuzahlungsbelege gesammelt werden. Die Belastungsgrenze errechnet sich aus den Bruttoeinnahmen aller Familienangehörigen. Andere Angehörige als die Kinder oder Partner können nach Einzelfallprüfung durch die Krankenkasse bei der Berechnung einbezogen werden, wenn sie ihren gesamten Lebensunterhalt mit der Familie bestreiten.

Es gilt:

- Die Versicherten müssen in einem Kalenderjahr nicht mehr als 2 % der Bruttoeinnahmen zum Lebensunterhalt als Zuzahlung leisten.
- Für Versicherte, die wegen derselben schwerwiegenden Krankheit in Dauerbehandlung sind, oder beispielsweise chronisch kranke Patientinnen und Patienten, die an einem strukturierten Behandlungsprogramm teilnehmen, gilt eine Grenze von 1 % der Bruttoeinnahmen zum Lebensunterhalt.

- Bei Bezieherinnen und Beziehern von Sozialhilfe gilt der Regelsatz des Haushaltsvorstands als Berechnungsgrundlage für die Ermittlung der Belastungsgrenze für die gesamte Bedarfsgemeinschaft. Die unten angegebenen Freibeträge können daher nicht zusätzlich geltend gemacht werden.
- Die Belastungsgrenzen gelten auch für Bewohnerinnen und Bewohner von Alten- und Pflegeheimen.

Gesetzliche Rentenversicherung[4]

In Deutschland stellt die gesetzliche Rentenversicherung das bedeutendste System der sozialen Sicherung dar. Insbesondere schützt sie Arbeitnehmer, Selbstständige und andere Gruppen vor der Armutsgefährdung im Alter, der Erwerbsunfähigkeit und des Todes Angehöriger.

Die Altersrente steht im Fokus des Leistungsangebots. Für den Großteil unserer Bevölkerung stellt sie die wichtigste Einkommensquelle im Alter dar. Nebenbei bietet die gesetzliche Rentenversicherung Renten wegen Erwerbsminderung und Todesrenten (wie Witwen-/Witwerrenten, Erziehungsrenten und Waisenrenten) sowie medizinische und berufliche Rehabilitation.

§ 9 SGB VI - Aufgabe der Leistungen zur Teilhabe

(1) Die Träger der Rentenversicherung erbringen Leistungen zur Prävention, Leistungen zur medizinischen Rehabilitation, Leistungen zur Teilhabe am Arbeitsleben, Leistungen zur Nachsorge sowie ergänzende Leistungen, um
  1. *den Auswirkungen einer Krankheit oder einer körperlichen, geistigen oder seelischen Behinderung auf die Erwerbsfähigkeit der Versicherten vorzubeugen, entgegenzuwirken oder sie zu überwinden und*

---

[4] www.deutsche-rentenversicherung.de

2. *dadurch Beeinträchtigungen der Erwerbsfähigkeit der Versicherten oder ihr vorzeitiges Ausscheiden aus dem Erwerbsleben zu verhindern oder sie möglichst dauerhaft in das Erwerbsleben wiedereinzugliedern.*

Mögliche Leistungen:

- Leistungen der medizinischen Rehabilitation
- Leistungen zur Teilhabe am Arbeitsleben
- Unterhaltssichernde und andere ergänzende Leistungen
- Leistungen zur Teilhabe an Bildung
- Leistungen zur Sozialen Teilhabe

Gesetzliche Unfallversicherung[5]

Die gesetzliche Unfallversicherung ist ein Zweig der Sozialversicherung. Als Pflichtversicherung gleicht sie Gesundheitsschäden aus, die Versicherte infolge einer versicherten Tätigkeit erleiden. Gesetzliche Grundlage ist das siebte Buch des Sozialgesetzbuchs (SGB VII).

Aufgabe der gesetzlichen Unfallversicherung

Die gesetzliche Unfallversicherung hat die Aufgabe, mit allen geeigneten Mitteln

- Versicherungsfälle (Arbeitsunfälle und Berufskrankheiten) sowie arbeitsbedingte Gesundheitsgefahren zu verhüten,
- nach Eintritt von Versicherungsfällen die Gesundheit und Leistungsfähigkeit der Versicherten wiederherzustellen und
- die Versicherten oder ihre Hinterbliebenen durch Geldleistungen zu entschädigen.

---

[5] www.dguv.de

Mögliche Leistungen:

- Leistungen der medizinischen Rehabilitation
- Leistungen zur Teilhabe am Arbeitsleben
- Unterhaltssichernde und andere ergänzende Leistungen
- Leistungen zur Teilhabe an Bildung
- Leistungen zur Sozialen Teilhabe

Zuzahlung[6]

Zuzahlungen sind in der gesetzlichen Unfallversicherung grundsätzlich nicht zu leisten. Für Arznei-, Verband- und Hilfsmittel gelten aber die nach dem Krankenversicherungsrecht bestimmten Festbeträge, wenn das Ziel der Heilbehandlung mit diesen Mitteln erreicht werden kann. Verordnet der Arzt in diesen Fällen dennoch ein teureres Arznei-, Verband- oder Hilfsmittel, ist der Versicherte auf die Übernahme der Mehrkosten hinzuweisen.

Kann das Ziel der Heilbehandlung allerdings mit einem "Festbetragsmittel" nicht erreicht werden (Begründung durch den Arzt), übernimmt der zuständige Unfallversicherungsträger die tatsächlichen Kosten.

Träger der öffentlichen Jugendhilfe[7]

Kinder- und Jugendhilfen werden von öffentlichen und privaten Trägern für junge Menschen und deren Familien gewährt. Die Kinder- und Jugendhilfe unterstützt die Entwicklung von Kindern und Jugendlichen zu selbstständigen und kooperativen Individuen.

§ 1 SGB VIII - Recht auf Erziehung, Elternverantwortung, Jugendhilfe

---

[6] www.bmas.de/DE/Soziales/Gesetzliche-Unfallversicherung/Fragen-und-Antworten/faq-was-leistet-die-unfallversicherung-art.html
[7] www.kinder-jugendhilfe.info

1. *Jeder junge Mensch hat ein Recht auf Förderung seiner Entwicklung und auf Erziehung zu einer selbstbestimmten, eigenverantwortlichen und gemeinschaftsfähigen Persönlichkeit.*

Mögliche Leistungen:

- Leistungen der medizinischen Rehabilitation
- Leistungen zur Teilhabe am Arbeitsleben
- Leistungen zur Teilhabe an Bildung
- Leistungen zur sozialen Teilhabe

Anrechnung von Einkommen und Vermögen

Siehe Kapitel Eingliederungshilfe

Eingliederungshilfe

Durch das Bundesteilhabegesetz, kurz BTHG, das 2023 vollständig in Kraft getreten ist, wurden die Möglichkeiten der Teilhabe am Arbeitsleben, der Teilhabe an Bildung und der Sozialen Teilhabe für Menschen mit Behinderungen verbessert. Eine große Veränderung war unter anderem die geringere Anrechnung von Einkommen und Vermögen.

§ 1 SGB IX - Selbstbestimmung und Teilhabe am Leben in der Gesellschaft

Menschen mit Behinderungen oder von Behinderung bedrohte Menschen erhalten Leistungen nach diesem Buch und den für die Rehabilitationsträger geltenden Leistungsgesetzen, um ihre Selbstbestimmung und ihre volle, wirksame und gleichberechtigte Teilhabe am Leben in der Gesellschaft zu fördern, Benachteiligungen zu vermeiden oder ihnen entgegenzuwirken.

Dabei wird den besonderen Bedürfnissen von Frauen und Kindern mit Behinderungen und von Behinderung bedrohter Frauen und Kinder sowie Menschen mit seelischen Behinderungen oder von einer solchen Behinderung bedrohter Menschen Rechnung getragen.

Mögliche Leistungen

- Leistungen der medizinischen Rehabilitation
- Leistungen zur Teilhabe am Arbeitsleben
- Leistungen zur Teilhabe an Bildung
- Leistungen zur sozialen Teilhabe
-

Anrechnung von Einkommen und Vermögen[8]

Was ist Einkommen nach dem Bundesteilhabegesetz?

Das Einkommen ist das steuerliche Brutto-Einkommen des Vorvorjahres. Als Nachweis dient der Einkommenssteuer- oder Rentenbescheid. Das Einkommen der Partnerin oder des Partners wird nicht berücksichtigt.

Die Bezugsgröße bildet das Durchschnittsentgelt in Deutschland aus dem vorletzten Kalenderjahr ab.

---

[8] https://umsetzungsbegleitung-bthg.de/betreuungswesen/einkommen-und-vermoegen/

Berechnung Einkommen eines erwachsenen Beeinträchtigten Menschen (Stand 2024):

Das Einkommen stammt überwiegend aus ...	Jahreseinkommen
... einer sozialversicherungspflichtigen Beschäftigung oder selbstständigen Tätigkeit	36.057 € (= 85 % der jährlichen Bezugsgröße)
... einer nicht sozialversicherungspflichtigen Beschäftigung (z.B. Beamtengehalt) oder anderen nicht ausdrücklich genannten Einkünften	31.815 € (= 75 % der jährlichen Bezugsgröße)
... Renteneinkünften	25.452 € (= 60 % der jährlichen Bezugsgröße)

Diese Beträge erhöhen sich um

6.363 € (= 15 % der jährlichen Bezugsgröße) für den Ehe- oder Lebenspartner, mit dem der Leistungsbezieher in einer eheähnlichen oder lebenspartnerschaftsähnlichen Gemeinschaft lebt, und

4.242 € (= 10 % der jährlichen Bezugsgröße) für jedes Kind, das im Haushalt unterhaltsberechtigt ist.

Falls der (Ehe-)Partner mehr verdient als das oben genannte Einkommen, fällt der Erhöhungsbeitrag ab. Anschließend erfolgt nur eine Erhöhung für jedes unterhaltspflichtige Kind um 2.121 € (= 5 % der jährlichen Bezugsgröße).

Die Bezugsgröße beträgt im Jahr **2024** einheitlich 42.420 €.

Berechnung Einkommen für Eltern minderjähriger beeinträchtigter Kinder im gleichen Haushalt (Stand 2024)

Das Einkommen stammt überwiegend aus ...	Jahreseinkommen
... einer sozialversicherungspflichtigen Beschäftigung oder selbstständigen Tätigkeit	67.872 € (= 160 % der jährlichen Bezugsgröße)
... einer nicht sozialversicherungspflichtigen Beschäftigung (z.B. Beamtengehalt) oder anderen nicht ausdrücklich genannten Einkünften	63.630 € (= 150 % der jährlichen Bezugsgröße)
... Renteneinkünften	52.267 € (= 135 % der jährlichen Bezugsgröße)

Was ist Vermögen nach dem Bundesteilhabegesetz?

Zum Vermögen gehört das gesamte verwertbare Vermögen, also alles, was sich in irgendeiner Weise veräußern lässt. Das BTHG räumt jedoch einen Freibetrag für Barvermögen und andere Geldwerte in Höhe von 150 %der jährlichen Bezugsgröße ein (§ 18 Abs. 1 SGB IV).

Die Bezugsgröße ist das durchschnittliche Entgelt der gesetzlichen Rentenversicherung im vorvergangenen Jahr. Zudem gibt es gemäß § 90 SGB XII geschütztes Vermögen, das nicht in die Berechnung einfließt. Diese Regelung wurde aus dem SGB XII übernommen und bringt Sicherheit für Leistungsempfänger, die bisher Leistungen nach dem SGB XII erhielten.

Die Vermögensfreigrenze liegt im Jahr **2024** bei 63.630 € (150 % der jährlichen Bezugsgröße)

Leistungen, bei denen Vermögen keine Rolle spielt[9]:

- Heilpädagogische Leistungen zur sozialen Teilhabe nach § 113 Abs. 2 Nr. 3 SGB IX
- Leistungen zur medizinischen Rehabilitation nach § 109 SGB IX
- Leistungen zur Teilhabe am Arbeitsleben nach § 111 Abs. 1 SGB IX (z.B. in einer Werkstatt für behinderte Menschen)
- Leistungen zur Teilhabe an Bildung nach § 112 Abs. 1 Nr. 1 SGB IX
- Leistungen zur schulischen oder hochschulischen Ausbildung oder Weiterbildung für einen Beruf nach § 112 Abs. 1 Nr. 2 SGB IX, wenn diese in besonderen Ausbildungsstätten über Tag und Nacht für Menschen mit Behinderungen geleistet werden
- Leistungen zum Erwerb und Erhalt praktischer Kenntnisse und Fähigkeiten nach § 113 Abs. 2 Nr. 5 SGB IX, wenn diese der Vorbereitung auf Leistungen zur Beschäftigung nach § 111 Abs. 1 SGB IX dienen
- Leistungen zur sozialen Teilhabe nach § 113 Abs. 1 SGB IX für noch nicht eingeschulte Kinder.

Sozialhilfe

Alle Bürger haben einen gesetzlich gesicherten Anspruch auf staatliche Hilfen zur Gewährleistung eines angemessenen Existenzminimums. Die Sozialhilfe bietet diese Hilfen, wenn bestimmte Bedingungen erfüllt sind. Sie wurde entwickelt, um Situationen zu bewältigen, in denen die angebotenen Leistungen von Krankenversicherung, Pflegeversicherung, Unfallversicherung, Arbeitslosen-versicherung oder Rentenversicherung die Notlage entweder nicht vollständig oder gar nicht beseitigen können. Es spielt keine Rolle, durch was man in Schwierigkeiten geraten ist.

---

[9] www.bmas.de/DE/Soziales/Teilhabe-und-Inklusion/Rehabilitation-und-Teilhabe/Fragen-und-Antworten-Bundesteilhabegesetz/faq-bundesteilhabegesetz.html (Stand Dez. 2024)

§ 1 SGB XII - Aufgabe der Sozialhilfe

Aufgabe der Sozialhilfe ist es, den Leistungsberechtigten die Führung eines Lebens zu ermöglichen, das der Würde des Menschen entspricht. Die Leistung soll sie so weit wie möglich befähigen, unabhängig von ihr zu leben; darauf haben auch die Leistungsberechtigten nach ihren Kräften hinzuarbeiten. Zur Erreichung dieser Ziele haben die Leistungsberechtigten und die Träger der Sozialhilfe im Rahmen ihrer Rechte und Pflichten zusammenzuwirken.

Mögliche Leistungen:

- Unterhaltssichernde und andere ergänzende Leistungen

Anrechnung von Einkommen und Vermögen[10]:

Sozialhilfe wird nur gewährt, wenn das eigene Einkommen und Vermögen nicht ausreichen, um ein menschenwürdiges Leben zu führen, oder es nicht zuzumuten ist, es auszugeben. Das Sozialamt überprüft auch, ob Dritte mit der hilfesuchenden Person zusammen wirtschaften und anzunehmen ist, dass sie von diesen Lebensunterhaltsleistungen erhält. Unabhängig davon, ob sie unterhaltspflichtig sind oder nicht, werden ihr Einkommen und Vermögen auf die Sozialhilfe der hilfesuchenden Person angerechnet.

Es besteht die Möglichkeit, dass das Sozialamt auch Unterhaltspflichtige heranzieht, die weder mit der sozialhilfeberechtigten Person gemeinsam wirtschaften noch tatsächlich Lebensunterhaltsleistungen an sie erbringen.

---

[10] www.bmas.de/DE/Soziales/Sozialhilfe/Leistungen-fuer-den-Lebensunterhalt/leistungen-fuer-den-lebensunterhalt.html (Stand Dez. 2024)

Integrationsämter

Integrationsämter fördern und sichern die berufliche Eingliederung schwerbehinderter Menschen in den allgemeinen Arbeitsmarkt, zum Beispiel durch Bildungs- und Informationsangebote und Gewährung von Förderleistungen. In einigen Bundesländern haben sich die Integrationsämter in 'Inklusionsämter' umbenannt.

Mögliche Leistungen:

- Leistungen zur Teilhabe am Arbeitsleben

Soziales Entschädigungsrecht

(Früher Opferentschädigungsgesetz, kurz OEG)

Soziale Entschädigung unterstützt Menschen, die durch ein schädigendes Ereignis eine gesundheitliche Schädigung erlitten haben.

Die Höhe bzw. Art und Weise der Entschädigung basiert auf den Auswirkungen des schädigenden Ereignisses. Die Entschädigungstatbestände des SGB XIV umfassen zivile Gewalttaten (früher OEG), nachträgliche Kriegsauswirkungen der beiden Weltkriege (BVG), Ereignisse im Zusammenhang mit der Ableistung des Zivildienstes (ZDG) und Impfschäden nach dem Infektionsschutzgesetz (IfSG).

Das schädigende Ereignis muss einen Gesundheitsschaden verursacht haben, der zu einer Gesundheitsstörung geführt hat.

§ 1 SGB XIV - Aufgabe und Anwendungsbereich der Sozialen Entschädigung

(1) Die Soziale Entschädigung unterstützt Menschen, die durch ein schädigendes Ereignis, für das die staatliche Gemeinschaft eine besondere Verantwortung trägt, eine gesundheitliche

Schädigung erlitten haben, bei der Bewältigung der dadurch entstandenen Folgen.

(2) Schädigende Ereignisse sind:

- *Gewalttaten nach Kapitel 2 Abschnitt 2 Unterabschnitt 1,*
- *Kriegsauswirkungen beider Weltkriege nach Kapitel 2 Abschnitt 2 Unterabschnitt 2 sowie*
- *Ereignisse im Zusammenhang mit der Ableistung des Zivildienstes nach Kapitel 2 Abschnitt 2 Unterabschnitt 3 sowie*
- *Schutzimpfungen oder andere Maßnahmen der spezifischen Prophylaxe nach Kapitel 2 Abschnitt 2 Unterabschnitt 4,*

die eine gesundheitliche Schädigung verursacht haben.

(3) Das schädigende Ereignis kann ein zeitlich begrenztes, ein wiederkehrendes oder ein über längere Zeit einwirkendes Ereignis sein.

Mögliche Leistungen:

- Leistungen der medizinischen Rehabilitation
- Leistungen zur Teilhabe am Arbeitsleben
- Unterhaltssichernde und andere ergänzende Leistungen
- Leistungen zur Teilhabe an Bildung
- Leistungen zur sozialen Teilhabe

Anrechnung von Einkommen und Vermögen:

Für Leistungen nach dem Sozialen Entschädigungsrecht kommt es grundsätzlich nicht auf die Einkommens- und Vermögensverhältnisse an.

Auch für Heil- und Krankenbehandlungen ist keine Zuzahlung zu leisten.

Psychotherapie

In diesem Kapitel geht es um verschiedene Finanzierungsmöglichkeiten für die Psychotherapie bei Psychologischen Psychotherapeuten oder Ärztlichen Psychotherapeuten.

Gesetzliche Krankenversicherung

Grundlage für eine psychotherapeutische Behandlung laut SGB V (Gesetzliche Krankenversicherung):

§ 27 SGB V – Krankenbehandlung

(1) Versicherte haben Anspruch auf Krankenbehandlung, wenn sie notwendig ist, um eine Krankheit zu erkennen, zu heilen, ihre Verschlimmerung zu verhüten oder Krankheitsbeschwerden zu lindern. Die Krankenbehandlung umfasst:

1.   Ärztliche Behandlung einschließlich Psychotherapie als ärztliche und psychotherapeutische Behandlung

Stundenkontingent je Fachrichtung (Auszug Psychotherapie-Richtlinie)[11]

	Analytische Psychotherapie	Tiefenpsychologisch fundierte Psychotherapie	Verhaltenstherapie	Systemische Therapie
Erwachsene (Einzel/Gruppe)	160 / 80	60 / 60	60	36
Kinder (Einzel/Gruppe)	70 / 60	70 / 60	60	36
Jugendliche (Einzel/Gruppe)	90 / 60	90 / 60	60	36
Therapieverlängerung (insgesamt)				
Erwachsene (Einzel/Gruppe)	300 / 150	100 / 80	80	48
Kinder (Einzel/Gruppe)	150/ 90	150 / 90	80	48
Jugendliche (Einzel/Gruppe)	180 / 90	180 / 90	80	48

[11] www.g-ba.de/themen/psychotherapie/ambulante-psychotherapie/

Der Weg in die Psychotherapie über die Gesetzliche Krankenversicherung:

1. Psychotherapeutische Sprechstunde in Anspruch nehmen. Termin kann unter der Telefonnummer 116 117 – der Patientenservice vereinbart werden.
2. Psychologischen/Ärztlichen Psychotherapeuten suchen*
3. Bis zu 5 Probatorische Sitzungen in Anspruch nehmen
4. Beginn Ambulante Psychotherapie (nach Bewilligung durch die Krankenkasse)

Wo findet man einen psychologischen oder ärztlichen Psychotherapeuten?

Auf der Website der Deutschsprachigen Gesellschaft für Psychotraumatologie finden Betroffene Informationen und Hilfe. Dort sind auch Therapeuten gelistet, die auf Traumafolgestörungen spezialisiert sind.

Zu finden unter: www.degpt.de

Auf der Website der Deutschen Psychotherapeutenvereinigung sind psychologische und ärztliche Psychotherapeuten gelistet. Allerdings ist dort nicht ersichtlich, ob sie Erfahrung mit Traumafolgestörungen haben.

Zu finden unter: www.dptv.de

Wie wird eine Psychotherapie beantragt?

Den Antrag auf Psychotherapie stellt der Psychologische oder ärztliche Psychotherapeut gegen Ende der Probatorischen Sitzungen. Nachdem der Antrag von der Krankenkasse bewilligt wurde, kann die Therapie sofort beginnen bzw. weitergeführt werden.

Welche Möglichkeiten gibt es, wenn das maximale Stundenkontigent erreicht wurde?

Gibt es weiterhin eine behandlungsbedürftige Erkrankung, die eine Psychotherapie medizinisch notwendig macht, dann kann wie folgt vorgegangen werden:

1. Weiterbewilligungsantrag auf weitere Stunden bei der Gesetzlichen Krankenversicherung stellen
2. Bei Ablehnung direkt in den Widerspruch gehen und gleichzeitig Einstweiligen Rechtsschutz* beim Sozialgericht einreichen.

*Näheres zum Einstweiligen Rechtsschutz zu finden im Kapitel „Rechtliche Unterstützungsmöglichkeiten"

Mythos 2 Jahre Therapie-Pause

In der Gesellschaft hält sich noch der Mythos, dass innerhalb von zwei Jahren nach Abschluss einer Richtlinientherapie keine weitere Therapie begonnen oder beantragt werden darf.

Dazu ein Auszug von der Website der Kassenärztlichen Bundesvereinigung[12]:

Kann ein Versicherter innerhalb von zwei Jahren nach Ende der letzten Therapie einen neuen Antrag stellen?

Ein Patient kann jederzeit einen Antrag auf Psychotherapie bei seiner Krankenkasse stellen. Die Entscheidung über die Bewilligung trifft allein die Krankenkasse. Innerhalb von zwei Jahren nach Ende der letzten Psychotherapie ist vorgesehen, dass der Antrag des Patienten auf eine Lang- oder Kurzzeittherapie mit einem Bericht des Therapeuten an einen Gutachter zur Prüfung übermittelt wird.

---

[12] www.kbv.de

Die Gesetzlichen Krankenkassen lehnen zumeist mit der Begründung ab, dass die Stunden gemäß Psychotherapie-Richtlinien aufgebraucht seien. Aber solang es eine behandlungsbedürftige Erkrankung gibt, die eine Behandlung medizinisch notwendig macht, haben Patienten ein Recht auf Weiterführung der medizinischen Behandlung.

Tipp für Behandler: Die GKV lehnt einer Weiterbehandlung oftmals (auch) wegen Nicht-Erreichbarkeit der Ziele ab. Aus diesem Grund ist es sehr wichtig, immer erreichbare Zwischenziele mitzuformulieren.

Zum Beispiel: Das Therapieziel ist die Aufarbeitung und Integration der Traumatisierungen.

Mögliche Zwischenziele könnten hier sein: Eine tragfähige Therapiebeziehung aufbauen, Erlernen von Regulationstechniken, Erlernen von Selbstwirksamkeit, Aufbau tragfähiger Sozialkontakte, Umgang mit den Einschränkungen, behutsame Konfrontation der Traumainhalte, Integration der Traumatisierungen in die eigene Lebensgeschichte, Entwicklung einer Lebensperspektive.

Es sollten immer die Therapieteilziele benannt werden, die im beantragten Stundenkontingent realistisch erreicht werden können.

Kostenerstattungsverfahren in der Gesetzlichen Krankenversicherung (GKV)[13]

Wenn eine zeitnahe psychotherapeutische Behandlung bei kassenzugelassenen Psychotherapeutinnen nicht möglich ist, können Versicherte der GKV das sogenannte Kostenerstattungsverfahren nutzen.

---

[13]www.dptv.de/fileadmin/Redaktion/Bilder_und_Dokumente/Wissensdatenbank_oeffentlich/Broschuere/DPtV-Faltblatt_Kosten.pdf

Dieses Verfahren erlaubt es, sich die Kosten einer Behandlung bei nicht kassenzugelassenen Psychotherapeutinnen erstatten zu lassen. Folgende Schritte sind dabei wichtig:

1. Psychotherapeutische Sprechstunde besuchen

Vor Beginn der Therapie ist der Besuch einer psychotherapeutischen Sprechstunde verpflichtend. Hier wird eine erste diagnostische Einschätzung vorgenommen und die Dringlichkeit einer Behandlung dokumentiert. Das entsprechende Formular (PTV 11) mit Dringlichkeitsvermerk ist essenziell für den Antrag.

2. Nachweis über vergebliche Therapieplatzsuche

Versicherte müssen dokumentieren, dass sie innerhalb einer zumutbaren Frist (meist sechs Wochen) keinen Therapieplatz bei kassenzugelassenen Psychotherapeut*innen finden konnten. Dies umfasst eine Liste mit erfolglosen Kontaktversuchen, inklusive Datum, Wartezeit und Ergebnissen.

3. Antrag auf Kostenerstattung stellen

Der Antrag wird formlos bei der Krankenkasse eingereicht. Neben dem Formular PTV 11 und der Nachweisliste über die vergebliche Suche sollten eventuelle Dringlichkeitsbescheinigungen eines Facharztes oder einer Klinik beigefügt werden. Der behandelnde Psychotherapeut in der Privatpraxis kann den Antrag zusätzlich begründen.

4. Entscheidung der Krankenkasse abwarten

Die Therapie kann starten, sobald die Krankenkasse die Kostenübernahme schriftlich bestätigt hat. Bei Ablehnung besteht die Möglichkeit, innerhalb weniger Wochen Widerspruch einzulegen.

Das Kostenerstattungsverfahren bietet eine wichtige Möglichkeit, auch in dringenden Fällen Zugang zu psychotherapeutischer Hilfe zu erhalten. Eine gute Dokumentation und enge Abstimmung mit der Krankenkasse sind entscheidend, um den Antrag erfolgreich zu gestalten.

Aus der Beratungspraxis: *Dieser Weg ist leider oft beschwerlich und mit erheblichen Herausforderungen verbunden. Manche Krankenkassen zeigen sich kooperativ und offen, während andere bereits im Vorfeld jegliche Anträge kategorisch ablehnen.*

Wichtiges Gerichtsurteil im Zusammenhang mit einer Dissoziativen Identitätsstörung und langfristiger ambulanter Psychotherapie:

Aktenzeichen Sozialgericht Mainz: S 14 KR 326/13

Im Urteil des Sozialgerichts Mainz vom 7. Mai 2016 wurde die beklagte Krankenversicherung dazu verurteilt, der Klägerin eine traumaspezifische Psychotherapie nach den ISSTD-Richtlinien im Umfang von 475 Stunden zu gewähren.

Die Argumentation des Gerichts basierte darauf, dass die dissoziative Identitätsstörung als lebensbedrohliche Erkrankung eingestuft wurde, da 75–80 % der Betroffenen mindestens einen Suizidversuch unternehmen.

Gesetzliche Unfallversicherung

Sind die Gesundheitsschäden durch einen Schul-, Ausbildungs-, oder Arbeitsunfall bzw. einen Wegeunfall passiert, dann greift in Deutschland die Gesetzliche Unfallversicherung (SGB VII). Jeder, der in einem Arbeits-, Ausbildungs- oder Dienstverhältnis steht, ist durch dieses Sozialgesetzbuch geschützt. Der Arbeitgeber muss den Arbeitnehmer dazu in einer Berufsgenossenschaft oder einer anderen zuständigen Unfallversicherungsträger anmelden und zahlt komplett die Kosten.

Kinder und Jugendliche bei einem Besuch einer Kindertageseinrichtung oder Schule sind ebenfalls über die Gesetzliche Unfallversicherung versichert.

Zu unterscheiden sind bezüglich der Leistungsfälle zum einen die sogenannten Berufskrankheiten und zum anderen der Eintritt eines Versicherungsfalls durch Unfälle, Gewaltdelikte z.B. eines Raubüberfalls in einem Kiosk.

Wurden Kinder oder Jugendliche Opfer von Sexueller Gewalt durch Lehrkräfte und Pädagogen in der Kindertageseinrichtung oder Schule können diese ebenfalls Leistungen wie Psychotherapie über die Gesetzliche Unfallversicherung erhalten.

Wichtig ist in diesem Fall, dass der Psychologische oder Ärztliche Psychotherapeut am Psychotherapeutenverfahren der Gesetzlichen Unfallversicherung teilnimmt. Eingeleitet wird die Psychotherapie durch einen D-Arzt* oder den Unfallversicherungsträger.

*D-Arzt steht für Durchgangsarzt. Diese Ärzte sorgen für eine schnellstmögliche und optimale Versorgung von Erkrankungen oder Verletzungen im Zusammenhang mit einem Versicherungsfall der gesetzlichen Unfallversicherung.

Eingliederungshilfe

Die Eingliederungshilfe (SGB IX) dient der Rehabilitation und Teilhabe von Menschen mit Behinderungen. Sie ist der nachrangigste Kostenträger, das heißt, erst wenn alle anderen Kostenträger abgelehnt haben, kommt die Eingliederungshilfe für medizinische Rehabilitation in Frage.

In § 42 des SGB IX wird Psychotherapie explizit genannt. Wichtig bei der Beantragung von Psychotherapie über die Eingliederungshilfe ist die Formulierung. Es darf nicht rein um eine Therapie zur Heilung der Erkrankung gehen, sondern um die Reduktion oder den Ausgleich der Behinderung, also Teilhabe, oder um den Umgang mit den Beeinträchtigungen.

Den Antrag auf die Leistung Psychotherapie muss die betroffene Person selbst beim Kostenträger stellen. Der Therapeut kann den Patienten dabei unterstützen, indem er ihm einen Zwischenbericht sowie einen Kostenvoranschlag zur Verfügung stellt.

Da die Formulierung zur Beantragung immens wichtig ist, macht es Sinn, sich am Gesetz selbst entlang zu hangeln. Auf den kommenden Seiten gibt es dafür eine Beispielformulierung. Hier zuerst einmal der Gesetzestext:

SGB IX § 42 Leistungen zur medizinischen Rehabilitation

(1) Zur medizinischen Rehabilitation von Menschen mit Behinderungen und von Behinderung bedrohter Menschen werden die erforderlichen Leistungen erbracht, um
1. *Behinderungen einschließlich chronischer Krankheiten abzuwenden, zu beseitigen, zu mindern, auszugleichen, eine Verschlimmerung zu verhüten oder*
2. *Einschränkungen der Erwerbsfähigkeit und Pflegebedürftigkeit zu vermeiden, zu überwinden, zu mindern, eine Verschlimmerung zu verhindern sowie den vorzeitigen Bezug von laufenden Sozialleistungen zu verhüten oder laufende Sozialleistungen zu mindern.*

(2) Leistungen zur medizinischen Rehabilitation umfassen insbesondere

1. *Behandlung durch Ärzte, Zahnärzte und Angehörige anderer Heilberufe, soweit deren Leistungen unter ärztlicher Aufsicht oder auf ärztliche Anordnung ausgeführt werden, einschließlich der Anleitung, eigene Heilungskräfte zu entwickeln,*
2. *Früherkennung und Frühförderung für Kinder mit Behinderungen und von Behinderung bedrohte Kinder,*
3. *Arznei- und Verbandmittel,*
4. *Heilmittel einschließlich physikalischer, Sprach- und Beschäftigungstherapie,*
5. ***Psychotherapie als ärztliche und psychotherapeutische Behandlung,***

(3) Bestandteil der Leistungen nach Absatz 1 sind auch medizinische, psychologische und pädagogische Hilfen, soweit diese Leistungen im Einzelfall erforderlich sind, um die in Absatz 1 genannten Ziele zu erreichen. Solche Leistungen sind insbesondere

1. ***Hilfen zur Unterstützung bei der Krankheits- und Behinderungsverarbeitung,***
2. ***Hilfen zur Aktivierung von Selbsthilfepotentialen,***
3. *die Information und Beratung von Partnern und Angehörigen sowie von Vorgesetzten und Kollegen, wenn die Leistungsberechtigten dem zustimmen,*
4. *die Vermittlung von Kontakten zu örtlichen Selbsthilfe- und Beratungsmöglichkeiten,*
5. ***Hilfen zur seelischen Stabilisierung und zur Förderung der sozialen Kompetenz***, *unter anderem durch Training sozialer und kommunikativer Fähigkeiten und im Umgang mit Krisensituationen,*
6. ***das Training lebenspraktischer Fähigkeiten sowie***
7. *die Anleitung und Motivation zur Inanspruchnahme von Leistungen der medizinischen Rehabilitation.*

Eine Stundenkontingentierung wie bei der Gesetzlichen Krankenversicherung gibt es nicht. Hier wird die benötigte Behandlungsfrequenz meist so lange bewilligt, bis die Gesetzliche Krankenversicherung wieder zum Kostenträger wird. In der Ablehnung der Gesetzlichen Krankenversicherung steht ein Grund, wieso eine weitere Therapie abgelehnt wurde und wann sie wieder eine neue Therapie finanzieren werden.

Wie weiter vorne beschrieben, ist die Begründung im Antrag auf Psychotherapie immens wichtig. Deswegen schauen wir uns anhand des dritten Absatzes des § 42 SGB IX am Beispiel einer komplexen Posttraumatische Belastungsstörung und einer (partiellen) Dissoziativen Identitätsstörung nun einmal genauer an, was Inhalt der Psychotherapie sein könnte.

- **Hilfen zur Unterstützung bei der Krankheits- und Behinderungsverarbeitung,**

z.B. Ausbau der Innenkommunikation, sodass nicht nur ein grober Zusammenschnitt an den nächsten Anteil weitergegeben wird, sondern komplette Inhalte, Kontexte sowie die bildhaften Erinnerungen an das Geschehene. Dazu müssen die amnestischen Barrieren abgebaut werden, was nur mit einem Therapeuten oder eine Therapeutin geschehen kann, die sich auf Dissoziative Störungen spezialisiert hat. Im Weiteren müssen die traumatischen Erlebnisse des jahrelangen Missbrauchs verarbeitet werden, damit die Symptomatik mit Hochschrecken/Erschrecken, Alpträumen, Flashbacks und Ängsten sich reduziert, wodurch die Teilhabe am sozialen und kulturellen Leben erst möglich wird.

- **Hilfen zur Aktivierung von Selbsthilfepotentialen,**
- **das Training lebenspraktischer Fähigkeiten,**

das heißt z.B., zu erarbeiten, was sind gute Verhaltensweisen, welche sind schlechte antrainierte Fähigkeiten, die eher schaden als nutzen? Was ist ein normaler Tagesrhythmus, im Besonderen mit den dissoziativen Symptomen? Wie kann ein Tagesrhythmus einstudiert werden, wenn verschiedene Persönlichkeitsanteile aktiv sind? Wie kann der Tag gemanagt werden bei Amnesien? Auch: Einübung verschiedener Hilfsmittel in Bezug auf systematische Tätigkeiten wie kochen, Wäsche waschen sowie mehrschrittige Aufgaben. Im Konkreten geht es darum, mit den Beeinträchtigungen so umgehen zu lernen, dass trotz der Amnesien Aufgaben in einem zeitlich ertragbaren Rahmen beendet werden können.

- **Hilfen zur seelischen Stabilisierung und zur Förderung der sozialen Kompetenzen**,

unter anderem durch Kommunikationstraining mit jedem einzelnen Persönlichkeitsanteil sowie das Schulen aller Anteile in Bezug auf Krisensituationen. Es gibt Anteile, die noch nicht ins Hier und Jetzt orientiert sind; diese müssen darüber aufgeklärt werden, in welchem Jahr sie sich befinden und dass der Körper keine Übergriffe mehr erlebt. Durch die amnestischen Barrieren muss dies aber mit jedem Persönlichkeitsanteil einzeln geschehen, was nur sehr langsam und mühsam vonstattengeht, da viele der Anteile nur durch bestimmte Trigger ausgelöst werden. Da ich zu den Zeiten, in denen andere Persönlichkeitsanteile aktiv sind, eine Amnesie habe, kann ich dies nicht selbst tun, sondern es muss von einer Person kommen, die damit umgehen kann und mitbekommt, dass es einen Wechsel der Persönlichkeitsanteile gab.

———

Jede Behörde in Deutschland geht verschieden mit dem Thema Psychotherapie als Leistung der Eingliederungshilfe um. Einige Behörden kennen den Paragrafen schlicht nicht. Und andere verweisen darauf, dass Psychotherapie eine Leistung der Krankenkasse sei. Ich habe als Teilhabeberaterin inzwischen jedoch mehr als 20 Klient:innen begleitet, die über die Eingliederungshilfe ihre Psychotherapie langfristig finanziert bekommen. Einige mussten aber in den Widerspruch gehen oder auch dem einstweiligen Rechtsschutz gehen. Siehe Kapitel „Rechtliche Unterstützungsmöglichkeiten"

Und jede Eingliederungshilfe bewilligt die Leistung anders. Bei vielen wird die Frequenz bewilligt, aber es gab auch Klient:innen, bei denen die Eingliederungshilfe eine bestimmte Anzahl an Stunden bewilligt hat, für die Zeit, wo die Gesetzliche Krankenversicherung ablehnt.

Auf der Website der Umsetzungsbegleitung Bundesteilhabegesetz[14] steht zum Thema „Leistungen zur Medizinischen Rehabilitation" Folgendes:

„Leistungen der Medizinischen Rehabilitation werden insbesondere durch die gesetzlichen Krankenkassen erbracht. Die Eingliederungshilfe erbringt diese Leistungen nach dem Nachrangprinzip. Mit dem BTHG reformiert der Bundesgesetzgeber vor allem die Frühförderung und nimmt damit Bezug auf die UN-Behindertenrechtskonvention: Leistungen und Programme zur (Re-)Habilitation sollen im frühestmöglichen Stadium einsetzen und auf einer multidisziplinären Bewertung der individuellen Bedürfnisse und Stärken beruhen."

Kann ein Psychotherapeut ohne Kassensitz über die Eingliederungshilfe bezahlt werden?

Leider nein, es sei denn, der Psychotherapeut wurde vorher bereits von der Gesetzlichen Krankenversicherung bezahlt. Die Eingliederungshilfe ist an die Leistungen der Gesetzlichen Krankenversicherung gebunden.

---

[14] https://umsetzungsbegleitung-bthg.de/betreuungswesen/medizinische-rehabilitation/ (Stand Dez. 2024)

Das Soziale Entschädigungsrecht

Eine Kranken- und Heilbehandlung kann für die anerkannten Schädigungsfolgen durch das Soziale Entschädigungsrecht (SGB XIV) bewilligt werden.

§ 42 SGB XIV – Krankenbehandlung

(1) Geschädigte erhalten für anerkannte Schädigungsfolgen

1. *Leistungen der Krankenbehandlung entsprechend dem Dritten Kapitel, Fünfter Abschnitt Erster Titel und Siebter Abschnitt des Fünften Buches und*
2. *weitere Leistungen der Krankenbehandlung in den Leistungsbereichen nach Nummer 1 entsprechend der jeweiligen Satzung der nach § 57 Absatz 2 oder Absatz 3 zuständigen Krankenkasse.*

Dabei gelten die Grundsätze der Leistungserbringung des Rechts der gesetzlichen Krankenversicherung.

Die Stundenkontingentierung wird von jedem Versorgungsamt unterschiedlich gehandhabt. Die Praxis zeigt das es zwei Möglichkeiten gibt: entweder bewilligt das Versorgungsamt X-Einheiten/Woche für Y Jahre, oder es bewilligt ein konkretes Kontingent wie es auch die Gesetzliche Krankenversicherung handhabt. Bei Letzteren macht es Sinn, direkt eine deutlich erhöhte Stundenanzahl zu beantragen, mit der Begründung, dass der Patient so weniger Ängste entwickelt vor dem Auslaufen der Therapiestunden und somit eine Therapie besser und tiefergehend stattfinden kann.

Die Psychotherapie wird so lange, wie die Schädigungsfolgen es notwendig machen, bewilligt. Sie wird mit einem Zwischenbericht des Therapeuten beim Versorgungsamt mit der Ablehnung der Krankenkasse beantragt.

Ist man nach dem Sozialen Entschädigungsrecht anerkannt, dann kann man auch Psychologische und ärztliche Psychotherapeuten ohne Kassenzulassung nutzen.

Persönliche Erfahrung der Autorin

Ich habe bisher vier Bewilligungen für Psychotherapie über das soziale Entschädigungsrecht erhalten. Die ersten 3 Bewilligungen waren über jeweils 30, 70, 200 Einheiten. Beim letzten Antrag argumentierte meine Psychotherapeutin auf eine beständige Arbeit an den Traumatisierungen ohne den Ängsten um Ablehnungen für weitere Therapieeinheiten und das meine Schädigungsfolgen eine langwierige Psychotherapie notwendig machen.

Mir wurden dann nach Prüfung 300 weitere Einheiten bewilligt. Mit diesen 300 Einheiten komme ich ca. 2 ½ Jahre hin.

Ich bin nun seit knapp 7 Jahren (Stand Dez. 2024) durchgängig in Psychotherapie mit 3 Einheiten pro Woche. Meine Psychotherapeutin hat die Fachkunde in Tiefenpsychologische fundierte Psychotherapie und Analytische Psychotherapie.

Durch die hochfrequente und beständige Therapiemöglichkeit habe ich eine gute Möglichkeit mit meinen Einschränkungen umzugehen zu lernen. Ich konnte Lebensperspektiven entwickeln und bin von einem Überleben in ein Leben gekommen.

Durch die hochfrequente Traumatherapie musste ich in den letzten Jahren nicht mehr stationär in Kliniken gehen. Auch Krisenzeiten werden anders aufgefangen und auch die Arbeit innerhalb der Therapiestunden ist dadurch konstanter.

Psychotherapie beim Heilpraktiker für Psychotherapie

Die meisten der im vorherigen Kapitel genannten Kostenträger finanzieren keine Therapien bei Heilpraktiker für Psychotherapie. Es ist in Deutschland sehr schwierig, diese bezahlt zu bekommen, aber es gibt ein paar wenige, abgesteckte Möglichkeiten, insbesondere die Therapiemethoden die Heilpraktiker für Psychotherapie anbieten, nutzen zu können und finanziert zu bekommen. Dies muss immer im Einzelfall geprüft werden.

Häufige Therapiemethoden die Heilpraktiker für Psychotherapie anbieten sind somatic experiencing, Ego-State-Therapie, Safe and Sound Protocol.

Da wir außer beim sozialen Entschädigungsrecht nicht die Möglichkeit haben die Psychotherapie beim Heilpraktiker finanziert zu bekommen, müssen wir andere Wege suchen trotzdem von den Methoden profitieren zu können.

Möglichkeit 1: Eingliederungshilfe

Über die Eingliederungshilfe kann man Assistenzleistungen bewilligt bekommen, dazu mehr im Kapitel „Assistenzleistungen".

Die Qualifizierte Assistenz ist dafür gedacht, zusammen mit der/dem Betroffenen alltägliche Herausforderungen zu meistern. Zum Beispiel, indem gemeinsam Lösungswege erarbeitet werden, wie beispielsweise mit Ängsten beim Telefonieren oder Problematiken beim Einkaufen umgegangen werden kann, wie man sich eine gute Tagesstruktur gestaltet und wie Problemlagen strukturiert angegangen werden können.

Des Weiteren kann aufgearbeitet werden, was die Problematiken auslösen , und gemeinsam Lösungen zu finden. Wichtig in dem Zusammenhang ist, dass es um Lösungsfindung in Bezug auf Beeinträchtigungen in der Teilhabe geht.

Bei Betroffenen mit einer Strukturellen Dissoziativen Symptomatik geht es in der Lösungsfindung auch darum, einen Vertrauens-Aufbau zu verschiedenen Persönlichkeitsanteilen zu entwickeln und so jeweils einzelne Lösungen zu finden, damit das Gesamtsystem eine Verbesserung im Ganzen empfindet.

Wieso schreibe ich hier im Kapitel Psychotherapie beim Heilpraktiker nun über Qualifizierte Assistenz?

Wie am Anfang des Kapitels geschrieben können wir in Deutschland zwar nicht die Therapie finanziert bekommen aber von den <u>Therapiemethoden</u> profitieren. Und um diese Methoden in der Arbeit miteinander geht es, weswegen Betroffene zu einem Heilpraktiker gehen wollen.

Um die Methoden nutzen zu können, ist dies bei der Eingliederungshilfe mit dem Persönliches Budget als Qualifizierte Assistenz möglich. Da man damit selbstständig sich die Assistenten auswählen kann, die man nutzen möchte. Auch auf Honorarbasis. Und hier nutzt man dann eben Qualifizierte Assistenz mit der entsprechenden Methode, für die man selbst denkt, dass es hilfreich, um die Beeinträchtigungen im Leben zu verbessern.

Um einen Heilpraktiker für Psychotherapie als Qualifizierte Assistenz in Anspruch nehmen zu können, muss dieser **zwingend** eine der folgenden Vorbildungen (Ausbildung bzw. Studium) vorliegen haben:

- Heilpädagoge
- Sozialpädagoge
- Soziale Arbeit
- Ergotherapeut
- Heilerziehungspfleger, Erzieher
- Pflegefachkraft
- Psychologie
- oder eine andere mindestens dreijährige Fachausbildung in Pädagogik, Pflege oder Sozialer Arbeit
- *in Ausnahmefällen Heilpraktiker für Psychotherapie + langjährige Trauma-Weiterbildung, dies ist aber **reiner Einzelfallentscheid!***

Das heißt hat der Heilpraktiker für Psychotherapie eine dieser Ausbildungen oder mindestens Bachelor-Studium in diesen Bereichen abgeschlossen, dann darf dieser als Qualifizierte Assistenz arbeiten. Und damit kann man als Betroffene Person dann von seinen Methoden eben in der Qualifizierten Assistenz profitieren.

Also wichtig: man beantragt keine Therapiekosten, sondern den Assistenzleistungen, um eben von den Methoden zu profitieren zu können.

Qualifizierte Assistenz darf individuell genutzt werden sowohl innerhalb der eigenen Wohnung aber auch in Praxis- bzw. Beratungsräumen.

Was ist der Unterschied zwischen Qualifizierter Assistenz und Psychotherapie?

Der wichtigste Punkt ist, dass Qualifizierte Assistenz dabei begleitet und anleitet, mit Beeinträchtigungen umzugehen. Es sollen (auch) die alltäglichen Herausforderungen rundum angeschaut werden.

Qualifizierte Assistenz-Stunden können dafür in viel höherer Anzahl bewilligt werden. Mehr dazu im Kapitel „Assistenzleistungen".

Wichtig! Beim Persönlichen Budget muss der Budgetnehmer (Antragssteller) mit der Stadt oder dem überörtlichen Eingliederungshilfeträger selbst verhandeln, welchen Stundensatz er bezahlt bekommt. Die Eingliederungshilfe versucht da, die Kosten so gering wie möglich zu halten. Das heißt hat die Qualifizierte Assistenz auf Honorarbasis einen höheren Stundensatz als bewilligt, so muss der Klient selbst eine Zuzahlung an den Dienstleister zahlen.

Der/die Betroffene bekommt monatlich ihr Budget überwiesen und zahlt selbstständig dann die Rechnung.

Wichtig: vor der ersten Abrechnung muss dem Kostenträger die Qualifizierung der Qualifizierten Assistenz nachgewiesen werden (durch die Ausbildungs- bzw. Studiums- Zertifikate). Wie dies genau geregelt ist, steht in der Zielvereinbarung drinnen.

Die Formulierung für den Antrag auf Qualifizierte Assistenz kann ähnlich aussehen wie die für den Antrag auf Psychotherapie bei der Eingliederungshilfe, siehe vorheriges Kapitel zu Psychotherapie.

Wichtig ist, ganz deutlich zu machen, dass es nicht um die Aufarbeitung der Symptome geht, sondern rein um den Umgang mit den Beeinträchtigungen und wie heute das anders mit Krisen gemanagt werden kann.

Möglichkeit 2: Fonds Sexueller Missbrauch

Beim Fond Sexueller Missbrauch kurz FSM können Heilpraktiker-Leistungen über eine Höhe von bis zu 10.000 € beantragt werden. Siehe Kapitel „Fond Sexueller Missbrauch" wer Anspruch auf diesen Fond hat.

Wichtig: für die Bewilligung beim FSM benötigt der Heilpraktiker eine Trauma-Weiterbildung. Zum Erstantrag müssen die Qualifikationen des Heilpraktikers nachgewiesen werden.

Auszug Website Fonds Sexueller Missbrauch – Stand Dez. 2024[15]:

Für die Bewilligung müssen mind. folgende Qualifikationen nachgewiesen werden:

- *Name und Nachweis über eine Ausbildung in einem medizinischen, pädagogischen oder psychologischen Grundberuf (abgeschlossene Ausbildung, abgeschlossenes Studium)*
- *Erlaubnis zur berufsmäßigen Ausübung der Heilkunde ohne Bestallung gemäß § 1 Heilpraktikergesetz oder Erlaubnis zur berufsmäßigen Ausübung der Heilkunde ohne Bestallung beschränkt auf das Gebiet der Psychotherapie gemäß § 1 Heilpraktikergesetz*
- *Nachweise über eine fundierte Ausbildung in Psychotherapie, z.B. in Systemischer Therapie oder in Humanistischen Verfahren wie Gesprächspsychotherapie, Gestalttherapie, Psychodrama, Emotionsfokussierte Therapie (insgesamt mindestens 900 Stunden)*
- *Nachweise über traumatherapeutische Aus- bzw. Fortbildung(en) (mindestens 100 Stunden)*
- *Kurze Auflistung der Berufserfahrung in der Arbeit mit psychisch beeinträchtigten Menschen, insbesondere mit Menschen mit traumatischen Erlebnissen (mindestens 1 Jahr)*

---

[15] https://www.fonds-missbrauch.de/antragstellung/fragen-und-antworten#c616

- *Zusicherung, dass regelmäßig Supervision und/oder Intervision durchgeführt wird*
- *Zusicherung, dass regelmäßiger Fort- und Weiterbildungen in traumaspezifischen Themen bzw. traumatherapeutischen Behandlungsmethoden absolviert werden*
- *Behandlungsplan: Angegeben werden sollen die Ziele der Behandlung vor dem Hintergrund der individuellen Symptomatik und die geplanten Methoden und Techniken zur Erreichung der Ziele. Zudem sollte der Kostensatz pro Stunde angegeben werden.*

Die aktuelle Dauer der Bearbeitung von Erst-Anträgen liegt zwischen 3 - 7 Monaten.

Mehrbedarf-Änderung seit November 2021:

Ab sofort dürfen Therapien auch über den Mehrbedarf (bei Schwerbehinderung) bewilligt werden. Wichtig ist dabei eine gute Begründung, wieso die Therapiedauer durch die Schwerbehinderung länger ist als üblich.

Beispiele können sein:

- Durch dissoziative Zustände, insbesondere Stupor, musste die Patientin immer wieder reorientiert werden, um weiterarbeiten zu können.
- Aufgrund der verschiedenen Persönlichkeitsanteile mussten Therapieinhalte mehrfach wiederholt werden, damit so viele Persönlichkeitsanteile wie möglich einen Überblick über die Therapie bekamen.
- Durch Derealisation und dadurch Sich-Verfahren der Patientin mit Bus/Bahn konnte die Therapie mehrfach erst später begonnen werden, oder ganze Therapiestunden konnten nicht wahrgenommen werden, da erst die dissoziativen Amnesien abgebaut werden mussten, damit eine regelmäßige und konsequente Therapie möglich war.
- Sehr lange Stabilisierungsphase war vonnöten, um Vertrauen aufzubauen.

Möglichkeit 3: Soziales Entschädigungsrecht

Seit dem Inkrafttreten des neuen Sozialen Entschädigungsrechts am 01.01.2024 sind für die anerkannten Schädigungsfolgen auch Leistungen beim Heilpraktiker für Psychotherapie möglich:

§ 43 SGB XIV - Ergänzende Leistungen der Krankenbehandlung

(1) Ergänzende Leistungen sind insbesondere besondere psychotherapeutische Leistungen, die

    a) über die nach dem Leistungskatalog des Fünften Buches anerkannten Behandlungsverfahren hinausgehen,

    b) die zulässigen Höchstgrenzen der maximalen Stundenzahl für das jeweilige Verfahren und die Behandlungsfrequenz je Woche überschreiten oder

    c) von psychotherapeutisch tätigen Ärztinnen und Ärzten oder Psychotherapeutinnen und Psychotherapeuten, die nicht an der vertragsärztlichen Versorgung teilnehmen, oder von **Heilpraktikerinnen und Heilpraktikern,** *die eine Qualifizierung im Bereich der Psychotherapie nachweisen, erbracht werden*

Hierfür wird eine Anerkennung und ein Antrag auf „ergänzende Leistungen der Krankenbehandlung" beim Sozialen Entschädigungsrecht benötigt.

Weiteres dazu im Kapitel „Das Soziale Entschädigungsrecht.

Komplementärtherapien

Eine Vielzahl von Ansätzen, die als Zusatz zur klassischen Psychotherapie eingesetzt werden, wird unter dem Begriff Komplementärtherapien zusammengefasst. Der Begriff „komplementär" bedeutet „ergänzend" und verdeutlicht, dass es sich nicht um Alternativen zur medizinischen Standardversorgung handelt, sondern um unterstützende Methoden, die zur Stabilisierung beitragen, Heilungsprozesse begleiten oder spezifische Symptome lindern können. Gerade bei Traumafolgestörungen, die so vielfältig wie die Menschen selbst sein können, bieten diese Ansätze eine breite Palette an Möglichkeiten, um die eigenen mentalen und körperlichen Kapazitäten zu fördern und eine ganzheitliche Stabilisierung zu unterstützen.

Die Bandbreite der Komplementärtherapien reicht von körperorientierten Ansätzen wie Massage und Physiotherapie bis hin zu kreativ-therapeutischen Angeboten wie Kunst- oder Musiktherapie.

Die Finanzierung von Komplementärtherapien gestaltet sich häufig schwierig, da die Gesetzliche Krankenversicherung in der Regel nur einen geringen Anteil der möglichen Therapien übernimmt. Dies erschwert vielen Menschen den Zugang zu diesen Angeboten. Dennoch existieren individuelle Lösungen, wie Einzelfallentscheidungen über die Eingliederungshilfe, Unterstützung durch den Fonds Sexueller Missbrauch oder Leistungen nach dem sozialen Entschädigungsrecht.

Im Folgenden wird eine Übersicht und detaillierte Informationen zu verschiedenen Komplementärtherapien, ihren Zielen, möglichen Einsatzbereichen und den jeweiligen Finanzierungsmöglichkeiten gegeben.

Kunsttherapie

Finanzierungsmöglichkeiten

- Eingliederungshilfe (Erwachsen): § 104 SGB IX – Leistungen nach der Besonderheit des Einzelfalls
- Eingliederungshilfe (Kinder): § 46 SGB IX – Frühförderung
- Soziales Entschädigungsrecht: § 43 SGB XIV - Ergänzende Leistungen der Krankenbehandlung

Kunsttherapie hilft Menschen, indem sie den kreativen Prozess und die Ausdrucksmöglichkeiten von Kunst nutzt. Traumatische Erfahrungen können tiefgreifende Auswirkungen auf das emotionale Befinden haben und es kann schwierig sein, diese Erfahrungen mit Worten allein auszudrücken. In solchen Fällen bietet die Kunsttherapie einen alternativen Weg, um die traumatischen Erlebnisse zu verarbeiten.

In der Kunsttherapie werden verschiedene Methoden angewandt:

- **Symbolische Darstellung:**

Kunstwerke können symbolische Elemente enthalten, die unbewusste Gedanken, Erinnerungen oder Emotionen repräsentieren. Durch die Schaffung von Kunstwerken können traumatische Erfahrungen auf metaphorische oder symbolische Weise ausgedrückt werden.

- **Sicheres Ausdrucksmedium:**

Die Kunsttherapie bietet einen geschützten Raum, in dem sich die Betroffenen frei ausdrücken können, ohne sich über die Worte oder eine direkte Konfrontation mit den traumatischen Ereignissen Sorgen machen zu müssen. Kunstmedien wie Malerei, Zeichnung oder Skulptur können als sichere und kontrollierte Mittel dienen, um die Gefühle und Erfahrungen auszudrücken.

- **Kontrolle über den Ausdruck:**

Betroffene, empfinden oft ein Gefühl des Kontrollverlusts. Durch die kreative Gestaltung können sie ihre eigenen Entscheidungen treffen und die Kontrolle über den kreativen Prozess zurückgewinnen. Dies kann ein Gefühl der Stärke und Selbstwirksamkeit vermitteln.

- **Ressourcenorientierter Ansatz:**

In der Therapieform werden auch ressourcenorientierte Ansätze verwendet, um die Stärken und Ressourcen der Betroffenen zu betonen. Dies kann helfen, das Gefühl der Hoffnung, Resilienz und Heilung zu fördern.

Weitere Informationen auf der Website des Deutschen Fachverband für Kunst- und Gestaltungstherapie unter: https://www.dfkgt.de/page.cfm?id=1517

Arbeitstherapie

Finanzierungsmöglichkeiten

- Gesetzliche Krankenversicherung: § 42 SGB V – Belastungserprobung und Arbeitstherapie
- Gesetzliche Rentenversicherung: Im Rahmen einer medizinisch-beruflichen Rehabilitation
- Gesetzliche Unfallversicherung: Im Rahmen von Ergotherapie Schwerpunkt Arbeitstherapie
- Eingliederungshilfe Erwachsen: § 42 SGB IX – Leistungen zur Medizinischen Rehabilitation
- Soziales Entschädigungsrecht: § 43 SGB XIV - Ergänzende Leistungen der Krankenbehandlung

Arbeitstherapie im Kontext von Trauma bezieht sich auf die Anwendung arbeitsbezogener Aktivitäten und Interventionen, um Menschen, die traumatische Erfahrungen gemacht haben, bei der Bewältigung ihrer Symptome und der Förderung ihrer Genesung zu unterstützen.

Diese Form der Therapie zielt darauf ab, den Betroffenen dabei zu helfen, ihre arbeitsbezogenen Herausforderungen zu bewältigen, ihr Selbstwertgefühl wiederherzustellen und ihre allgemeine psychische Gesundheit im Berufsleben zu verbessern.

Im Rahmen der Arbeitstherapie können verschiedene Methoden und Techniken angewandt werden.

Beispiele:

- **Wiederaufbau von Vertrauen und Sicherheit:**

Die Arbeitstherapie kann als sicherer Raum dienen, in dem traumatisierte Menschen Vertrauen in ihre Fähigkeiten und in die Beziehung zu ihrem Therapeuten aufbauen können. Durch schrittweise Aktivitäten und Erfolge am Arbeitsplatz können sie ein Gefühl von Sicherheit und Selbstvertrauen wiedergewinnen.

- **Konfrontation arbeitsbezogener Herausforderungen:**

In einigen Fällen kann die Arbeitstherapie auch auf die Bearbeitung von traumatischen Erinnerungen und die Bewältigung von damit verbundenen Schwierigkeiten abzielen. Dies kann durch die schrittweise Exposition gegenüber bestimmten Arbeitsaufgaben oder Situationen geschehen, die mit dem Trauma in Verbindung stehen, um eine neue Bedeutung und Verarbeitung zu ermöglichen. Dies geschieht, insbesondere wenn auf der Arbeit die Traumatisierung geschehen ist.

Ergotherapie

Finanzierungsmöglichkeiten

- Gesetzliche Krankenversicherung: § 32 SGB V – Heilmittel
- Gesetzliche Unfallversicherung:§ 30 SGB VII - Heilmittel
- Eingliederungshilfe (Erwachsen, Kinder): § 42 SGB IX - Leistungen zur Medizinischen Rehabilitation
- Eingliederungshilfe (Kinder): § 46 SGB IX – Frühförderung
- Soziales Entschädigungsrecht: § 42 SGB XIV - Krankenbehandlung

Ergotherapie kann Menschen dabei helfen, den Alltag besser zu bewältigen und zu strukturieren. Sie kann auch als Überbrückung dienen, bis eine ambulante Psychotherapie beginnt.

Hierfür wird die psychisch-funktionelle Ergotherapie von einem Facharzt oder Hausarzt verschrieben.

In der Ergotherapie werden spezifische Methoden eingesetzt:

- **Stabilisierungstechniken:**

Der Ergotherapeut unterstützt den Patienten dabei, sich sicher und beruhigt zu fühlen. Dies kann durch den Einsatz von Entspannungstechniken, Atemübungen oder anderen Stressbewältigungsstrategien erreicht werden. Des Weiteren bieten

Therapeuten hier ein offenes und lösungsorientiertes Gespräch, um eine Grundlegende Alltagsstabilität zu erreichen.

- **Sinnesorientierte Ansätze:**

Der Therapeut kann sensorische Techniken einsetzen, um dem Patienten dabei zu helfen, sich im eigenen Körper sicherer zu fühlen und seine Wahrnehmung zu regulieren. Dies kann den Einsatz von speziellen Materialien, Berührungen oder Bewegungen beinhalten.

Insbesondere wenn Betroffene mit Sensorischer Überreizung kann eine langsame Konfrontation mit verschiedenen Sinnesreizen eine Desensibilisierung erzeugen.

- **Kreative Aktivitäten:**

Durch den Einsatz von kreativen Aktivitäten wie Malen, Musik, Schreiben oder anderen Ausdrucksformen kann der Therapeut dem Patienten helfen, seine Emotionen auszudrücken.

- **Strukturierung und Routinen:**

Der Therapeut unterstützt den Patienten dabei, Struktur und Routinen in seinem Alltag aufzubauen. Dies kann helfen, ein Gefühl der Sicherheit und Vorhersehbarkeit zu schaffen.

Die Ergotherapie bietet einen sicheren Raum, in dem Menschen mit Seelischen Krisen ihre Fähigkeiten wiedererlangen, ihre Bewältigungsstrategien stärken und ihre Unabhängigkeit im Alltag wiedererlangen können.

Wie in jeder Therapieform wird der Therapieprozess individuell auf die Bedürfnisse und Ziele jedes einzelnen Patienten abgestimmt.

Reit- bzw. Hippotherapie

Finanzierungsmöglichkeiten

- Gesetzliche Krankenversicherung: Ergotherapie am Medium Pferd (Therapeut muss zwingend Ergotherapeut sein)
- Eingliederungshilfe (Erwachsen): § 104 SGB IX – Leistungen nach der Besonderheit des Einzelfalls
- Eingliederungshilfe (Kinder): § 46 SGB IX – Frühförderung
- Soziales Entschädigungsrecht: § 43 SGB XIV - Ergänzende Leistungen der Krankenbehandlung

Reittherapie kann für Menschen, die traumatische Erfahrungen gemacht haben, eine wirksame Therapieform sein. Nach traumatischen Ereignissen können Menschen häufig Schwierigkeiten haben, Vertrauen aufzubauen, Emotionen zu regulieren und Beziehungen zu anderen Menschen zu knüpfen. Die Interaktion mit Pferden (oder anderen Tieren) und das Reiten können dabei helfen, diese Herausforderungen anzugehen und den Heilungsprozess zu unterstützen.

Einige der häufig verwendeten Ansätze:

- **Bodenarbeit:**

Hierbei konzentriert sich die Therapie auf die Arbeit mit dem Pferd vom Boden aus. Durch verschiedene Aktivitäten wie das Führen des Pferdes, das Bauen von Vertrauen und das Etablieren von Grenzen können die Betroffenen lernen, sich sicher und kontrolliert zu fühlen.

- **Achtsamkeitsbasierte Ansätze:**

Die Reittherapie kann mit achtsamkeitsbasierten Techniken kombiniert werden, um den Klienten dabei zu unterstützen, sich auf den gegenwärtigen Moment zu konzentrieren und sich seiner Empfindungen und Emotionen bewusst zu werden. Beispiele: Wie fühlt sich das Pferd an? Wie reagiert es, wenn ich auf es zugehen oder weggehe? Wie reagiert mein Körper, wenn ich das Pferd berühre?

- **Stabilisierung und Regulation:**

Die Arbeit mit dem Pferd kann dabei helfen, die Fähigkeit zur Emotionsregulation und emotionalen Stabilisierung zu verbessern. Durch gezielte Übungen, die die Herzfrequenz und den Atem regulieren, können Menschen lernen, mit Angst und Stress umzugehen und ein Gefühl der Sicherheit und Stabilität zu entwickeln. Eine entsprechende Übung könnte sein, dass sich der Patient auf den Rücken des Pferdes legt und versucht, im gleichen Rhythmus wie das Pferd zu atmen.

- **Beziehungsaufbau:**

Die Interaktion mit dem Pferd ermöglicht der Betroffenen Person, positive Beziehungserfahrungen zu machen und Vertrauen aufzubauen. Pferde sind von Natur aus sensibel und reagieren auf subtile Signale, was die Klienten dazu ermutigen kann, sich mit anderen Lebewesen zu verbinden und Beziehungen neu zu erleben.

Atemtherapie

Finanzierungsmöglichkeiten

- Eingliederungshilfe (Erwachsen): § 104 SGB IX – Leistungen nach der Besonderheit des Einzelfalls
- Eingliederungshilfe (Kinder): § 46 SGB IX – Frühförderung
- Soziales Entschädigungsrecht: § 43 SGB XIV - Ergänzende Leistungen der Krankenbehandlung

Menschen, die traumatische Erfahrungen gemacht haben, können oft eine beeinträchtigte Atmung und ein gestörtes Verhältnis zur Körperwahrnehmung entwickeln. Atemtherapie kann helfen, diese Dysregulationen wahrzunehmen und zu verändern.

Im Falle von traumabezogenen Atemmustern, wie beispielsweise flacher oder schneller Atmung, kann die Atemtherapie dabei helfen, das natürliche Atemmuster wiederherzustellen. Durch gezielte Übungen und bewusste Aufmerksamkeit auf den Atem können traumatisierte Personen lernen, ihren Atem zu vertiefen, zu verlangsamen und zu regulieren. Dies trägt zur Stabilisierung des Nervensystems bei und kann dabei helfen, die Hyperarousal zu reduzieren.

Es gibt verschiedene Methoden der Atemtherapie, die von Therapeuten angewendet werden können.

- **Atemübungen:**

Verschiedene Atemübungen werden verwendet, um bestimmte Effekte zu erzielen. Dazu gehört beispielsweise die Lippenbremse, bei der der Ausatmen durch leicht geschürzte Lippen verlangsamt wird, oder das zählende Atmen, bei dem die Atemzüge gezählt werden, um das Bewusstsein für die Atmung zu schärfen.

- **Atementspannung:**

Diese Methode zielt darauf ab, Entspannung und Stressabbau durch bewusste Atemführung zu erreichen. Sie kann verschiedene Techniken umfassen, wie zum Beispiel das Einatmen von Ruhe und Gelassenheit und das Ausatmen von Anspannung und Stress. Ein weiteres Beispiel ist das Einüben der 4:7:8 Technik: 4 Sekunden einatmen, 7 Sekunden halten, 8 Sekunden ausatmen.

- **Atemvisualisierung:**

Mit einem Gerät, was die Atmung visualisiert, kann geübt werden seine Atmung zu steuern. Das erlernte kann dann in Hochstressphasen wie einem Flashback helfen, aus der Panik rauszukommen, wenn sich bewusst wieder auf die Atmung konzentriert wird.

Körpertherapie

Finanzierungsmöglichkeiten

- Eingliederungshilfe (Erwachsen): § 104 SGB IX – Leistungen nach der Besonderheit des Einzelfalls
- Eingliederungshilfe (Kinder): § 46 SGB IX – Frühförderung
- Soziales Entschädigungsrecht: § 43 SGB XIV - Ergänzende Leistungen der Krankenbehandlung

Körpertherapie bezieht sich auf eine Vielzahl von therapeutischen Ansätzen, die den Körper als wichtigen Aspekt bei der Behandlung von Trauma und psychischen Herausforderungen berücksichtigen. Diese Art der Therapie erkennt an, dass Traumata nicht nur emotionale und kognitive Auswirkungen haben, sondern sich auch im Körper manifestieren können.

Körpertherapie bei Trauma zielt darauf ab, eine Verbindung zwischen Körperempfindungen, Emotionen und Gedanken (wieder)herzustellen. Sie unterstützt die Klienten dabei, auf ihre körperlichen Empfindungen zu achten, sie zu verstehen und zu regulieren. Durch die Arbeit mit dem Körper können traumatische Erfahrungen, die im Nervensystem und in den Muskeln gespeichert sind, gelöst werden.

Es gibt verschiedene Methoden und Techniken:

- **somatic experiencing (SE) ®:**

Diese Methode, entwickelt von Peter Levine, konzentriert sich auf die Wahrnehmung von Körperempfindungen, um das Nervensystem zu regulieren. Der Therapeut unterstützt den Klienten dabei, traumatische Erinnerungen schrittweise zu erkunden und die im Körper gespeicherten Überlebensreaktionen zu bearbeiten.

Weitere Informationen auf dieser Website: https://www.somatic-experiencing.de

- **Körperpsychotherapie:**

Dieser Ansatz umfasst eine breite Palette von Methoden, die sich auf die Verbindung zwischen Körper und Psyche konzentrieren. Hierzu gehören Techniken wie Körperarbeit, bewusste positive Berührungen, Bewegungstherapie und Ausdruckstanz.

Weitere Infos auf der Website der Deutschen Gesellschaft für Körperpsychotherapie: https://koerperpsychotherapie-dgk.de

Musiktherapie

Finanzierungsmöglichkeiten

- Eingliederungshilfe (Erwachsen): § 104 SGB IX – Leistungen nach der Besonderheit des Einzelfalls
- Eingliederungshilfe (Kinder): § 46 SGB IX – Frühförderung
- Soziales Entschädigungsrecht: § 43 SGB XIV - Ergänzende Leistungen der Krankenbehandlung

Musiktherapie bezieht sich auf den Einsatz musikalischer Interventionen zur Unterstützung von Menschen in seelischen Krisen. Sie bietet einen sicheren Raum, in dem traumatisierte Personen ihre Emotionen ausdrücken, verarbeiten und heilen können.

Es gibt verschiedene Methoden und Ansätze in der musiktherapeutischen Arbeit:

- **Musikimprovisation:**

Durch das spontane musikalische Spiel können traumatisierte Personen ihre Gefühle und inneren Konflikte ausdrücken, ohne Worte verwenden zu müssen. Improvisation bietet Freiheit und Kontrolle über den musikalischen Ausdruck und ermöglicht eine unmittelbare Verbindung zu den eigenen Emotionen.

- **Musikrezeption:**

Das Hören von Musik kann eine beruhigende und tröstende Wirkung haben. In der Musiktherapie werden gezielt bestimmte Musikstücke oder Klänge verwendet, um Entspannung, Sicherheit und positive Emotionen zu fördern. Musik kann auch als Auslöser für Erinnerungen und verborgene Emotionen dienen, die im therapeutischen Prozess erkundet werden können.

- **Rhythmus- und Körperarbeit:**

Rhythmus und Bewegung können in der Musiktherapie eingesetzt werden, um die Körperwahrnehmung zu fördern und eine Verbindung zum eigenen Körper herzustellen. Traumatisierte Personen können durch rhythmische Bewegungen ihre Energie regulieren, Spannungen abbauen und wieder Vertrauen in den eigenen Körper aufbauen.

- **Klangtherapie:**

Der gezielte Einsatz von Klanginstrumenten wie Klangschalen, Gongs oder Klangröhren kann beruhigend und stressreduzierend wirken. Die Schwingungen und Klänge können helfen, den Körper zu entspannen und eine tiefe innere Ruhe zu erreichen. Diese Methode unterstützt die Stabilisierung und Regulierung des Nervensystems.

Weitere Infos auf der Website der Deutschen Musiktherapeutischen Gesellschaft: https://www.musiktherapie.de/musiktherapie/

Tanztherapie

Finanzierungsmöglichkeiten

- Eingliederungshilfe (Erwachsen): § 104 SGB IX – Leistungen nach der Besonderheit des Einzelfalls
- Eingliederungshilfe (Kinder): § 46 SGB IX – Frühförderung
- Soziales Entschädigungsrecht: § 43 SGB XIV - Ergänzende Leistungen der Krankenbehandlung

Tanztherapie bietet einen kreativen Raum, in dem traumatisierte Personen ihre Gefühle, Gedanken und Erfahrungen durch Bewegung ausdrücken können.

Die Tanztherapie basiert auf der Annahme, dass der Körper die Fähigkeit besitzt, Traumata zu speichern, und dass Bewegung und Tanz einen Ausdruck für diese traumatischen Erfahrungen ermöglichen können. Durch die Arbeit mit dem Körper und der Bewegung können traumatische Erinnerungen verarbeitet, emotionale Blockaden gelöst und ein neues Gefühl von Sicherheit und Verbindung zum eigenen Körper aufgebaut werden.

Es gibt verschiedene Methoden und Techniken, die in der Tanztherapie angewandt werden:

- **Bewegungsexploration:**

Der Therapeut ermutigt die Person, ihren Körper zu erforschen und sich auf natürliche Bewegungen einzulassen. Dieser Prozess unterstützt die Wiederherstellung des Körperbewusstseins und fördert das Gefühl von Kontrolle über den eigenen Körper.

- **Rhythmus und Musik:**

Der Einsatz von Musik und Rhythmus kann beruhigend und stabilisierend wirken. Die Person kann sich mit dem Rhythmus verbinden und sich sicherer fühlen. Musik kann auch dabei helfen, emotionale Zustände auszudrücken und zu regulieren.

- **Bodenarbeit:**

Der Fokus liegt auf der Verbindung zum Boden, um ein Gefühl von Stabilität und Sicherheit zu schaffen. Übungen wie das Spüren des Bodens, das Ausbalancieren des Körpergewichts und das bewusste Wahrnehmen der Füße können dazu beitragen, das Gefühl von Sicherheit im eigenen Körper zu stärken.

- **Improvisation:**

Die Person wird ermutigt, spontan zu tanzen und sich frei auszudrücken, ohne feste Choreografie oder Struktur. Dies ermöglicht einen direkten Ausdruck von Emotionen und unterstützt die Verarbeitung traumatischer Erfahrungen.

- **Körperzentrierte Achtsamkeit:**

Durch gezielte Aufmerksamkeit auf Körperempfindungen und -reaktionen kann die Person lernen, sich selbst besser wahrzunehmen und ihre eigenen Grenzen zu erkennen. Dies fördert eine achtsame Haltung gegenüber dem eigenen Körper und unterstützt die Selbstregulation.

Weitere Infos auf der Website des Berufsverbands Tanztherapeutinnen Deutschland: https://www.btd-tanztherapie.de/index.php?cid=347&pid=347

Biofeedback-Therapie

Finanzierungsmöglichkeiten

- Gesetzliche Krankenversicherung: § 32 SGB V – Heilmittel (Falls Biofeedback im Rahmen von Ergotherapie genutzt wird)
- Eingliederungshilfe (Erwachsen): § 104 SGB IX – Leistungen nach der Besonderheit des Einzelfalls
- Eingliederungshilfe (Kinder): § 46 SGB IX – Frühförderung
- Soziales Entschädigungsrecht: § 43 SGB XIV - Ergänzende Leistungen der Krankenbehandlung

Biofeedback ist ein evidenzbasiertes Verfahren, das darauf abzielt, Menschen dabei zu helfen, Körperreaktionen zu erkennen und zu kontrollieren, die normalerweise unbewusst ablaufen. Durch den Einsatz von biofeedbackgestützter Therapie können Menschen lernen, ihre physiologischen Funktionen bewusst wahrzunehmen und zu regulieren. Dies kann ihnen helfen, auf traumatische Erinnerungen und damit verbundene Symptome anders zu reagieren.

Verschiedene Methoden mit Biofeedback zu arbeiten:

- **Herzratenvariabilität (HRV):**

Die HRV-Methode misst die Zeitintervalle zwischen den Herzschlägen, um Informationen über die Aktivität des autonomen Nervensystems zu erhalten. Durch das Erlernen von Atem- und Entspannungstechniken können Patienten lernen, ihre HRV zu regulieren und dadurch ihre Stressreaktionen zu beeinflussen.

- **Hautleitfähigkeit:**

Die Hautleitfähigkeitsmessung ermöglicht die Erfassung der elektrischen Leitfähigkeit der Haut. Diese Messung kann verwendet werden, um Stressreaktionen und emotionale Erregung zu erkennen. Durch das Erlernen von Entspannungs- und Stressbewältigungstechniken können Patienten lernen, ihre

Hautleitfähigkeit zu regulieren und dadurch ihre Angstsymptome zu reduzieren.

- **Elektromyographie (EMG):**

Die EMG-Methode misst die elektrische Aktivität der Muskeln. Bei traumatischen Erfahrungen können Menschen Muskelverspannungen entwickeln. Durch das Einüben von Entspannungstechniken können Patienten lernen, ihre Muskelspannung zu kontrollieren und dadurch ihre körperlichen Reaktionen auf traumatische Erinnerungen zu reduzieren.

- **Atembiofeedback:**

Durch das Überwachen der Atemfrequenz und -tiefe können Patienten lernen, ihre Atmung zu kontrollieren. Tiefe und langsame Atmungstechniken können beruhigend wirken und dazu beitragen, Stress und Angst zu reduzieren.

Biofeedback wird oft im Rahmen von Ergotherapie (siehe Ergotherapie) angeboten.

Weitere Infos auf der Website der Deutschen Gesellschaft für Biofeedback: https://dgbfb.de

Persönlicher Erfahrungsbericht der Autorin

Ich habe über 3 Jahre Biofeedback in einer Ergotherapie-Praxis gemacht. Die Ergotherapeutin war sowohl auf Biofeedback als auch auf die Sensorische Integrationstherapie spezialisiert. In den 3 Jahren hatte ich 100 Einheiten.

Ich arbeitete im Biofeedback vor allem mit dem Hautleitwert. Dazu wurden mir 2 Sensoren an 2 Finger angesteckt. Die Sensoren maßen kleinste Veränderungen des Schweißes. Je gestresster ich war, desto höher war der Balken. Beruhigte ich mich, sank der Balken. Dadurch, dass ich dieses Feedback hatte, konnte ich für mich Strategien entwickeln, mein Stresslevel zu senken.

Da ich durch Alltagsgeräusche bereits massiv gestresst bin, brauchte es keine expliziten Reize durch die Therapeutin, damit ich üben kann. Die Stunden bestanden meistens darin, einen Film zu schauen, z.B. Harry Potter (weil das meine Lieblingsfilme sind), und dabei zu versuchen, mich zu entspannen. Da aber eben jedes Geräusch oder auch Bewegungen der Therapeutin von mir als Gefahr wahrgenommen wurden, ging der Hautleitwert nach oben und so konnte ich damit üben.

In den 100 Therapieeinheiten konnte ich folgendes über mich lernen:

Besseres Verständnis meiner Erschöpfung, die daher kommt, dass der Körper wegen des Hyperarousal die ganze Zeit auf 200 % fährt. Ich konnte dadurch Ruhezeiten in den Alltag implementieren, was sehr stark hilft. Durch die rationale Sicht auf die Auswertebögen konnte ich mein Stresslevel besser einschätzen, da der Körper nicht lügen kann. Und durch dieses Verständnis konnte ich mich viel besser darauf einlassen, dass meine Assistent:innen bestimmte Dinge übernehmen, weil ich eben wusste, mein Körper braucht viel mehr Erholung als gesunde Menschen.

Ich konnte verstehen, wieso ich so oft am Tag Panik und einen rasenden Puls habe. Im Biofeedback konnten wir aufzeichnen, dass, sobald ich mich selbst berühre – sei es durch Kratzen an der Nase oder am Oberschenkel –, der Körper dies als Gefahr wahrnimmt und deswegen in den Panikmodus springt.

Ich konnte viele Geräuschs-Trigger verstehen, bspw. wenn jemand die Treppe hochläuft, Gespräche im Nebenzimmer, Klopfgeräusche usw. Dadurch konnte ich in der Traumatherapie damit arbeiten und z.B. ergründen, wieso diese Geräusche so starke Trigger sind und wie ich im Alltag damit umgehen kann. Ein

Beispiel für den Umgang mit einem Trigger: wenn jemand anderes als ich selbst das Licht ausmacht, löst das bei mir einen Persönlichkeitswechsel und Amnesien aus. Im Alltag sagen mir meine Assistent:innen nun einfach Bescheid, wenn sie das Licht ausschalten.

Ich konnte für mich Coping-Strategien entwickeln, damit der Körper bei Schrecksituationen nicht zu sehr hochfährt bzw. die Anspannung schneller wieder sinkt. Z.B.: kurzes Luftanhalten, Kopf in die Richtung des Geräusches drehen, nach innen vermitteln, was für ein Geräusch, das war, nach innen signalisieren, wo wir uns grade befinden. Durch die Anzeige auf dem Monitor konnte ich sehen, was genau spezifisch für mich hilft.

Es gab einige Stunden, da nahmen wir als Messwerte die Muskelanspannung. Dadurch konnte ich verstehen, dass ich einen Teil meiner Muskeln nicht bewusst entspannen kann, da noch viel Trauma in den Muskeln steckt. Durch das Verständnis dessen, dass ich es nicht kognitiv in der Hand habe, mich zu entspannen, ist ein liebevollerer Umgang mit dem Körper entstanden. Also ein Weg weg von „ich will ja bloß nicht".

Für mich hat sich Biofeedback sehr gelohnt und ich würde es ganz klar weiterempfehlen!

Neurofeedback

Finanzierungsmöglichkeiten

- Gesetzliche Krankenversicherung: § 32 SGB V – Heilmittel (Falls Neurofeedback im Rahmen von Ergotherapie genutzt wird)
- Eingliederungshilfe (Erwachsen): § 104 SGB IX – Leistungen nach der Besonderheit des Einzelfalls
- Eingliederungshilfe (Kinder): § 46 SGB IX – Frühförderung
- Soziales Entschädigungsrecht: § 43 SGB XIV - Ergänzende Leistungen der Krankenbehandlung

Neurofeedback ist eine Methode, die darauf abzielt, die Gehirnaktivität zu regulieren und zu optimieren. Im Kontext von Trauma kann Neurofeedback dazu eingesetzt werden, die

Auswirkungen von traumatischen Erfahrungen auf das Gehirn und das Nervensystem zu verstehen und zu verändern.

Bei der Behandlung mit Neurofeedback werden in der Regel zwei Hauptansätze verwendet:

- **Alpha-Theta-Neurofeedback:**

Diese Methode konzentriert sich auf die Regulation der Alpha- und Theta-Gehirnwellen. Alpha-Wellen sind mit einem entspannten, meditativen Zustand verbunden, während Theta-Wellen in tiefenentspannten Zuständen und dem Traumzustand auftreten. Bei dieser Methode werden die Patienten in die Entspannung gebracht. Der Patient wird dann aufgefordert, sich auf Symptome zu konzentrieren. Während des Neurofeedbacks erhalten sie Rückmeldung über ihre Gehirnaktivität in Form visueller oder auditiver Signale. Das Ziel ist es, eine Veränderung der Gehirnwellenmuster zu erreichen, die mit einer erhöhten Selbstregulierung und Entspannung in Verbindung stehen.

- **Neurofeedback mit Sensorimotor-Rhythmus (SMR):**

Diese Methode konzentriert sich auf die Regulation des sogenannten SMR-Bereichs im Gehirn, der zwischen 12 und 15 Hertz liegt. SMR-Wellen treten normalerweise während des Wachzustands und bei körperlicher Ruhe auf. Bei dieser Methode werden die Patienten aufgefordert, sich auf eine bestimmte Aufgabe oder Aktivität zu konzentrieren, während sie gleichzeitig Rückmeldung über ihre Gehirnaktivität erhalten. Dies kann zum Beispiel bedeuten, dass sie versuchen, ihre Aufmerksamkeit auf eine bestimmte visuelle oder auditive Aufgabe zu lenken. Das Ziel ist es, die Fähigkeit zur Konzentration und zur Regulation der Aufmerksamkeit zu verbessern, was wiederum bei der Bewältigung von traumabezogenen Symptomen hilfreich sein kann.

Weitere Infos auf der Website der Deutschen Gesellschaft für Biofeedback (auch Infos zu Neurofeedback): https://dgbfb.de

Virtual-Reality-Therapie

Finanzierungsmöglichkeiten

- Eingliederungshilfe (Erwachsen): § 104 SGB IX – Leistungen nach der Besonderheit des Einzelfalls
- Eingliederungshilfe (Kinder): § 46 SGB IX – Frühförderung
- Soziales Entschädigungsrecht: § 43 SGB XIV - Ergänzende Leistungen der Krankenbehandlung

Die Virtual-Reality-Therapie (VR-Therapie) ist eine innovative Methode, die bei der Behandlung von Trauma eingesetzt werden kann. Sie nutzt die Technologie der virtuellen Realität, um traumatische Erlebnisse nachzustellen und den Patienten dabei zu helfen, ihre Ängste zu überwinden und ihre Symptome zu lindern.

Der Therapieprozess beginnt damit, dass der Patient eine VR-Brille und manchmal auch spezielle Sensoren oder Controller trägt, um ein immersives Erlebnis zu ermöglichen. Durch diese Geräte wird eine künstliche Umgebung erzeugt, die dem Patienten erlaubt, in eine andere Welt einzutauchen und sich so zu fühlen, als ob er sich tatsächlich dort befindet.

Im Falle von traumatischen Erlebnissen kann die VR-Therapie dazu verwendet werden, diese Ereignisse virtuell wiederzugeben. Der Therapeut kann beispielsweise eine virtuelle Nachbildung des Ortes erstellen, an dem das Trauma stattgefunden hat, oder die Situation, die das Trauma ausgelöst hat, nachstellen. Der Patient wird dann ermutigt, sich mit der virtuellen Umgebung auseinanderzusetzen und die belastenden Erinnerungen und Emotionen zu verarbeiten.

Es gibt verschiedene Methoden, die in der VR-Therapie angewendet werden können:

- **Expositionstherapie:**

Der Patient wird schrittweise mit den traumatischen Reizen konfrontiert. In einer kontrollierten Umgebung kann er die virtuellen Szenarien wiederholt erleben, um die Angst und die körperlichen Reaktionen zu reduzieren.

- **Entspannungstechniken:**

VR kann auch zur Förderung von Entspannung und Stressbewältigung eingesetzt werden. Der Patient kann eine beruhigende virtuelle Umgebung nutzen, um seine Stressreaktionen zu verringern und Entspannung zu fördern.

- **Skills-Training:**

VR kann auch genutzt werden, um bestimmte Fähigkeiten zu trainieren, die dem Patienten helfen, mit traumatischen Situationen umzugehen. Zum Beispiel können soziale Interaktionsfähigkeiten in simulierten Umgebungen, wie etwa ein Raum voller Menschen oder eine volle Straßenbahn geübt werden.

VR-Therapie wird meist als Therapiemethode im Rahmen von Ergotherapie und Psychotherapie genutzt.

Weitere Infos auf der Website der virtual therapy+: https://www.vtplus.eu/vr-therapie/

Traumasensibles Yoga

Finanzierungsmöglichkeiten

- Eingliederungshilfe (Erwachsen): § 104 SGB IX – Leistungen nach der Besonderheit des Einzelfalls
- Eingliederungshilfe (Kinder): § 46 SGB IX – Frühförderung
- Soziales Entschädigungsrecht: § 43 SGB XIV - Ergänzende Leistungen der Krankenbehandlung

Traumasensibles Yoga ist eine speziell angepasste Form des Yoga, die darauf abzielt, Menschen mit Traumaerfahrungen zu unterstützen und ihnen einen sicheren Raum für Heilung und Wachstum zu bieten. Beim traumasensiblen Yoga wird darauf geachtet, Übungen mit triggernden Körperbewegungen zu vermeiden und nur die Teile des Yogas zu nutzen, die den Teilnehmenden ein positives Erlebnis ermöglichen.

Traumasensibles Yoga zielt darauf ab, die natürliche Verbindung zwischen Körper und Geist wiederherzustellen und die Körperwahrnehmung zu stärken. Es fördert die Selbstregulierungsfähigkeiten und unterstützt die Entwicklung von Ressourcen und Stabilität.

Bei der Anwendung von traumasensiblem Yoga werden verschiedene Methoden eingesetzt:

- **Sicherer Raum:**

Ein traumasensibler Yogalehrer schafft einen sicheren und unterstützenden Raum, in dem sich die Teilnehmenden wohl und respektiert fühlen. Dies beinhaltet klare Kommunikation, Einverständniserklärungen und die Berücksichtigung individueller Bedürfnisse und Grenzen.

- **Wahl und Kontrolle:**

Die Teilnehmenden haben die Möglichkeit, ihre eigene Erfahrung zu lenken und die Kontrolle über ihren Körper und ihre Bewegungen zu behalten. Sie werden ermutigt, Entscheidungen zu treffen, die für sie angemessen und sicher sind.

- **Achtsamkeit:**

Achtsamkeit spielt eine zentrale Rolle im traumasensiblen Yoga. Die Teilnehmenden werden dazu angeleitet, auf ihre Körperempfindungen, Gefühle und Gedanken zu achten, ohne sie zu bewerten oder zu verurteilen. Dies fördert die Verbindung zum gegenwärtigen Moment und unterstützt die Selbstregulation.

- **Körperliche Anpassungen:**

Traumasensible Yogalehrer bieten individuelle Anpassungen und Variationen der Yoga-Posen an, um den Bedürfnissen der Teilnehmenden gerecht zu werden. Dies kann den Einsatz von Hilfsmitteln wie Kissen, Decken oder Gurten beinhalten, um Komfort und Stabilität zu gewährleisten.

- **Ressourcenorientierung:**

Der Fokus liegt auf der Stärkung der individuellen Ressourcen und der Wiederherstellung des Gleichgewichts im Nervensystem. Atemübungen, sanfte Bewegungen und Meditationstechniken werden genutzt, um Entspannung, Erdung und Stabilität zu fördern.

- **Wiederherstellung der Körperwahrnehmung:**

Traumasensible Yogalehrer unterstützen die Teilnehmenden dabei, die Verbindung zu ihrem Körper wiederherzustellen und ein Gefühl von Sicherheit und Vertrauen in den eigenen Körper aufzubauen. Dies kann durch gezielte Übungen zur Körperwahrnehmung, wie zum Beispiel Body-Scans, erreicht werden.

Sozialkompetenz-Training

Finanzierungsmöglichkeiten

- Gesetzliche Krankenversicherung: Im Rahmen von Gruppenpsychotherapie
- Eingliederungshilfe (Erwachsen): § 104 SGB IX – Leistungen nach der Besonderheit des Einzelfalls
- Eingliederungshilfe (Kinder): § 46 SGB IX – Frühförderung
- Soziales Entschädigungsrecht: § 43 SGB XIV - Ergänzende Leistungen der Krankenbehandlung

Das Sozialkompetenz-Training bezieht sich auf eine spezifische Art von Schulungsprogramm, das darauf abzielt, Personen dabei zu helfen, ihre sozialen Fähigkeiten zu entwickeln und zu verbessern. Es konzentriert sich darauf, den Betroffenen Werkzeuge und Strategien zur Verfügung zu stellen, um ihre sozialen Beziehungen zu stärken, Kommunikationsfähigkeiten aufzubauen und erkrankungsbedingte Schwierigkeiten im Umgang mit anderen Menschen zu bewältigen.

Das Sozialkompetenztraining kann verschiedene Methoden und Ansätze umfassen, je nach den Bedürfnissen der betroffenen Personen und den Zielen des Trainingsprogramms.

- **Rollenspiele und Modelllernen:**

Durch Rollenspiele können betroffene Personen verschiedene soziale Situationen simulieren und alternative Verhaltensweisen ausprobieren. Sie können lernen, ihre Kommunikationsfähigkeiten zu verbessern, Konflikte zu lösen und angemessen auf soziale Interaktionen zu reagieren. Das Modelllernen beinhaltet das Beobachten und Nachahmen positiver sozialer Verhaltensweisen anderer Personen.

- **Soziale Unterstützung:**

Das Training kann auch den Aufbau von sozialen Unterstützungssystemen fördern. Es kann den Betroffenen helfen, ihre Bedürfnisse und Wünsche effektiv auszudrücken, Unterstützung von anderen anzunehmen und gesunde zwischenmenschliche Beziehungen aufzubauen.

- **Konfliktlösung:**

Da traumatisierte Personen oft Schwierigkeiten haben, mit Konflikten umzugehen, kann das Training Techniken zur Konfliktlösung und Verhandlungsfähigkeiten vermitteln. Dies kann helfen, die Kommunikation in schwierigen Situationen zu verbessern und eine positive Konfliktbewältigung zu fördern.

Physiotherapie

Finanzierungsmöglichkeiten

- Gesetzliche Krankenversicherung: § 32 SGB V – Heilmittel
- Gesetzliche Unfallversicherung:§ 30 SGB VII - Heilmittel
- Eingliederungshilfe (Erwachsen, Kinder): § 42 SGB IX - Leistungen zur Medizinischen Rehabilitation
- Eingliederungshilfe (Kinder): § 46 SGB IX – Frühförderung
- Soziales Entschädigungsrecht: § 42 SGB XIV - Krankenbehandlung

Physiotherapie unterstützt die funktionale Wiederherstellung und Rehabilitation von Menschen, die körperliche Verletzungen erlitten haben. Ziel ist es, die Mobilität, Kraft, Ausdauer und Flexibilität wiederherzustellen und die Lebensqualität der Patienten zu verbessern. Auch bei Psychischen Erkrankungen wie einer Traumafolgestörung kann Physiotherapie helfen Bspw. bei Verspannungen durch massive Muskelverspannungen durch massive Erschrecken.

Einige Behandlungsansätze:

- **Manuelle Therapie:**

Diese umfasst eine Vielzahl von Hands-on-Techniken, die darauf abzielen, die Beweglichkeit und Funktion der betroffenen Körperregionen zu verbessern. Dazu gehören Mobilisationstechniken, Gelenkmanipulation, Weichteiltechniken und Massagetechniken.

- **Bewegungs- und Funktionstraining:**

Physiotherapeuten entwickeln spezifische Übungsprogramme, um die Muskelkraft, Flexibilität, Ausdauer und Koordination des Patienten wiederherzustellen. Diese Übungen können passive Bewegungen, aktive Bewegungen, Widerstandstraining, Gleichgewichtsübungen und funktionelle Aktivitäten umfassen.

- **Schmerzmanagement:**

Traumata können mit starken Schmerzen einhergehen. Physiotherapeuten verwenden verschiedene Techniken wie manuelle Therapie, Wärme- und Kälteanwendungen, Elektrotherapie (z.B. TENS) und Entspannungstechniken, um Schmerzen zu lindern und die Schmerzempfindlichkeit zu reduzieren.

Weitere Informationen auf der Website des Berufsverbandes Physio Deutschland: https://www.physio-deutschland.de/beruf-praxis/default-18baa3b198.html

Feldenkrais

Finanzierungsmöglichkeiten

- Eingliederungshilfe (Erwachsen): § 104 SGB IX – Leistungen nach der Besonderheit des Einzelfalls
- Eingliederungshilfe (Kinder): § 46 SGB IX – Frühförderung
- Soziales Entschädigungsrecht: § 43 SGB XIV - Ergänzende Leistungen der Krankenbehandlung

Feldenkrais ist eine körperorientierte Methode. Sie basiert auf dem Verständnis, dass Bewegung und Wahrnehmung eng miteinander verbunden sind und dass die Verbesserung der körperlichen Beweglichkeit zu einer positiven Veränderung des geistigen und emotionalen Zustands führen kann.

Im Kontext von Trauma kann die Feldenkrais-Methode als eine unterstützende Therapie eingesetzt werden. Sie zielt darauf ab, das Körperbewusstsein zu verbessern, ungesunde Bewegungsmuster zu erkennen und neue, gesündere Bewegungsmöglichkeiten zu entwickeln. Durch sanfte Bewegungssequenzen und die Lenkung der Aufmerksamkeit auf den Körper können traumatisierte Personen eine sicherere Verbindung zu ihrem Körper herstellen und die Kontrolle über ihre Bewegungen wiedergewinnen.

Weitere Infos auf der Website des Feldenkrais-Verband Deutschland: https://www.feldenkrais.de/was-ist-feldenkrais

Ernährungstherapie

Finanzierungsmöglichkeiten

- Gesetzliche Krankenversicherung: Im Rahmen von Ernährungsberatung
- Eingliederungshilfe (Erwachsen): § 104 SGB IX – Leistungen nach der Besonderheit des Einzelfalls
- Eingliederungshilfe (Kinder): § 46 SGB IX – Frühförderung
- Soziales Entschädigungsrecht: § 43 SGB XIV - Ergänzende Leistungen der Krankenbehandlung

Traumatische Ereignisse können eine Vielzahl von körperlichen und psychischen Auswirkungen haben, die sich gegebenenfalls auch auf die Ernährung und das Essverhalten auswirken. Daher spielt die Ernährungstherapie eine wichtige Rolle bei der Rehabilitation, insbesondere wenn eine Kommodität mit einer Essstörung vorliegt.

Im Rahmen der Ernährungstherapie können verschiedene Methoden angewendet werden:

- **Ernährungsbeurteilung:**

Der Therapeut führt eine umfassende Bewertung der Ernährungsgewohnheiten, des Essverhaltens und der körperlichen Gesundheit durch, um mögliche Mängel oder spezifische Bedürfnisse zu identifizieren.

- **Psychoedukation:**

Der Patient erhält Informationen über die Auswirkungen einseitiger Ernährung und die Bedeutung einer gesunden Ernährung. Es werden Zusammenhänge zwischen Ernährung und psychischem Wohlbefinden vermittelt.

- **Stabilisierung der Ernährung:**

In manchen Fällen kann eine traumatische Erfahrung zu Essstörungen, Appetitlosigkeit oder unregelmäßigem Essverhalten führen. Auch Schluckstörungen gehören hierzu. Die Ernährungstherapie zielt darauf ab, eine regelmäßige und ausgewogene Ernährung wiederherzustellen, um den Körper mit ausreichend Nährstoffen zu versorgen.

- **Emotionaler Umgang mit Essen:**

Betroffene können eine gestörte Beziehung zum Essen entwickeln. Als Beispiel das sogenannte Frustessen oder der Appetitlosigkeit bei Hochstressphasen. Hier kann in der Ernährungstherapie besprochen werden was anstatt des Frustessens gemacht werden kann oder wie eine regelmäßige Nahrungszufuhr trotz Hochstress aufrechterhalten werden kann.

Weitere Infos auf der Website der Deutschen Gesellschaft für Ernährung: https://www.dge.de

Sporttherapie / Bewegungstherapie

Finanzierungsmöglichkeiten

- Gesetzliche Krankenversicherung:
    - Behandlungsprogramm für chronisch kranke Menschen (DMP)
    - Funktionstraining, Rehabilitationssport (Arztverordnung: Antragsformular 56)
    - Präventionskurse
- Eingliederungshilfe (Erwachsen): § 104 SGB IX – Leistungen nach der Besonderheit des Einzelfalls oder Teil einer Tagesstätten-Förderung
- Eingliederungshilfe (Kinder): § 46 SGB IX – Frühförderung
- Soziales Entschädigungsrecht: § 43 SGB XIV - Ergänzende Leistungen der Krankenbehandlung

Sport- oder Bewegungstherapie bezieht sich auf den Einsatz von sportlichen oder körperlichen Aktivitäten als Teil eines umfassenden Therapieansatzes.

Sport- und Bewegungstherapie hat das Ziel, den Betroffenen dabei zu helfen, ihre körperliche und emotionale Gesundheit zu verbessern und ein besseres Wohlbefinden zu erlangen. Es gibt verschiedene Methoden und Ansätze, die in der Sport- und Bewegungstherapie eingesetzt werden können. Hier sind einige davon:

- **Körperliche Aktivität:**

Regelmäßige körperliche Bewegung kann dazu beitragen, den Stress abzubauen, die Stimmung zu verbessern und die körperliche Gesundheit zu fördern. Aktivitäten wie Laufen, Schwimmen, Yoga, Tanzen oder Kampfkunst können in die Therapie integriert werden.

- **Achtsamkeit und Atemübungen:**

Durch die Integration von Achtsamkeits- und Atemübungen in die Sport- und Bewegungstherapie können die Betroffenen lernen, sich bewusst auf ihren Körper und ihre Empfindungen zu konzentrieren. Dies kann helfen, Stress zu reduzieren und das Gefühl von Sicherheit und Kontrolle wiederzugewinnen.

- **Gruppenaktivitäten:**

Gruppenbasierte sportliche Aktivitäten bieten den Betroffenen die Möglichkeit, sich mit anderen Menschen auszutauschen, soziale Unterstützung zu erhalten und ein Gemeinschaftsgefühl zu entwickeln. Dies kann dazu beitragen, das Selbstvertrauen, die sozialen Fähigkeiten und das Gefühl der Zugehörigkeit zu stärken.

- **Selbstwirksamkeit und Empowerment:**

Sport- und Bewegungstherapie kann den Betroffenen dabei helfen, ein Gefühl von Selbstwirksamkeit und Stärke zu entwickeln. Durch das Erreichen von sportlichen Zielen und das Überwinden von

Herausforderungen können sie ihr Selbstvertrauen und ihre Fähigkeit zur Bewältigung stärken.

Weitere Infos auf der Website des Deutschen Verband für Gesundheitssport und Sporttherapie: https://dvgs.de/de/sport-bewegungstherapie/allgemeines.html

Dramatherapie

Finanzierungsmöglichkeiten

- Eingliederungshilfe (Erwachsen): § 104 SGB IX – Leistungen nach der Besonderheit des Einzelfalls
- Eingliederungshilfe (Kinder): § 46 SGB IX – Frühförderung
- Soziales Entschädigungsrecht: § 43 SGB XIV - Ergänzende Leistungen der Krankenbehandlung

Dramatherapie ist eine Form der kreativen Therapie, die den Einsatz von theaterbasierten Techniken und Aktivitäten zur Heilung und Verarbeitung innerer Konflikte nutzt. Sie kann sowohl in Einzel- als auch in Gruppensitzungen durchgeführt werden.

Die Dramatherapie kann mehrere Ziele verfolgen, wie zum Beispiel:

- **Ausdruck von Emotionen:**

Trauma kann oft zu unterdrückten oder blockierten Emotionen führen. Durch dramatische Aktivitäten wie Rollenspiele, Improvisation und Ausdruckstheater können die Betroffenen ihre Emotionen sicher ausdrücken und einen gesunden Umgang damit entwickeln.

- **Verarbeitung von traumatischen Erlebnissen:**

Dramatherapie ermöglicht es den Betroffenen, ihre Traumata durch symbolisches Handeln und Erzählen von Geschichten zu erforschen. Sie können ihre Erfahrungen auf metaphorische und indirekte Weise darstellen und dadurch einen Abstand zu den traumatischen Ereignissen schaffen, was zu einer besseren Verarbeitung führen kann.

- **Stärkung von Selbstbewusstsein und Identität:**

Traumatische Erfahrungen können das Selbstwertgefühl und das Vertrauen in die eigene Identität beeinträchtigen. In der Dramatherapie können die Betroffenen verschiedene Rollen ausprobieren und neue Erfahrungen machen, die zu einer gestärkten Selbstwahrnehmung und Identitätsentwicklung beitragen.

- **Aufbau von sozialen Fähigkeiten und Beziehungen:**

Trauma kann oft zu Schwierigkeiten bei der Kommunikation und im Umgang mit anderen führen. Durch Gruppenaktivitäten in der Dramatherapie können die Betroffenen soziale Fähigkeiten wie Zuhören, Empathie und Konfliktlösung entwickeln. Sie haben die Möglichkeit, ihre Geschichten mit anderen zu teilen und Unterstützung von der Gruppe zu erhalten.

Weitere Infos auf der Website der Deutschen Gesellschaft für Theatertherapie: https://www.dgft.de/was-ist-theatertherapie/

Entspannungskurse

Finanzierungsmöglichkeiten

- Gesetzliche Krankenversicherung: Präventionskurse (Kostenbeteiligung je nach Kurs und Krankenkasse zwischen 20 – 100%)
- Eingliederungshilfe (Erwachsen): § 104 SGB IX – Leistungen nach der Besonderheit des Einzelfalls oder Teil einer Tagesstätten-Förderung
- Eingliederungshilfe (Kinder): § 46 SGB IX – Frühförderung
- Soziales Entschädigungsrecht: § 43 SGB XIV - Ergänzende Leistungen der Krankenbehandlung

Es gibt verschiedene Entspannungskurse, die darauf abzielen, den Betroffenen dabei zu helfen, Stress abzubauen, Ruhe zu finden und ihre Erholung zu fördern. Diese Kurse können von Fachleuten wie Therapeuten, Psychologen oder Entspannungstrainern geleitet werden. Einige Beispiele:

- **Progressive Muskelentspannung:**

Dies ist eine Technik, bei der die Teilnehmenden lernen, verschiedene Muskelgruppen bewusst anzuspannen und dann zu entspannen. Durch diesen Prozess der bewussten Muskelentspannung können Anspannungszustände und körperlicher Stress reduziert werden.

- **Achtsamkeitsbasierte Entspannung:**

Achtsamkeitstechniken helfen den Teilnehmenden, im gegenwärtigen Moment präsent zu sein und ihre Gedanken und Gefühle ohne Urteil wahrzunehmen. Dies kann dazu beitragen, Symptome von Trauma zu lindern, indem man sich auf die Gegenwart konzentriert und sich von belastenden Erinnerungen oder Sorgen distanziert.

- **Entspannung durch Visualisierung:**

In diesem Ansatz werden die Teilnehmenden angeleitet, sich angenehme Bilder oder Orte vorzustellen, um Stress abzubauen und Entspannung zu fördern. Diese Methode kann helfen, positive Emotionen zu wecken und das Wohlbefinden zu steigern.

- **Yoga und Tai Chi:**

Körperorientierte Praktiken wie Yoga oder Tai-Chi werden oft in Entspannungskursen für Trauma eingesetzt. Sie kombinieren körperliche Bewegung, Atmung und Meditation, um Körper und Geist zu beruhigen, Stress abzubauen und das Gleichgewicht wiederherzustellen.

Weitere Infos auf der Website der Deutschen Gesellschaft für Entspannungsverfahren: https://dg-e.de/entspannungsverfahren/

Soziotherapie

Durch Soziotherapie sollen Patienten in die Lage versetzt werden, ambulante ärztliche oder psychotherapeutische Leistungen in Anspruch zu nehmen. Ziel ist es, die Eigenverantwortung des Patienten so zu stärken, dass er langfristig ohne soziotherapeutische Betreuung auskommt. Die Maßnahmen werden im soziotherapeutischen Betreuungsplan festgehalten.

§ 37a SGB V – Soziotherapie

(1) *Versicherte, die wegen schwerer psychischer Erkrankung nicht in der Lage sind, ärztliche oder ärztlich verordnete Leistungen selbständig in Anspruch zu nehmen, haben Anspruch auf Soziotherapie, wenn dadurch Krankenhausbehandlung vermieden oder verkürzt wird oder wenn diese geboten, aber nicht ausführbar ist. Die Soziotherapie umfasst im Rahmen des Absatzes 2 die im Einzelfall erforderliche Koordinierung der verordneten Leistungen sowie Anleitung und Motivation zu deren Inanspruchnahme. Der Anspruch besteht für höchstens 120 Stunden innerhalb von drei Jahren je Krankheitsfall.*

Mindestens eine der folgenden Beeinträchtigung muss gegeben sein, um Soziotherapie in Anspruch nehmen zu können:

1. Beeinträchtigung durch Störungen des Antriebs, der Ausdauer und der Belastbarkeit, durch Unfähigkeit zu strukturieren, durch Einschränkungen des planerischen Denkens und Handelns sowie des Realitätsbezuges

Beispiele:

- **Störungen des Antriebs:** nach Flashbacks, Alpträumen, Hyperarousal
- **Unfähigkeit zu strukturieren:** Behördenangelegenheiten werden nicht angegangen, da keine Ideen da sind, wie diese gemanagt werden sollen
- **Planerisches Denken und Handeln:** Nur im Überlebensmodus sein, da Trauma-Symptomatik an der Tagesordnung steht; kein/wenig perspektivisches Denken vorhanden, da nur der Tag überlebt wird; verschiedene Persönlichkeitsanteile haben verschiedene Funktionsniveaus
- **Realitätsbezug:** gestört durch Flashbacks

2. Störungen im Verhalten mit Einschränkung der Kontaktfähigkeit und fehlender Konfliktlösungsfähigkeit

Beispiel:

- Verschiedene Persönlichkeitsanteile haben verschiedene Kommunikationsniveaus – von nett und freundlich bis zu aggressiv und abwehrend

3. **Einbußen im Sinne von Störungen der kognitiven Fähigkeiten wie Konzentration und Merkfähigkeit, der Lernleistungen sowie des problemlösenden Denkens**

Beispiele:

- Wortfindungsstörungen
- Selektiver Mutismus
- Verschiedene Funktionsniveaus von Persönlichkeitsanteilen

4. **Krankheitsbedingt unzureichender Zugang zur eigenen Krankheitssymptomatik und zum Erkennen von Konfliktsituationen und Krisen**

Beispiele:

- Selbstverletzendes Verhalten als Skill gegen Traumasymptomatik
- Schwierigkeiten beim Erkennen von beginnenden Krisen
- Keine Innenkommunikation und dadurch nicht mitbekommen, dass verschiedene Persönlichkeitsanteile in eine Krise rutschen

Zusätzlich muss ein GAF-Wert[16] $\leq$ 40 vorhanden sein, inklusive einer Begründung des verordnenden Arztes, dass die Traumafolgestörung eine „schwere Psychische Erkrankung" ist.

Mögliche Therapieinhalte

- **Koordination von Behandlungsmaßnahmen und Leistungen**

Aktive Hilfe und Anleitung zur Selbsthilfe, z.B.: Soziotherapeut sucht Psychotherapeuten raus und telefoniert gemeinsam mit dem Patienten die Therapeuten durch, bespricht mögliche weitere

---

[16] www.lag-avmb-bw.de/Themenfelder/Medizin/GAF-Skala---Global-Assessment-of-Functioning.pdf

Hilfsmöglichkeiten und beantragt gemeinsam mit dem Patienten die verschiedenen Leistungen

- **Arbeit im sozialen Umfeld**

Analyse der häuslichen, sozialen und beruflichen Situation des Patienten: wo und wieso können Krisen entstehen? Welche Maßnahmen können helfen, diese zu verbessern? Komplementärtherapien? Bspw. Ergotherapie, Arbeitstherapie

- **Motivationsbildung und Krankheitswahrnehmung**

Erlernen einer Wochenstruktur, dadurch Erleben von besserer Stabilität und Eigenmotivation.

Leben statt Überleben, Entwicklung einer Lebensperspektive, Förderung von Innenkommunikation

Erkennen von Krisen (Frühwarnzeichen) und Krisenvermeidung (Krisenplan)

- **Hilfe in Krisensituationen**

Engmaschigere Kontakte, gemeinsame Überlegung, was hilfreich sein kann

Wer darf Soziotherapie verordnen?

- Fachärztin oder Facharzt für Neurologie
- Fachärztin oder Facharzt für Nervenheilkunde
- Fachärztin oder Facharzt für Psychosomatische Medizin und Psychotherapie
- Fachärztin oder Facharzt für Psychiatrie und Psychotherapie
- Fachärztin oder Facharzt für Kinder- und Jugendpsychiatrie und -psychotherapie
- Fachärztinnen oder Fachärzte mit Zusatz-Weiterbildung Psychotherapie

- Psychologische Psychotherapeutin oder Psychologischer Psychotherapeut Kinder- und Jugendlichenpsychotherapeutin oder Kinder- und Jugendlichenpsychotherapeut
- Psychiatrische Institutsambulanzen
- Fachärztinnen und Fachärzte sowie Psychotherapeutinnen und Psychotherapeuten der psychiatrischen Institutsambulanzen

Umfang der Stunden?

Maximal 120 Zeitstunden innerhalb von 3 Jahren.

Zuzahlung?

Die Patienten zahlen, wenn sie nicht befreit sind, pro Kalendertag, an dem Soziotherapie stattfindet, einen Eigenanteil von 10 % der tatsächlichen Kosten, allerdings mindestens 5 € und maximal 10 €.

Stationsäquivalente Behandlung (StäB)[17]

Grundlegendes

Die stationsäquivalente Behandlung richtet sich an Menschen mit psychischen Erkrankungen in Krisensituationen (alle Diagnosen), die aufgrund der Schwere ihrer Erkrankung eigentlich eine stationäre Behandlung im Krankenhaus benötigen würden, die jedoch aus verschiedenen Gründen nicht im Krankenhaus behandelt werden können oder wollen.

Die Behandlung erfolgt im häuslichen Umfeld des Erkrankten und ist medizinisch wie auch zeitlich an eine stationäre Betreuung angelehnt. D.h. es gibt eine Rund-um-die-Uhr-Bereitschaft und täglichen Kontakt zu Ärzten, Psychologen und zum Pflegeteam. Diese kommen zum Erkrankten nach Hause. Ziel ist, die Krisensituation zu meistern, die Lebensqualität der Patienten zu steigern und die Teilhabe am gesellschaftlichen Leben (wieder) zu

---

[17] www.dkgev.de/themen/versorgung-struktur/psychiatrie-psychosomatik/stationsaequivalente-psychiatrische-behandlung/

ermöglichen. Dafür arbeitet das therapeutische und pflegerische Team nach Wunsch eng mit den Angehörigen im gewohnten Umfeld zusammen.

Gründe für eine StäB

- Eine stationäre Aufnahme wird vom Patienten abgelehnt oder abgebrochen bei einer gleichzeitig bestehenden dringenden stationären Behandlungsbedürftigkeit der Erkrankung.
- Aufgrund der Symptomatik ist es dem Patienten nicht möglich, sein Zuhause zu verlassen (z.B. bei ausgeprägten Ängsten oder Zwängen).
- Der Ortswechsel durch eine stationäre Aufnahme führt zu großem Stress und damit zu einer Verschlechterung des Gesundheitszustandes.
- Der Patient ist erst kürzlich in einem neuen Wohnumfeld angekommen (Wohngruppe, Heim, Pflegefamilie).
- Die Therapieziele können am ehesten im häuslichen Umfeld erreicht werden (z.B. mit gezielten Trainings).
- Für die Therapiezielerreichung ist der enge Einbezug des sozialen Umfeldes von unmittelbarer Bedeutung.

Welche Vorrausetzungen müssen erfüllt werden?

Um eine stationsäquivalente psychiatrische Behandlung wahrnehmen zu können, ist es notwendig, dass

- eine Indikation zu einer vollstationären Behandlung vorliegt,
- alle volljährigen Bewohner im Haushalt bzw. die Heimleitung einverstanden ist,
- (wenn Kinder im Haushalt leben) eine Kindswohlgefährdung ausgeschlossen ist,
- keine akute Eigen- oder Fremdgefährdung besteht.

Wer verordnet die StäB?

Der ambulante Fach- oder Hausarzt stellt dafür eine Krankenhausverordnung aus. Die Kosten werden durch die Gesetzliche Krankenversicherung bezahlt. Privatversicherte müssen sich mit ihrer Krankenkasse besprechen.

Welche Zuzahlung ist zu leisten?

Es ist keine Zuzahlung zu leisten.

Fahrtkosten zu medizinischen Heil- und Krankenbehandlungen[18]

Fahrten mit dem Taxi, Krankentransport zu ambulanten (psychotherapeutischen) Behandlungen werden von den Krankenkassen zwar grundsätzlich bezahlt, wenn diese medizinisch notwendig sind. Die Kostenübernahme ist allerdings nur dann gewährleistet, wenn eine medizinisch verordnete Krankenfahrt oder ein Krankentransport vorher von der Krankenkasse genehmigt worden ist.

Hierfür muss der Patient der Krankenkasse die Verordnung frühzeitig vorlegen und sich vor der ersten Fahrt genehmigen lassen.

Fahrten zu ambulanten Behandlungen können von Fachärzten für Psychiatrie und Neurologie sowie approbierten Psychotherapeuten verordnet werden bei Patienten, die dauerhaft in ihrer Mobilität eingeschränkt sind und

---

[18] www.kbv.de/html/krankentransport.php

- über einen Schwerbehindertenausweis mit den Merkzeichen „aG" (außergewöhnliche Gehbehinderung), „Bl" (blind), „H" (hilflos) verfügen oder
- einen Pflegebescheid mit Pflegegrad 3, 4 oder 5 vorlegen können.

Bei „neuen" Pflegefällen, deren Pflegebedürftigkeit ab dem 1. Januar 2017 festgestellt wurde, ist bei Pflegegrad 3 zusätzlich eine gesonderte ärztliche Feststellung erforderlich.

Fahrten, die medizinisch notwendig sind, aber diese Kriterien nicht erfüllen, können im Einzelfall dennoch von den Krankenkassen genehmigt werden.

Der Patient muss sich selbst um die Genehmigung kümmern, da es sich hierbei rechtlich um einen Antrag des Patienten handelt. Nimmt ein Patient eine Fahrt in Anspruch, bevor diese von der Krankenkasse genehmigt wurde, kann die Krankenkasse die Kosten in Ausnahmefällen dennoch übernehmen.

Lehnt die Krankenkasse jedoch den Antrag ab, werden dem Patienten die Kosten für die Krankenfahrt oder den Krankentransport nicht erstattet. Dies wird nicht dem verordnenden Facharzt/Psychotherapeuten angelastet. Die Patienten sind von ihrem Facharzt/ Psychotherapeuten über den Genehmigungsvorbehalt zu informieren.

Darüber hinaus sind Patienten darauf hinzuweisen, dass bei der Verordnung von Fahrten eine Zuzahlungspflicht besteht, die unabhängig von der Art des Fahrzeugs 10 % der Fahrtkosten, jedoch mindestens 5 € und höchstens 10 € beträgt. Hier lohnt es sich, die Belege aufzuheben und eine Kostenbefreiung zu beantragen.

Im Antrag an die Krankenkasse sollte also genau beschrieben werden, warum ein Taxi zwingend notwendig ist.

Begründungen können sein:

- Trigger durch das Eingesperrt-Sein in der Straßenbahn
- Trigger durch Gerüche anderer Menschen
- Reizüberflutung
- Derealisation und die Gefahr des nicht Erkennens von Gefahren (Straßenverkehr)
- Anteilswechsel mit Orientierungslosigkeit

Seit dem 27. Mai 2017 ist die neue Krankentransport-Richtlinie des Gemeinsamen Bundesausschusses in Kraft. Sie regelt die Details der Verordnung von Krankentransporten und Krankenfahrten. In der neuen Richtlinie wird die mit dem GKV-Versorgungsstärkungsgesetz im Juli 2015 erteilte Befugnis für Vertrags-Psychotherapeutinnen und -Psychotherapeuten, Krankentransporte zu verordnen, in die Praxis umgesetzt.

Fahrtkosten als Mehrbedarf bei SGB-II-Leistungen

Die Fahrtkosten zu wiederkehrenden Therapien wie Psychotherapie kann als Mehrbedarf beim Bezug von SGB-II-Leistungen in Frage kommen.

§ 21 SGB II - Mehrbedarfe

6. *Bei Leistungsberechtigten wird ein Mehrbedarf anerkannt, soweit im Einzelfall ein unabweisbarer, besonderer Bedarf besteht; bei einmaligen Bedarfen ist weitere Voraussetzung, dass ein Darlehen nach § 24 Absatz 1 ausnahmsweise nicht zumutbar oder wegen der Art des Bedarfs nicht möglich ist. Der Mehrbedarf ist unabweisbar, wenn er insbesondere nicht durch die Zuwendungen Dritter sowie unter Berücksichtigung von Einsparmöglichkeiten der Leistungsberechtigten gedeckt ist und seiner Höhe nach erheblich von einem durchschnittlichen Bedarf abweicht.*

Fahrtkosten zu medizinischen Heil- und Krankenbehandlungen

Das Sächsische Landessozialgericht hat unter dem Aktenzeichen L 7 AS 83/17[19] dazu geurteilt:

Arbeitslosengeld II - Kostenübernahme für Fahrten zu ambulanten Krankenbehandlungen – unabweisbarer laufender besonderer Bedarf

Wiederholte und mehrfach monatlich anfallende Aufwendungen für Fahrten zu ambulanten ärztlichen Behandlungen, die nicht von der gesetzlichen Krankenversicherung übernommen werden, können im Einzelfall einen unabweisbaren laufenden besonderen Bedarf im Sinne des § 21 Abs. 6 SGB II darstellen (Aufgabe von Sächsisches Landessozialgericht, Beschluss vom 25.09.2013 - L 7 AS 83/12 NZB).

Die Trennung der Leistungssysteme der Grundsicherung für Arbeitsuchende und der gesetzlichen Krankenversicherung steht einem Anspruch nach § 21 Abs. 6 Satz 1 SGB II nicht grundsätzlich entgegen.

Fahrtkosten als Mehrbedarf bei Hilfe zum Lebensunterhalt und Grundsicherung im Alter oder bei Erwerbsminderung

(SGB-XII-Leistungen)

Fahrtkosten zu medizinischen Heil- und Krankenbehandlungen können als Mehrbedarf über die abweichende Festlegung des Regelsatzes nach § 27a Abs. IV SGB XII bewilligt werden.

Das Sozialgericht Mainz hat am 12.11.2013 unter dem Aktenzeichen S 15 AS 1324/10[20] entschieden, dass Fahrtkosten in

---

[19] www.sozialgerichtsbarkeit.de/legacy/215083

[20] www.haufe.de/sozialwesen/leistungen-sozialversicherung/jobcenter-muss-hoehere-fahrtkosten-zum-facharzt-bezahlen_242_226190.html
(Stand Dez. 2024)

Fahrtkosten zu medizinischen Heil- und Krankenbehandlungen

außergewöhnlichen Umständen – etwa bei Sozialphobie, für Therapien oder notwendige Facharztbesuche bei Trauma-folgestörungen – übernommen werden können

Das Sozialgericht Dresden urteilte am 12.12.2016 unter dem Aktenzeichen S 3 AS 5728/14[21] ebenfalls, dass außergewöhnliche Fahrtkosten zu Therapien über die abweichende Festlegung des Regelsatzes bewilligt werden können.

---

[21] https://www.sozialgerichtsbarkeit.de/legacy/189887 (Stand De. 2024)

Fahrtkosten bei Anerkennung durch das Soziale Entschädigungsrecht

Ist man nach dem Sozialen Entschädigungsrecht anerkannt, ist das Versorgungsamt für die Fahrtkosten im Zusammenhang mit der Kranken- und Heilbehandlung für die anerkannten Schädigungsfolgen zuständig.

Geregelt ist dies im:

§ 53 SGB XIV - Reisekosten

(1) Berechtigte haben Anspruch auf Übernahme von Fahrkosten und anderen Reisekosten, die im Zusammenhang mit einer Leistung der Krankenbehandlung entstehen. Den Berechtigten werden für sich, eine notwendige Begleitung sowie für Kinder, deren Mitnahme erforderlich ist, weil ihre anderweitige Betreuung nicht sichergestellt ist, die notwendigen Reisekosten einschließlich des Gepäcktransports sowie der Kosten für Verpflegung und Unterkunft in angemessenem Umfang ersetzt. Maßstab für die Angemessenheit ist das Bundesreisekostengesetz. Kein Anspruch auf Ersatz der Reisekosten besteht, wenn eine stationäre Behandlung ohne zwingenden Grund abgebrochen wird.

Nutzung Privat-PKW:

Hierfür muss eine Tabelle geführt werden, wo beim Einreichen der Arzt/Therapeut mitunterschreibt, dass die Termine stattgefunden haben. Mit dem eigenen PKW erhält man 0,30€/km zurück.

Taxi:

Benötigt man auf Grund der anerkannten Schädigungsfolgen eine Verordnung einer Krankenbeförderung, muss dazu zwingend der ausstellende Arzt „Versorgungsleiden" (BVG) ankreuzen. Diese Verordnung muss vorab von der Krankenkasse nicht bewilligt werden.

Fahrtkosten bei Anerkennung durch die Gesetzliche Unfallversicherung

Ist man wegen eines Arbeits- bzw. Wegeunfalles bei der Gesetzlichen Unfallversicherung anerkannt, ist diese für die Fahrtkosten im Zusammenhang mit der Kranken- und Heilbehandlung für die anerkannten Schädigungsfolgen zuständig.

§ 43 SGB VII – Reisekosten

(1) Die im Zusammenhang mit der Ausführung von Leistungen zur medizinischen Rehabilitation oder zur Teilhabe am Arbeitsleben erforderlichen Reisekosten werden nach § 73 des Neunten Buches übernommen. Im Übrigen werden Reisekosten zur Ausführung der Heilbehandlung nach den Absätzen 2 bis 5 übernommen.

Hierfür muss eine Tabelle geführt werden, wo beim Einreichen der Arzt/Therapeut mitunterschreibt, dass die Termine stattgefunden haben. Mit dem eigenen PKW erhält man 0,30€/km zurück.

Benötigt man auf Grund anerkannten Folgen eine Verordnung einer Krankenbeförderung, muss dazu zwingend der ausstellende Arzt „Arbeitsunfall" ankreuzen.

Mobilitätshilfe

Die Mobilitätshilfe kann in verschiedenen Formen bewilligt werden. Darunter zählen Fahrdienste, Taxifahrten oder ein eigenes Kraftfahrzeug. Für letzteres kann auch der Führerschein über die Mobilitätshilfe finanziert werden. Zu finden ist die Mobilitätshilfe im Neunten Sozialgesetzbuch, das heißt, die Person muss schwerbehindert bzw. von Behinderung bedroht sein, um diese Leistung beantragen zu können. Des Weiteren muss aus medizinischen Gründen nachgewiesen werden, dass die Nutzung öffentlicher Verkehrsmittel nicht möglich ist.

§ 83 SGB IX - Leistungen zur Mobilität

(1) Leistungen zur Mobilität umfassen

- *Leistungen zur Beförderung, insbesondere durch einen Beförderungsdienst, und*
- *Leistungen für ein Kraftfahrzeug.*

(2) Leistungen nach Absatz 1 erhalten Leistungsberechtigte nach § 2, denen die Nutzung öffentlicher Verkehrsmittel auf Grund der Art und Schwere ihrer Behinderung nicht zumutbar ist.

Mobilitätshilfe

Leistungen nach Absatz 1 Nummer 2 werden nur erbracht, wenn die Leistungsberechtigten das Kraftfahrzeug führen können oder gewährleistet ist, dass ein Dritter das Kraftfahrzeug für sie führt und Leistungen nach Absatz 1 Nummer 1 nicht zumutbar oder wirtschaftlich sind.

(3) Die Leistungen nach Absatz 1 Nummer 2 umfassen Leistungen
- *zur Beschaffung eines Kraftfahrzeugs,*
- *für die erforderliche Zusatzausstattung,*
- *zur Erlangung der Fahrerlaubnis,*
- *zur Instandhaltung und*
- *für die mit dem Betrieb des Kraftfahrzeugs verbundenen Kosten.*

Die Bemessung der Leistungen orientiert sich an der Kraftfahrzeughilfe-Verordnung.

Sinnvoll ist, die Mobilitätshilfe als Persönliches Budget zu beantragen, da die entstandenen Kosten so flexibel selbst verwaltet werden können. Weitere Informationen dazu im Kapitel „Persönliches Budget".

Damit die Mobilitätshilfe überhaupt greift, ist es unerlässlich, dass aus medizinischen Gründen keine Öffentlichen Verkehrsmittel genutzt werden können. Es darf kein rein Infrastrukturelles Problem sein (wie z.B. auf dem Dorf leben, wo kein Bus fährt), da das infrastrukturelle Problem auch nicht-behinderte Menschen betrifft.

Vor- und Nachrangigkeit im § 83 SGB IX selbst

Leistungen zur Beförderung, insbesondere durch einen Beförderungsdienst, sind vorrangig zum eigenen Kraftfahrzeug. Begründet wird dies mit der Wirtschaftlichkeit.

Die Beschaffung eines Kfz kann gemäß den Empfehlungen[22] der Bundesarbeitsgemeinschaft der überörtlichen Träger der Sozialhilfe (BAGüS)[23] demnach nur gewährt werden, wenn bei den notwendigen Wegen/erforderlichen bzw. zu berücksichtigenden Fahrten eine Unzumutbarkeit besteht, diese Wege auf eine andere Weise als mit einem eigenen Kfz zurückzulegen und der Leistungsberechtigte außerdem zur Teilhabe am Leben in der Gemeinschaft ständig auf die Nutzung eines Kraftfahrzeuges angewiesen ist.

Notwendige Unterlagen zur Beantragung eines eigenen Kraftfahrzeugs

Zur Beantragung eines eigenen Kfz wird ein ausführlicher Bericht durch den Arzt bzw. den psychologischen Psychotherapeuten zur medizinischen Notwendigkeit der Mobilitätshilfe und die bereits ausgeschöpften (Therapie-) Möglichkeiten benötigt.

Was ist damit gemeint?

Der Kostenträger muss zum einen erkennen, dass bereits therapeutische Maßnahmen durchgeführt wurden, damit mit den öffentlichen Verkehrsmitteln gefahren werden kann, und dass diese ausgeschöpft sind. Hier am besten beschreiben, was genau bereits versucht wurde, wie z.B. psychisch funktionelle Ergotherapie oder

---

[22] www.lwl.org/spur-download/bag/Kfz_Empfehlungen_2020.pdf
[23] www.bagues.de/de/veroeffentlichungen/orientierungshilfen-und-empfehlungen/ (Stand Dez. 2024)

Konfrontationstherapie. Alternativ klar benennen, falls dies noch nicht geschehen ist und wieso dies ggf. noch nicht möglich war.

Des Weiteren muss in dem Bericht stehen, wieso ein eigenes Kraftfahrzeug zwingend medizinisch notwendig ist.

Beispiele können sein:

- Symptomverschlechterung bei der Nutzung des ÖPNV
- Erleben von Selbstwirksamkeit durchs Autofahren

Die schriftliche Stellungnahme kann der Kostenträger selbstständig beim Psychologischen Psychotherapeuten bzw. Arzt anfordern, dann bekommen diese den Bericht auch bezahlt.

Wichtig ist hier, den Kostenträger aufzufordern, dies auch zumachen. Das kann im Anschreiben angesprochen werden.

Persönliches Schreiben über die eigenen Beeinträchtigungen im Zusammenhang mit der Teilhabe

Im Persönlichen Schreiben muss die betroffene Person, so detailliert wie möglich, die eigenen Beeinträchtigungen im Zusammenhang mit ihrer Teilhabe am Leben beschreiben und insbesondere darauf eingehen, wie die Mobilitätshilfe helfen bzw. die Beeinträchtigungen ausgleichen soll.

Achtung: Für Fahrten zu Therapien ist die Krankenkasse (bzw. Soziales Entschädigungsrecht, Gesetzliche Unfallversicherung) zuständig. Dies kann nicht über die Mobilitätshilfe laufen.

Wichtig für das persönliche Schreiben: viele verschiedene Situationen und Trigger aufzählen.

Beispiel:

„Ich kann durch meine Trauma-Symptomatik keine öffentlichen Verkehrsmittel nutzen – sobald sich die Türen schließen, habe ich

das Gefühl, „gefangen in der Situation" zu sein, wie in den traumatischen Situationen, die zu meiner Traumafolgestörung führten. Aus diesem Grund nutze ich nur mein Fahrrad. Bei schlechten Wetterverhältnissen (Sturm, Schneechaos) lasse ich Termine ausfallen."

Durch ein eigenes KFZ (durch die Nutzung eines Taxis) würde sich mein Handlungsspielraum erweitern. Ich würde das Auto (das Taxi) vor allem für soziale und kulturelle Teilhabe nutzen. Regelmäßige Fahrten, die ich unternehmen würde, sind:

- *zu meinen Freunden 1x pro Woche*
- *zum See/zum Spazieren im Wald 1x pro Woche*
- *zu meinem Ehrenamt 2x pro Woche*
- *Wocheneinkauf 1x pro Woche*

Im Persönlichen Schreiben sollten spezifische Trigger benannt werden und was genau passiert, wenn der Trigger auftritt. Bei vielen meiner Klient:innen kommt es zu starken dissoziativen Symptomen wie Erstarrung, Krampfanfällen usw.

Wichtig: Falls dissoziative Krampfanfälle vorliegen, kann kein eigenes KFZ zum Selbstfahren beantragt werden, da im medizinischen Gutachten festgestellt wird, dass keine Fahrtauglichkeit besteht.

Kostenaufstellung und Kostenvergleich

Je nachdem, was genau beantragt werden möchte, muss die Kostenaufstellung unterschiedlich sein. Es macht auch Sinn, dem Kostenträger einen Kostenvergleich der verschiedenen Möglichkeiten aufzuzeigen.

Beförderungsdienst

Hier muss bei der Stadt/Gemeinde geschaut werden: gibt es einen Behindertenbeförderungsdienst und wenn ja, welche Konditionen hat bzw. haben diese.

Beispielrechnung:

Leistung Beförderungsdienst	Kosten	Anmerkung
Anzahl Fahrten: 20	300 €	monatlich

Taxi

Hier muss grob überschlagen werden, wie viele Fahrten pro Woche ungefähr anfallen. Dann muss durchgerechnet werden, wie hoch die Taxikosten in etwa sein werden.

Online gibt es sogenannte Taxikosten-Rechner, diese am besten nutzen und jede Fahrt einmal durchrechnen.

Beispielrechnung:

Leistung Taxi	Kosten	Anmerkung
Fahrten Wocheneinkauf	172,00 €	monatlich
Fahrten See / Wald	189,20 €	monatlich
Fahrten Freunde	180,00 €	monatlich
Gesamt	**541,20 €**	monatlich

Eigenes KFZ

Ein eigenes KFZ kommt in Frage, wenn entweder die Kosten für das Taxi oder den Beförderungsdienst höher sind als die monatlichen Kosten eines eigenen KFZ oder wenn es medizinisch nicht vertretbar ist, dass die betroffene Person mit dem Taxi oder einem Beförderungsdienst fährt.

Beispielrechnung:

Leistung KFZ	Kosten	Anmerkung
Anschaffungskosten*	10.000 €	Einmalig
KFZ-Steuer	96,00 €	monatlich
Versicherung, Reparaturen und Inspektion, Ersatz von Reifen	2.500,00 €	Pauschal jährlich
Sprit	120,00 €	Pauschal monatlich
Jährliche Kosten	**6.036,00 €**	
Monatliche Kosten	**503,00 €**	

*In den jährlichen Kosten sind die Anschaffungskosten, auf fünf Jahre verteilt, enthalten, also jährlich 2.000 €.

Wieso 5 Jahre: Ein weiterer Zuschuss zum Kauf eines Kraftfahrzeugs ist in der Regel frühestens nach 5 Jahren möglich, aber der Kostenträger darf Ausnahmen davon machen. Wer den Zuschuss dringend vorher braucht, sollte es also trotzdem mit einem Antrag versuchen und argumentieren, dass ein besonderer Ausnahmefall vorliegt.

Der Pflegegrad

Jedem Menschen, der Hilfe im körpernahen Bereich benötigt, steht ein Pflegegrad zu, so jedenfalls die Theorie. Es zählt nur die reale, bereits bestehende Hilfsbedürftigkeit, nicht eine eventuelle zukünftige.

Die Pflegeversicherung wird durch das Sozialgesetzbuch XI geregelt, sofern man gesetzlich versichert ist.

Voraussetzung für Leistungsansprüche

Um Pflegeleistungen voll in Anspruch nehmen zu können, muss der Versicherte in den letzten zehn Jahren vor der Antragstellung zwei Jahre als Mitglied in die Pflegekasse eingezahlt haben oder familienversichert gewesen sein. Ist dies nicht, so kommt das Sozialamt für die gleichen Leistungen in Frage.

Ablauf des Verfahrens zur Ermittlung der Pflegebedürftigkeit

Es reicht, einen formlosen Antrag auf Pflegeleistungen bei der Krankenversicherung bzw. Pflegeversicherung einzureichen. Die meisten Krankenversicherungen haben bereits online einen Antrag bereitgestellt, dieser heißt in den meisten Fällen „Leistungen der Pflegeversicherung".

Ein paar Begriffs-Erklärungen:

- **Pflegegeld:**

Die Pflege wird durch Menschen aus dem privaten Umfeld, wie Nachbarn, Freunde oder Familie, sichergestellt. Es wird ab PG2 Pflegegeld an den Pflegebedürftigen ausgezahlt und dieser kann dann selbstständig das Geld verwalten.

- Pflegegrad 2 = 347 €
- Pflegegrad 3 = 599 €
- Pflegegrad 4 = 800 €
- Pflegegrad 5 = 990 €

Das Pflegegeld ist nicht anrechenbar auf alle Arten von Transferleistungen und Renten und ist nicht pfändbar.

Wichtig zu wissen: die Personen, die als Pflegeperson eingetragen werden, bekommen Rentenpunkte gutgeschrieben, sobald die Pflegezeit wöchentlich mehr als 10h beträgt und die Pflegeperson weniger als 30h/Woche versicherungspflichtig arbeitet.

- **Pflegesachleistungen:**

Die Pflege wird durch einen professionellen Pflegedienst sichergestellt. Es fließt kein Geld an den Pflegebedürftigen. Der Pflegedienst rechnet direkt mit der Pflegeversicherung selbstständig ab.

  - Pflegegrad 2 = 795 €
  - Pflegegrad 3 = 1.496 €
  - Pflegegrad 4 = 1.858 €
  - Pflegegrad 5 = 2.299 €

- **Kombinationsleistung:**

Die Pflege wird sowohl durch Menschen aus dem privaten Umfeld als auch einen Pflegedienst sichergestellt. Zuerst rechnet der Pflegedienst mit der Pflegeversicherung ab, das übrig gebliebene Geld von den Pflegesachleistungen wird dann anteilig in Pflegegeld und an den Pflegebedürftigen ausgezahlt.

Der Medizinische Dienst (kurz MD) kündigt sich an

Sobald der Antrag auf Pflegeleistungen bei der Pflegeversicherung eingegangen ist, wird der Medizinische Dienst beauftragt zur Begutachtung. Dies findet zumeist als Hausbesuch statt. In der Corona-Pandemie gab es eine lange Zeit, wo der MD nur telefonisch Begutachtungen machte.

Direkt beim Antrag kann angeben werden, dass die Begutachtung nur durch eine weibliche Gutachterin durchgeführt werden soll und dass sie sich mit psychischen Erkrankungen und im besten Fall mit Traumafolgestörungen auskennen muss.

Vorbereitungen auf den Gutachtertermin

Anfertigen eines Pflegetagebuches[24] über mehrere Tage

Beispiel:

Uhrzeit	Pflege	Anmerkung
07:15 Uhr	Wecken	Beim Wecken bekam B. eine Panikattacke, durch Beruhigen beim Reorientieren geholfen
07:30 Uhr	Duschen	B. daran erinnert, dass sie duschen, gehen muss
07:40 Uhr	Duschsituation	Im Badezimmer mit dabei sein, da eigene Körperberührung zu Flashbacks führen kann
07:50 Uhr	Reorientieren	B. durch 5-4-3-2-1 Übung beim Reorientieren geholfen

Diese Tabelle wird über den gesamten Tag geschrieben, am besten durch die Pflegeperson, und auch nachts, falls da Pflege anfällt. Da sich nicht jeder Tag gleicht, sollte das Pflegetagebuch über mehrere Tage (5-7 Tage) geführt werden, damit der Gutachter verschiedene Daten zur Verfügung hat und so eine bessere Einschätzung der Gesamtlage bekommt.

Was genau Pflege bei Traumafolgestörungen bedeutet, wird auf den folgenden Seiten ausführlich und mit nahbaren Beispielen von Pflegesituationen beschrieben.

---

[24] www.aok.de/pk/magazin/cms/fileadmin/pk/nordwest/pdf/AOK-Pflegetagebuch.pdf

Medizinische Unterlagen bereithalten

Es hat sich in den letzten Jahren herauskristallisiert, dass den Betroffenen eher Hilfe gewährleistet wird, wenn die behandelnden Psychologischen Psychotherapeuten oder Ärzte ein Schreiben formulieren, aus dem die Beeinträchtigungen im Alltag hervorgehen.

Dies ist hilfreich, weil die betroffene Person bei einer Pflegebegutachtung in einen Funktionsmodus rutschen kann, wodurch die benötigte Pflege weniger sichtbar wird.

Medikamentenplan

Falls Medikamente regelmäßig genommen werden müssen, ist eine Aufstellung der benötigten Medikamente, insbesondere der Bedarfsmedikamente, wichtig. Im Speziellen, wenn die Pflegeperson diese geben muss: durch Erinnern und/oder direkte Gabe in Krisensituationen.

Beispiel: B. nimmt bei sehr starken Ängsten und Dissoziationen 1mg Tavor Expedit. Die Pflegeperson muss B. dran erinnern, dass sie diese nehmen darf (innere Verbote) und reicht sie ihr an.

Wichtig zu wissen:

Falls die betroffene Person in dissoziativen Zuständen gegebenenfalls mehr Tabletten einnimmt, als verordnet, egal ob in suizidaler oder anderer Absicht, kann der Hausarzt eine Verordnung für Behandlungspflege durch einen Pflegedienst ausstellen.

Dazu wird dann nicht das Pflegegeld verwendet. Der Pflegedienst kommt dann je nach Bedarf 1x bis 3x täglich, um der betroffenen Person die Medikamente anzureichen.

Pflegemodule[25]

Die im Folgenden aufgezählten Punkte sind mögliche Hilfestellungen. Wichtig ist, die real bereits bestehende benötigte Hilfe. Schafft der/die Betroffene Dinge selbstständig (auch mit sehr langer Dauer), dann wird dies nicht als Pflegebedarf gewertet.

Für Betroffene mit einer (partiellen) Dissoziativen Identitätsstörung (abgekürzt (p)DIS):

Es muss aus dem ausführlichen Schreiben des Arztes/Psychologischen Psychotherapeuten dringend die Komplexität der Erkrankung hervorgehen, vor allem, dass verschiedene Persönlichkeitsanteile verschiedene Funktionsniveaus besitzen und dass dies nicht steuerbar ist.

Modul 1 – Mobilität

Bei diesem Modul sind insbesondere folgende Punkte wichtig:

- **Fortbewegen innerhalb des Wohnbereichs**

Bei Betroffenen mit Dissoziativen Bewegungsstörungen kann dies eingeschränkt sein. Beim Fortbewegen innerhalb des Wohnbereichs muss die Pflegeperson den Rollstuhl schieben; selbst den Rollstuhl bewegen können, zählt nicht darunter, da nur die reale Hilfestellung Pflege bedeutet.

- **Treppensteigen**

Beim Treppensteigen muss in dem Moment die Pflegeperson Hilfestellungen leisten in Form von dabei stützen zur Gefahrabwendung vor Stürzen. Wenn ein Treppenlift selbstständig bedient werden kann, ist es keine Hilfestellung in Form von Pflege.

---

[25]www.aok.de/gp/pflegebeduerftigkeit/begutachtungsinstrument/pflegeg rades

Modul 2 – Kognitive und kommunikative Fähigkeiten

Bei diesem Modul sind folgende Punkte wichtig:

- **Erkennen von Personen aus dem näheren Umfeld**

Wenn die betroffene Person in einem dissoziativen Zustand ist bzw. sehr tief in einem Flashback steckt, kann sie andere Menschen oft nicht als ungefährlich erkennen. Dadurch können in dem Moment abwehrende Handlungen vonseiten der betroffenen Person stattfinden. Pflege wäre hier, dass die Pflegeperson erklären muss, wer sie ist, bzw. andere Personen, die die betroffene Person nicht erkennt.

- **Örtliche Orientierung**

Beispiel: durch einen Persönlichkeitswechsel ist ein Anteil nun vorne, der die letzten Stunden nichts mitbekommen hat. Er weiß nicht, wo er sich befindet. Die Pflegeperson muss ihn anrufen, um ihm nach Hause zu helfen. Falls es mehrfach bereits zu Polizei-Einsätzen deswegen kam, kann man dies hier mit angeben.

- **Zeitliche Orientierung**

Beispiel: Eine betroffene Person hat einen Persönlichkeitswechsel und dieser weiß nicht, welches Jahr ist, wie alt er ist, welches Datum gerade ist. Die Pflegeperson muss erklären, welches Jahr ist und der Körper bereits erwachsen.

Beispiel: Die Betroffene hatte einen Flashback über einen längeren Zeitraum und benötigt Hilfe durch die Pflegeperson beim Reorientieren. Da sie emotional komplett noch im Tatzeitraum feststeckt, weiß sie in den ersten Minuten nicht, wo sie sich zeitlich befindet. Pflegeperson muss in dem Moment erklären, welches Jahr ist, der Körper erwachsen ist.

Es zählt nur als Pflege, wenn eine außenstehende Person dies anleitet. Eigenes Sagen von „Heute ist der soundsovielte Jahr, ich bin XY Jahre alt", zählt nicht als Pflege.

- **Erinnern an wesentliche Ereignisse oder Beobachtungen**

Dieser Punkt ist besonders wichtig für Betroffene, die an ein häufigen Dissoziativen Amnesien leiden.

Beispiel: Ein Persönlichkeitswechsel fand statt und der Anteil, der vorne ist, weiß nicht, was heute gemacht wurde und was die letzten Tage war. Die Pflegeperson muss ihm dabei helfen, zu klären, wann was war und was alles stattgefunden hat.

- **Steuern mehrschrittiger Alltagshandlungen**

Beispiel: Wäsche waschen. Betroffene Person muss daran erinnert werden, dass sie gerade eine Tätigkeit macht.

Beispiel: Kochen. Die betroffene Person vergisst häufig, dass sie gerade kocht. Deshalb kocht sie nur noch im Beisein der Pflegeperson. Diese muss sie zwischendrin daran erinnern, dass sie das Essen umrühren muss, damit es nicht anbrennt. Hier kann dann auch erläutert werden, was vorher ohne die Pflegeperson geschah, wie zum Beispiel, dass der Herd stundenlang an war usw.

- **Treffen von Entscheidungen im Alltagsleben**

Dies kann der Fall sein, wenn Probleme dabei herrschen, welche Kleidung angezogen werden soll. Diese Entscheidung muss rational getroffen werden können.

Gutes Beispiel: Im tiefsten Winter mit kurzer Hose und T-Shirt rausgehen wollen. Ja, es wurde eine Entscheidung getroffen, aber keine rational gesunde, da die Gefahr einer Unterkühlung besteht.

- **Verstehen von Sachverhalten und Informationen**

<u>Beispiel (p)DIS:</u> In diesem Punkt kann es vorkommen, dass insbesondere Kind-Anteile Sachverhalte nicht verstehen und die Pflegeperson es dann später einem erwachsenen Anteil nochmals erklären muss, oder dem Kind-Anteil Sachverhalte in kindgerechter Sprache erklärt werden müssen.

<u>Beispiel PTBS:</u> Die betroffene Person kann durch die Symptomüberlast nicht begreifen, was erklärt wird, da die Konzentration fehlt, aber auch oft die Worte, die erzählt werden, nicht ankommen („Neben sich stehen", „Ohren auf Durchzug").

- **Erkennen von Risiken und Gefahren**

Die im Punkt „Treffen von Entscheidungen", also wenn z.B. dem Wetter nicht angepasste Kleidung angezogen wird.

Unter diesen Punkt fällt unter anderem auch Gesundheitsfürsorge.

<u>Beispiel:</u> Betroffene Person geht mit starken Bauchschmerzen und Fieber nicht zum Arzt, aus Angst, berührt zu werden. Pflegeperson muss stark intervenieren und unter Umständen Rettungswagen rufen, damit die medizinische Behandlung erfolgen kann. Die betroffene Person wägt hier die Risiken und Gefahren nicht gut gegeneinander ab.

Vor dem äußeren Ausstieg aus organisierten Gewaltstrukturen:

Risiken und Gefahren bedeutet auch, Kontakt zu Tätern aufzunehmen.

- **Mitteilen von Elementaren Bedürfnissen**

<u>Beispiel:</u> Es kann nicht kommuniziert werden, dass auf die Toilette gegangen werden muss. Jüngere Kind-Anteile, die einen Mutismus (nicht sprechen können) aufweisen, müssen daran erinnert

werden, die Toilette aufzusuchen oder Inkontinenzmaterial zu wechseln.

<u>Beispiel:</u> Durch eine ausprägte Lethargie und/oder Körperdissoziationen wird ein Hunger-/Durstgefühl nicht wahrgenommen. Die Pflegeperson muss daran erinnern, regelmäßig zu essen und zu trinken.

- **Beteiligen an einem Gespräch**

Wenn die betroffene Person immer wieder in Dissoziationen rutscht bzw. Persönlichkeitswechsel stattfinden, muss die Pflegeperson immer wieder erklären, um was es geht (in Form von kurzem Zusammenschnitt des Gesprächs).

Modul 3 – Verhaltensweisen und psychische Problemlagen

Bei diesem Modul sind folgende Punkte wichtig:

- **Nächtliche Unruhe**

<u>Beispiel:</u> nachts stehen Persönlichkeitsanteile auf, wandeln durch die Wohnung. Die Pflegeperson muss sie zurück ins Bett bringen.

Damit ist nicht gemeint, eine Pflegepersonen, die außerhalb der Wohnung lebt, anzurufen, weil man nicht schlafen kann. Dies ist im Sinne von Pflege keine Pflegehandlung.

- **Selbstschädigendes und autoaggressives Verhalten**

In diesem Punkt geht es um jede Form der Selbstverletzung.

Wichtig ist, dass es nicht nur stattfindet, sondern die Pflegeperson helfen muss, indem sie die betroffene Person zum Arzt begleitet, bei der Wundversorgung zuhause hilft oder beim Unterbinden des selbstschädigenden Verhaltens, z.B., wenn jemand sich immer wieder gegen den Kopf haut, die Hände festhält. Oder dass sie die betroffene Person darauf aufmerksam gemacht wird, dass sie sich grade selbst schädigt. Betroffene Menschen kratzen sich unbewusst die Hände oder Unterarme auf, oft, bis sie bluten. Dies ist ebenso selbstschädigendes Verhalten.

- **Beschädigung von Gegenständen**

Falls die betroffene Person zum Beispiel tobt und die Wohnung demoliert, Gegenstände an die Wände wirft. Pflegeperson muss die betroffene Person beruhigen. Es kann auch zu Polizeieinsätzen kommen.

<u>Beispiel DIS:</u> Anteile zerreißen Rechnungen, wichtige Briefe/Dokumente, ohne, dass sie bezahlt bzw. bearbeitet wurden. Pflegeperson muss darauf achten, diese vorher zu sichern und gemeinsam mit der/dem Betroffenen zu bearbeiten.

- **Physisch aggressives Verhalten gegenüber anderen Personen**

In einem dissoziativen Zustand bzw. Flashback erkennt die betroffene Person die Pflegeperson nicht und versucht, sich zu wehren, z.B. gegen die Pflegeperson zu treten, damit sie verschwindet. Pflege bedeutet hier, dass die Pflegeperson wohlwollend mit der betroffenen Person spricht, sie beruhigt und so das Verhalten reduziert bzw. unterbricht.

- **Verbale Aggression**

Gleiche Situation wie im vorgenannten Punkt, nur in verbaler Form

- **Ängste**

Rausholen aus Flashbacks, Helfen beim Reorientieren, Hilfe beim Realisieren, was gerade Angst macht, gemeinsam die Wohnung durchlaufen, um zu versichern, dass keine fremde Person da ist.

- **Antriebslosigkeit bei depressiver Stimmungslage**

<u>Beispiel</u>: Die Pflegeperson muss jede Tätigkeit mit der betroffenen Person kurzfristig absprechen und auch nachkontrollieren. Auch: aus dem Bett holen, motivieren, den Tag über etwas zumachen.

Modul 4 – Selbstversorgung

Bei diesem Modul sind folgende Punkte wichtig:

- **Waschen des oberen und unteren Körpers, Körperpflege des Kopfes/der Haare, Waschen des Intimbereichs**

Falls die Pflegeperson die betroffene Person daran erinnern muss, sich zu duschen, ist es bereits Pflege und wird als „überwiegend selbstständig" gewertet.

Für viele Trauma-Betroffene ist die Berührung des eigenen Körpers, besonders im Intimbereich, sehr herausfordernd und löst Symptome aus. Falls die Symptome so schlimm sind, dass die Pflegeperson mit im Badezimmer sein muss, ist dies ebenso Pflege.

- **An- und Auskleiden des Ober- und Unterkörpers**

Falls die Pflegeperson die betroffene Person daran erinnern muss, saubere Kleidung anzuziehen, bzw. darauf hinweisen, dass die Kleidung kaputt ist, gilt dies als Pflege. In diesem Punkt ist auch die situationsbedingte Kleidung gemeint, wie z.B. das Erinnern an warme Kleidung im Winter.

- **Essen und trinken**

Falls daran erinnert werden muss, hier wieder „überwiegend selbstständig". Falls als Komorbidität eine Essstörung vorliegt, können hier ebenso Punkte vergeben werden, wenn z.B. darauf geachtet werden muss, dass genügend Kcal aufgenommen werden.

- **Benutzen einer Toilette**

Falls Kind-Anteile erinnert werden müssen, diese zu nutzen.

Modul 5 – Bewältigung von und selbstständiger Umgang mit krankheits- und therapiebedingten Anforderungen und Belastungen

Bei diesem Modul sind folgende Punkte wichtig:

- **Medikation**

Falls die Pflegeperson an die Medikamente erinnern muss

- **Arztbesuche**

Falls die betroffene Person nicht alleine zum Arzt geht

- **Besuche anderer medizinischer oder therapeutischer Einrichtungen**

Begleitung zur Ergotherapie, zur Psychotherapie

- **Zeitlich ausgedehnte Besuche medizinischer oder therapeutischer Einrichtungen**

<u>Beispiel:</u> Tagesstätten, Rehakliniken als Begleitperson

Wichtig! Alles, was länger als 3h dauert

Modul 6 – Gestaltung des Alltagslebens und sozialer Kontakte

Bei diesem Modul sind folgende Punkte wichtig:

- **Gestaltung des Tagesablaufes und Anpassung an Veränderungen**

Falls mit der Pflegeperson der Alltag strukturiert werden muss

- **Sich beschäftigen**

Beispiel: Es gibt Betroffene, die in einem dissoziativen Zustand 4-5h am Stück an die Wand starren. Pflege liegt vor, wenn die Pflegeperson da Input geben muss, etwas zu machen.

- **In die Zukunft gerichtete Planung**

Aufbauen einer Wochenstruktur, Wocheneinkauf planen, nächste Therapieschritte planen, Lebensperspektive durch Gespräche gemeinsam entwickeln

- **Kontaktpflege zu Personen außerhalb des direkten Umfeldes**

Insbesondere bei Menschen mit sozialen Ängsten brauchen es hier Unterstützung, indem die Pflegeperson z.B. mit dabei ist.

Tag der Pflegebegutachtung

Der Gutachter versendet meist einen Zeitraum von 2h per Brief. Die konkrete Begutachtung dauert zwischen 30min – 90min. Er schaut sich alle Räumlichkeiten an, also wie die Gegebenheiten vor Ort sind: ob z.B. an der Dusche ein Haltegriff befestigt ist, ob es Türschwellen gibt. Man kann auch verwehren, dass er z.B. ins Schlafzimmer schaut. Extra für den Termin muss nicht sauber gemacht werden. Es geht darum, dass der Gutachter genau die Situation vor sich hat, wie sie jeden Tag ist.

Das heißt, wenn die Wohnung immer ein wenig unordentlich ist, sollte sie auch zum Gutachter-Termin unordentlich sein. Ist die Wohnung meistens aufgeräumt, sollte sie ebenso aufgeräumt sein.

Die Begutachtung findet in einem Gespräch statt. Die betroffene Person kann das Gespräch alleine führen, aber auch gemeinsam mit der Pflegeperson. Falls ein Pflegedienst die Pflege übernehmen soll, kann der Pflegedienst angefragt werden, ob er zu dem Gespräch dazukommt. Tonaufnahmen sind rechtlich verboten, außer, man holt sich vor der Aufnahme das Einverständnis des Gutachters ein.

Begründen kann man Tonaufnahmen z.B. damit, sich das Gespräch später noch einmal anzuhören zu können, falls man in dissoziative Zustände rutscht.

Der Gutachter wird, die im vorherigen Kapitel genannten Module nicht einzeln durchgehen, sondern im Gespräch alles abfragen. Deswegen ist es sehr wichtig, das Pflegetagebuch parat zuhaben sowie das Schreiben der Therapeuten/Ärzte.

Nach dem Gespräch bzw. innerhalb des Gespräches wird er sich entweder von Hand etwas notieren oder auf seinem Laptop mitschreiben. Am Ende des Tages wird dann das Gutachten angefertigt und an die Krankenkasse versendet. Da das Gutachten bereits am Ende des Tages fertiggestellt wird, ist ein Nachreichen von Unterlagen oft nicht möglich.

Die Pflegeversicherung erteilt einen Bescheid

Das Gutachten sowie der Bescheid werden der/dem Betroffenen postalisch zugesendet. Die Pflegeleistungen, wenn sie gewährt werden, starten automatisch. Es kommt vor, dass z.B. das Pflegegeld eher auf dem Konto ist als der Bescheid im Briefkasten. Also nicht wundern, wenn dies geschieht. Das Pflegegeld wird rückwirkend ab Antragsdatum gezahlt.

Falls die Pflegeversicherung ablehnt bzw. einen zu niedrigen Pflegegrad ermittelt

In diesem Fall kann die betroffene Person innerhalb eines Monats in Widerspruch gehen. Dazu ist es gut, sich das Pflegegutachten genau durchzulesen und jeden Punkt, der falsch angekreuzt wurde, aufzuschreiben und zu formulieren, wieso man denkt, dass da eine andere Wertung stattfinden müsste. Hilfreich hier ist, das Pflegetagebuch beizulegen.

Bei einem Widerspruch kommt der MD noch einmal ins Spiel. Entweder, er entscheidet auf Basis der eingereichten Unterlagen (d.h. nach Aktenlage), oder es kommt zu einem erneuten Hausbesuch.

Welche Leistungen stehen Pflegebedürftigen außerdem zu?[26]

- **Pflegehilfsmittel ab Pflegegrad 1**

Fingerlinge, saugende Bettschutzeinlagen, Mundschutz, Schutzschürzen, Handschuhe, Desinfektionsmittel (für Hände, Flächen), Einmallätzchen

Tipp! Einige Krankenkassen bieten an, dass, wenn man in drei aufeinanderfolgenden Monaten Rechnungen von min. 42,01 € einreicht, die Pauschale danach automatisch überwiesen wird. Die Rechnungen müssen dann nur noch ein Jahr lang aufgehoben werden, falls eine Überprüfung stattfindet, aber nicht mehr einzeln eingereicht werden.

Wichtig: Vorher bei der Krankenkasse nachfragen, ob sie dies so durchführen.

- **Entlastungsleistungen ab Pflegegrad 1**

Jeden Monat stehen 131 € für Entlastungsleistungen zur Verfügung. Diese werden nicht an den Pflegebedürftigen ausgezahlt. Je nach Bundesland muss diese Leistung zwingend ein Pflegedienst übernehmen. In anderen Bundesländern ist es möglich, diese Leistung von Nachbarschaftsvereinen sowie Reinigungsfirmen ableisten zu lassen. Da sich hier immer wieder etwas ändert, bitte bei der eigenen Krankenkasse nachfragen.

---

[26]www.bundesgesundheitsministerium.de/service/publikationen/details/pflegeleistungen-zum-nachschlagen

- **Verhinderungspflegegeld ab Pflegegrad 2**

Ist eure Pflegeperson im Urlaub oder anderweitig verhindert, stehen weitere 1.685 € als Verhinderungspflegegeld zur Verfügung. 50 % der Kurzzeitpflege können umgewandelt werden in Verhinderungspflege, so dass ein Betrag von 2.499 € zusammenkommt.

Verhinderungspflegegeld kann ab einer Pflegezeit von 6 Monaten beantragt werden. Eine Vorpflegezeit vor der Bewilligung des Pflegegrads kann der Hausarzt bescheinigen, falls die Pflegebedürftigkeit schon eher bestand.

- **Kurzzeitpflege**

Die Kurzzeitpflege kann in Einrichtungen in Anspruch genommen werden, insbesondere dann, wenn die häusliche Pflege zeitweise nicht, noch nicht oder nicht im erforderlichen Umfang erbracht werden kann. Dies kann auch der Fall sein, wenn die Pflegeperson eine Auszeit benötigt zum Regenerieren. Aktuell stehen 1.854 € monatlich zur Verfügung.

Neuerung ab Juli 2025

Die Kurzzeitpflege und die Verhinderungspflege werden dann in den Gemeinsamen Jahresbetrag zusammengeführt, welcher bei 3.539 € liegt.

Das bedeutet, dass die bisherigen Regelungen ab Juli 2025 entfallen und durch den Gemeinsamen Jahresbetrag ersetzt werden.

- ### **Wohnumfeldverbessernde Maßnahmen**

Damit die Pflege zuhause möglich ist, muss oft das Wohnumfeld angepasst werden. Denn je nach körperlicher Einschränkung können Treppen, Bäder, Türen und vieles mehr zu großen Hindernissen werden. Die Pflegekasse gibt pro Maßnahme einen Zuschuss von 4.180 €.

Beispiele:

- Türverbreiterung
- Treppenlift
- Festinstallierte Rampe
- Umzugskosten
- und einiges mehr.[27]

Begründungshilfe zu Umzugskosten:

Diese können beantragt werden für ein Umzugsunternehmen. Wichtig ist, dass sich die Pflege durch den Umzug verbessert

Beispiele: Räumlich näher zur Pflegeperson, die betroffene Person kann eigenständiger leben, Umzug in eine Erdgeschosswohnung oder barrierefreie Wohnung, oder ihre Symptomatik verbessert sich dadurch: Wegzug von destruktiven Menschen oder bessere Versorgungslandschaft durch Umzug von Land zu Stadt

---

[27] www.gkv-spitzenverband.de/pflegeversicherung/wum/wohnumfeldverbessernde_massnahmen.jsp

- **Tages- und Nachtpflege**

Ist eine Form der teilstationären Pflege, d.h. hauptsächlich findet die Pflege zuhause statt, wird aber durch Aufenthalte zur Tages- bzw. Nachtpflege ergänzt

- Pflegegrad 2 = 721 €
- Pflegegrad 3 = 1.357 €
- Pflegegrad 4 = 1.685 €
  Pflegegrad 5 = 2.085 €

Keine Doppelversorgung verschiedener Kostenträger

Was ist damit gemeint?

Es dürfen nicht mehrfach Leistungen für denselben Bedarf ausgezahlt werden. Beantragt man beispielsweise Leistungen der Eingliederungshilfe, erstellt diese ein Gutachten der Beeinträchtigungen und welche Leistungen dafür gewährt werden.

Dafür wird auch das Pflegegutachten (falls es schon eins gibt) durchgesehen. Es geht insbesondere um die Module 5 und 6, „Gestaltung des Lebens".

- **Beispiel: Vornehmen von in die Zukunft gerichteten Planungen**

Planung einer Wochenstruktur, Wocheneinkauf planen, nächsten Therapieschritte planen, Lebensperspektive

Falls man Hilfestellungen in diesem Bereich schon komplett durch die Pflegeperson erhält, darf keine weitere Leistung über die Eingliederungshilfe bewilligt werden. Da dies dann eine Doppelversorgung darstellen würde.

Wird aber dieser Punkt nicht komplett durch die Pflegeperson sichergestellt, sondern zusätzlich in einem nicht geringen Umfang wird mehr Leistung benötigt, kommt die Eingliederungshilfe wieder in Frage.

Hinweis für zusätzliche Leistungen beim Zahnarzt

Neben den regelhaften Vorsorgeuntersuchungen können Menschen mit Pflegebedarf oder einer Beeinträchtigung zusätzliche zahnärztliche Leistungen beanspruchen, die von der gesetzlichen Krankenkasse einmal im Kalenderhalbjahr übernommen werden.

Dazu zählen:

- **Erhebung des Mundgesundheitsstatus:**

Der Zahnarzt überprüft umfassend den Zustand der Zähne, des Zahnfleisches, der Mundschleimhäute und gegebenenfalls vorhandener Prothesen. Wichtig ist, dass der Zahnarzt auch über den allgemeinen Gesundheitszustand und die Einnahme von Medikamenten informiert wird. Auf Grundlage dieser Erkenntnisse wird ein persönlicher Mundgesundheitsplan erstellt.

- **Regelmäßige Überprüfung des individuellen Mundgesundheitsplans:**

Der Mundgesundheitsplan enthält die Befunde des Mundgesundheitsstatus. Zudem umfasst er Empfehlungen für die persönliche Mund-, Zahn- und Prothesenpflege, Empfehlungen zur zahngesunden Ernährung, Hinweise an das Pflegepersonal und/oder pflegende Angehörige sowie Angaben zu einer eventuell erforderlichen Behandlung.

- **Aufklärung zur Mundgesundheit:**

Einmal im Kalenderhalbjahr gibt der Zahnarzt unter anderem praktische Anleitungen zur Pflege der Zähne, des Zahnfleisches, der Mundschleimhaut und vorhandener Prothesen sowie Empfehlungen zur Umsetzung der Maßnahmen, die im Mundgesundheitsplan aufgeführt sind.

- **Entfernung von Zahnstein:**

Hierbei entfernt der Zahnarzt harte Beläge von der Zahnoberfläche, die Auslöser von Erkrankungen der Zähne und des Zahnhalteapparates, also der Verankerung der Zähne, sein können. Zu solchen Erkrankungen zählen zum Beispiel Karies („Zahnfäule") und Parodontitis, eine bakteriell bedingte, chronische Entzündung. Auf die Entfernung von Zahnstein haben Menschen mit Pflegebedarf oder einer Beeinträchtigung **einmal im Kalenderhalbjahr** Anspruch, also insgesamt zweimal im Kalenderjahr.

Hilfe zur Pflege

Reichen die Leistungen der gesetzlichen Pflegeversicherung nicht aus, kann „Hilfe zur Pflege" beim Sozialamt beantragt werden. Dies gilt insbesondere für Menschen, die eine Pflegeassistenz in Anspruch nehmen. Pflegeassistenten unterstützen nicht nur bei der Pflege, sondern ermöglichen auch soziale und kulturelle Teilhabe. Das Pflegegeld wird dabei teilweise (bis max. 2/3) auf die Leistungen der Hilfe zur Pflege angerechnet. Pflegeassistenz wird dann von den Kostenträgern Eingliederungshilfe und Sozialamt gemeinsam bezahlt.

Auch die Kosten für einen Pflegeheimplatz können unter bestimmten Voraussetzungen über die Hilfe zur Pflege übernommen werden.

Wichtig: Einkommen und Vermögen über den Freibetrag werden auf die Leistungen der Hilfe zur Pflege angerechnet. Näheres dazu finden Sie im Kapitel "Kostenträger".

Weiteres zu Persönlicher Assistenz zu finden im Kapitel: „Assistenzleistungen".

Ambulant Psychiatrische Pflege[28]

Kurz APP

Wie wird es beantragt?

Kostenträger ist hier die Gesetzliche Krankenversicherung, also das SGB V.

Dieser kann max. 14 Einsätzen pro Woche verschreiben. Diese Verordnung kann dann direkt bei einem Psychiatrischen Pflegedienst eingelöst werden, der sich um alles Weitere kümmert.

Wie lange ist Ambulant Psychiatrische Pflege möglich?

Die Dauer ist auf 4 Monate begrenzt. Nur in sehr engen Ausnahmefällen und mit ausführlicher Begründung ist eine Verlängerung darüber hinaus möglich.

---

[28] www.kbv.de/html/40607.php

Was kann die Ambulante Psychiatrische Pflege beinhalten?

- Begleitung in Krisensituationen, wenn nötig eine 24-stündige Erreichbarkeit
- Hilfen bei der Bewältigung von Alltagsaufgaben, beim Einkaufen, Kochen etc.
- Erarbeitung einer Tages- und Wochenstruktur
- Hilfe bei der Aufrechterhaltung und Entfaltung individueller persönlicher Lebensstrategien
- Förderung eines eigenverantwortlichen Umgangs mit Medikamenten, Beratung zu Wirkung und Nebenwirkungen
- Planung von Freizeitaktivitäten und sozialen Kontakten
- Auf Wunsch Beratung und Einbezug Angehöriger
- Unterstützung der ärztlichen Therapie und Begleitung zu Arztkontakten
- Engmaschige Gespräche, Betreuungsangebote und regelmäßige Besuche im häuslichen Setting, bei Bedarf mehrmals wöchentlich
- Aufbau eines Helfernetzwerkes, Planung und Hilfe beim Beantragen, sodass ein nahtloser Übergang möglich wird

Zuzahlung

10 % für die ersten 28 Tage (pro Kontakt, nicht Kalendertage), für jede Verordnung 10 €. Sinnvoll ist, hier eine Zuzahlungsbefreiung zu beantragen: damit muss als chronisch kranker Mensch nur 1 % des Jahreseinkommens zugezahlt werden. Die Beantragung der Zuzahlungsbefreiung kann gemeinsam mit der APP erledigt werden.

Notwendige Diagnosen

Die Nutzung Ambulanter Psychiatrischer Pflege ist mit folgenden Diagnosen möglich (Auszug aus Krankenpflege-Richtlinie GBA[29]):

- Anhaltende wahnhafte Störung
- Induzierte wahnhafte Störung
- Schizoaffektive Störung
- Manische Episode
- Bipolare affektive Störung
- Depressive Episode
- Rezidivierende depressive Störung
- Panikstörung
- Generalisierte Angststörung
- Zwangshandlungen
- Zwangsgedanken und -handlungen, gemischt
- Posttraumatische Belastungsstörung
- Schwere psychische Verhaltensstörung im Wochenbett
- Emotional instabile Persönlichkeitsstörung

In begründeten Einzelfällen bei Diagnosen nach Diagnoseschlüssel F00 bis F99 (Psychische und Verhaltensstörungen), wenn folgende Voraussetzungen aus der Verordnung hervorgehen:

- Beeinträchtigungen der Aktivitäten (Fähigkeitsstörungen) liegen in einem Maß vor, dass das Leben im Alltag nicht mehr selbstständig bewältigt oder koordiniert werden kann, bei einem GAF-Wert von ≤ 40, und

- die oder der Versicherte verfügt über eine ausreichende Behandlungsfähigkeit, um im Pflegeprozess die in § 4 Absatz 8 Satz 1 genannten Beeinträchtigungen der Aktivitäten (Fähigkeitsstörungen) positiv beeinflussen und die mit der Behandlung verfolgten Therapieziele erreichen zu können.

---

[29] https://www.g-ba.de/service/fachnews/37/

Haushaltshilfe

Eine Haushaltshilfe unterstützt bei der Weiterführung des Haushalts, wenn die haushaltsführende Person vorübergehend nicht dazu in der Lage ist. Typische Aufgaben umfassen:

- Hauswirtschaftliche Tätigkeiten: Einkaufen, Kochen, Putzen, Waschen, Bügeln und andere Aufgaben, die im Alltag anfallen.
- Kinderbetreuung: Pflege und Betreuung von Kindern, einschließlich Säuglingspflege, Unterstützung bei Hausaufgaben und Freizeitgestaltung.
- Betreuung hilfebedürftiger Personen: Unterstützung von Senioren oder Menschen mit besonderen Bedürfnissen im Haushalt.

Die Finanzierung einer Haushaltshilfe hängt von der individuellen Situation ab. Mögliche Kostenträger sind:

Gesetzliche Krankenversicherung:

Sie übernimmt die Kosten für eine Haushaltshilfe, wenn diese während einer von der Krankenkasse finanzierten Kur, Reha, einem Krankenhausaufenthalt, bei Krankheit oder aufgrund von Schwangerschaft und Entbindung notwendig wird. Voraussetzung ist, dass die Notwendigkeit durch eine ärztliche Bescheinigung belegt wird, die bestätigt, dass die haushaltsführende Person den Haushalt nicht weiterführen kann. Zusätzlich darf keine andere im Haushalt lebende Person in der Lage sein, die anfallenden Aufgaben zu übernehmen.

Wenn eine schwerwiegende Krankheit oder eine akute Verschlimmerung einer bestehenden Krankheit die haushaltsführende Person daran hindert, den Haushalt weiterzuführen, unterscheidet die gesetzliche Krankenversicherung zwischen zwei Szenarien:

- **Krankheit und hilfebedürftiges Kind:**

Die Haushaltshilfe kann gewährt werden, wenn ein hilfebedürftiges Kind unter 12 Jahren oder ein Kind mit Behinderung im Haushalt lebt. Unter diesen Bedingungen übernimmt die Krankenkasse die Kosten für eine Haushaltshilfe für eine maximale Dauer von 26 Wochen. Dies gilt auch bei schwerer Krankheit oder einer akuten Verschlechterung der gesundheitlichen Situation der versicherten Person.

- **Krankheit ohne hilfebedürftiges Kind:**

Besteht kein hilfebedürftiges Kind unter 12 Jahren oder mit Behinderung im Haushalt und liegt auch kein Pflegegrad 2 oder höher vor, kann die Krankenkasse eine Haushaltshilfe für maximal 4 Wochen bewilligen. Auch hier muss die Notwendigkeit auf eine schwere Krankheit oder deren akute Verschlimmerung zurückzuführen sein.

In beiden Fällen ist eine ärztliche Bescheinigung erforderlich, die den Bedarf nachweist.

Gesetzliche Unfallversicherung

Wenn Betroffene aufgrund eines Arbeits- oder Wegeunfalls oder einer Berufskrankheit ihren Haushalt nicht oder nur eingeschränkt führen können, übernimmt die gesetzliche Unfallversicherung die Kosten für eine Haushaltshilfe. Dabei können auch Bekannte oder Freunde als Haushaltshilfe tätig sein. In solchen Fällen wird ein gesetzlich festgelegter Betrag erstattet.

Sozialhilfe

Die "Hilfe zur Weiterführung des Haushalts" umfasst die Betreuung von Kindern und die Erledigung von Hausarbeiten. Sie wird in der Regel vorübergehend gewährt, etwa während Krankheit, Schwangerschaft, Krankenhausaufenthalt oder Kuren, kann jedoch in Ausnahmefällen auch längerfristig erfolgen, um eine stationäre Wohnform zu vermeiden.

Das Sozialamt gewährt diese Hilfe nachrangig, wenn keine Leistungen durch die Krankenkasse, oder Pflegeversicherung übernommen werden. Voraussetzung ist, dass die hilfebedürftige Person einen eigenen Haushalt führt, keine andere Person im Haushalt diesen übernehmen kann und die Weiterführung des Haushalts als notwendig erachtet wird. Zudem darf die Person nicht über ausreichendes Einkommen oder Vermögen verfügen, um die Kosten selbst zu tragen. Siehe dazu Kapitel „Kostenträger".

Die Hilfe kann von Angehörigen, Nachbarn oder Fachkräften geleistet werden. Falls Angehörige oder Nachbarn nicht zur Verfügung stehen, übernimmt das Sozialamt die Kosten für eine Fachkraft.

Soziales Entschädigungsrecht

Anerkannte Betroffene nach dem sozialen Entschädigungsrecht mit eigenem Haushalt können Unterstützung für die Weiterführung des Haushalts erhalten, wenn sie selbst oder andere Haushaltsangehörige aufgrund der anerkannten Schädigungsfolgen nicht in der Lage sind, den Haushalt zu führen, und die Weiterführung notwendig ist.

Die Leistungen sind in der Regel vorübergehend, können aber unbefristet gewährt werden, wenn dadurch eine Unterbringung in einer stationären Wohnform vermieden oder hinausgezögert werden kann oder eine dauerhafte Unfähigkeit zur Haushaltsführung besteht.

§ 95 SGB XIV - Leistungen zur Weiterführung des Haushalts

(1) Geschädigte mit eigenem Haushalt erhalten Leistungen zur Weiterführung des Haushalts, wenn weder sie selbst noch, falls sie mit anderen Haushaltsangehörigen zusammenleben, die anderen Haushaltsangehörigen den Haushalt führen können und die Weiterführung des Haushalts geboten ist. Die Leistungen sollen in der Regel nur vorübergehend erbracht werden. Leistungen sind unbefristet zu erbringen, wenn

1. *durch die Leistungen die Unterbringung in einer stationären Einrichtung vermieden oder aufgeschoben werden kann oder*
2. *unwahrscheinlich ist, dass die fehlende Fähigkeit, den Haushalt zu führen, behoben werden kann.*

Der Schwerbehindertenausweis[30]

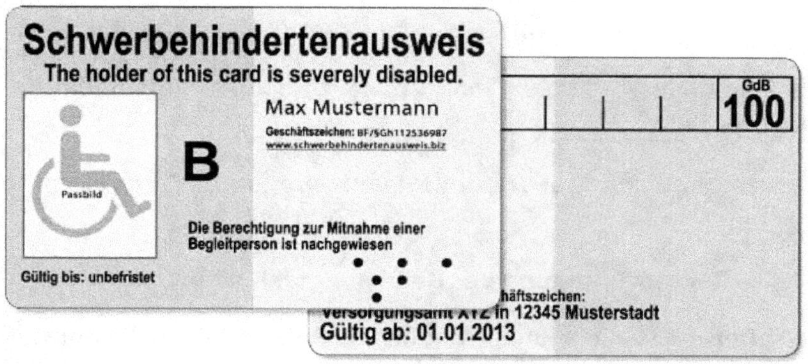

Menschen mit einem Grad der Behinderung von mindestens 50 zählen als schwerbehindert. Der Grad der Behinderung (GdB) wird ermittelt anhand der Auswirkungen der Behinderung auf die Teilhabe am Leben in der Gesellschaft. Dieser Wert wird in Zehnerschritten zwischen 20 und 100 festgestellt. Im Ausweis wird der Grad der Behinderung und ein Merkzeichen eingetragen. Der Ausweis dient als Nachweis für die Inanspruchnahme von Leistungen und sonstigen Hilfen bzw. Nachteilsausgleichen.

Bei Vorliegen mehrerer Einschränkungen wird der Grad der Behinderung anhand der Auswirkungen der Einschränkungen im Ganzen berechnet. Zunächst werden zu jeder Einschränkung Einzel-GdB gebildet und daraus dann der Gesamt-GdB. Bei der Betrachtung der Gesamtheit werden die Einzel-GdB aber nicht zum Gesamt-GdB addiert: Ausschlaggebend ist die Wechselwirkung der einzelnen Beeinträchtigungen.

Der Grad der Schädigungsfolgen (GdS) nach dem Sozialen Entschädigungsgesetz ist dem Grad der Behinderung gleichzusetzen. Hat das Versorgungsamt im Rahmen des Sozialen

---

[30]www.behindertenbeauftragter.de/DE/AS/rechtliches/schwerbehinderung/schwerbehinderung-node.html

Entschädigungsrechtsverfahren bspw. einen GdS von 60 festgestellt, so muss der GdB ebenso 60 (oder höher) betragen.

Andersherum ist dies nicht abzuleiten. Also: falls ein GdB von 60 festgestellt wurde, ist der GdS nicht automatisch auch 60!

Der Behindertenstatus wird beim örtlichen Versorgungsamt beantragt.

Merkzeichen, die bei Traumafolgestörungen in Frage kommen können:

- **G – Beeinträchtigung der Bewegungsfähigkeit**

Betroffene, die nicht ohne erhebliche Schwierigkeiten oder nicht ohne Gefahren für sich oder andere Wegstrecken im Ortsverkehr zurücklegen können und über eine Einschränkung des Gehvermögens verfügen, gelten als in der Bewegungsfähigkeit im Straßenverkehr erheblich beeinträchtigt.

Bei Betroffenen mit einer Störung der Orientierungsfähigkeit (z.B. ständige, unkontrollierte Persönlichkeitswechsel, massive dissoziative Amnesien) oder dissoziativen Krampfanfällen wird die erhebliche Beeinträchtigung der Bewegungsfähigkeit im Straßenverkehr angenommen.

Hier ist es wichtig zu erwähnen, dass diese Symptome regelmäßig stattfinden müssen und in einer hohen Frequenz.

- **H – Hilflosigkeit**

Betroffene, die jeden Tag zur Sicherung ihrer persönlichen Existenz bzw. für die Bewältigung von häufigen und regelmäßigen Tätigkeiten dauernd fremde Hilfe benötigen oder entsprechend überwacht oder angeleitet werden müssen, sind hilflos.

Dies gilt auch, wenn die Unterstützung nicht dauerhaft, aber eine ständige Bereitschaft zur Hilfestellung vorhanden sein muss. Wenn man aufgrund der Traumafolgestörungen z.B. eine 24/7-Assistenz benötigt, kommt dieses Merkzeichen in Frage.

- **B – Begleitperson**

Betroffene, die regelmäßige Hilfe bei der Benutzung von öffentlichen Verkehrsmitteln benötigen (Hilfe während der Fahrt, um nicht in Panik zu verfallen, oder Hilfe beim Reorientieren bei Persönlichkeitswechseln oder anderen dissoziativen Zuständen), kommen für dieses Merkzeichen in Betracht.

- **VB – Versorgungsberechtigt**

Ist man nach dem Sozialen Entschädigungsrecht anerkannt mit einem Grad der Schädigung von mind. 50, kann das Merkzeichen VB eintragen werden.

Der Weg zum Grad der Behinderung:

- **Abklärung mit Arzt/Therapeut: Macht ein Antrag Sinn?**

Die Beeinträchtigungen müssen vorrausichtlich mind. 6 Monate andauern, um einen Grad der Behinderung zu erhalten.

- **Wichtige Dokumente zusammensammeln**

Um den Grad der Behinderung einzuschätzen, benötigt das Versorgungsamt so viele Informationen wie möglich, da in der Regel keine vor-Ort-Begutachtung stattfindet.

- **Unterlagen von Arzt, Krankenhaus**
  - Befunde/Gutachten der behandelnden Ärzte mit Name und Adresse
  - Wichtig: Das Versorgungsamt kann diese auch selbstständig anfordern, dann bekommen die behandelnden Ärzte/Therapeuten diese bezahlt
  - Dokumente über Krankenhaus- und Reha-Aufenthalte (Entlassberichte)
- **Bereits bestehende amtliche Gutachten**
  - Bspw. Gutachten der Pflegekasse, Rentenversicherung, Agentur für Arbeit

- **Anerkennungsbescheid von Arbeitsunfällen oder des Sozialen Entschädigungsrechts**
- **Infos über bereits gestellte Anträge bei verschiedenen sozialen Leistungsträgern**
  - Bspw. Eingliederungshilfe
- **Name und Anschrift der Werkstätten für Menschen mit Behinderungen**

Den Antrag kann man online abrufen auf der Website der eigenen Stadt („Antrag auf Feststellung der Schwerbehinderten-eigenschaft") oder schriftlich anfordern bei der Stadt.

Wichtig ist, dem Antrag ein **eigenes Schreiben** beizulegen, in dem die Beeinträchtigungen genau beschrieben werden.

Das eigene Schreiben

Die eigenen Beeinträchtigungen ausführlich zu beschreiben, ist das Essenziellste am gesamten Antrag. Aus diesem Grund hier einige Beispiele für KPTBS und DIS, um ein wenig zu verstehen, wie ausführlich die Beeinträchtigungen beschrieben werden sollten.

Wichtig! Beispielformulierungen müssen immer individuell angepasst werden, und die Schreiben von Ärzten und Therapeuten müssen sich aus fachlicher Sicht mit den eigenen Beschreibungen decken.

Anmerkung der Autorin:

Ich habe mich entschieden, an dieser Stelle eine ausführliche Beispielbeschreibung einzufügen, da Betroffene von Traumafolgestörungen oft Schwierigkeiten haben, ihre eigenen Beeinträchtigungen zu erkennen. Da sie meist schon sehr lange damit leben müssen. Zu beachten ist, dass Beispiele nicht eins zu eins übernommen werden sollten:

Der Geruch von Männerparfum, der Anblick von kleinen Kindern an der Hand von einem Mann, der Anblick von Bäumen, das Geräusch von Papier, das umgeblättert wird – all das löst zuverlässig immer Flashbacks (filmrissartige Erinnerungen an ein traumatisches Erlebnis) aus. Es reichen schon geringe Eindrücke oder Gerüche aus, sodass ein Aufenthalt in öffentlichen Räumen, auf belebten Straßen oder Bahnhofseingängen immer potenziell gefährlich ist. Denn all diese Dinge sind allgegenwärtig und es gibt kaum wirksame Mittel der Vermeidung. Alltägliche Erledigungen gelingen nur unter Zuhilfenahme von Hilfsmitteln. So benötige ich Kopfhörer, um mich vor Geräuschtriggern zu schützen. Damit verbunden ist jedoch eine erhöhte Gefährdung im öffentlichen Raum, weil zum Beispiel herannahende PKW nicht oder erst sehr spät wahrgenommen werden können.

An Orten mit vielen Menschen und/oder vielen Eindrücken (hohe Geräuschkulisse, viel Verkehr etc.) bin ich fast ausnahmslos reizüberflutet. Dies führt dazu, dass ich mich schlecht oder gar nicht mehr orientieren kann, mir verloren vorkomme oder nicht mehr weiß, wo ich hin wollte – meist begleitet von Angstzuständen. Deswegen meide ich es, nach draußen zu gehen. Es passiert, dass ich mich an unbekannten Orten wiederfinde, wie z.B. in der Straßenbahn sitzend oder weglaufend aus der letzten Klinik. Das Re-Orientieren nach solchen Fuge-Erlebnissen ist schwierig, sodass der Weg nach Hause oft sehr lang und beschwerlich ist. Es kommt vor, dass ich in der falschen Straßenbahn lande oder mich gar nicht erst allein in die Straßenbahn traue, weil mich das Fahren in einem geschlossenen Raum mit fremden Menschen ängstigt, insbesondere wenn sich viele Männer in der Straßenbahn befinden. Oder ich steige zu früh aus, aus Angst, die richtige Haltestelle bereits verpasst zu haben. Oder ich bin innerlich „weg" und fahre daher einige Stationen zu weit. Durch einen ähnlichen Mechanismus kann es auch passieren, dass ich, obwohl ich mir vorher akribisch einen Plan gemacht habe, zu Fuß oder mit dem Fahrrad zu früh abbiege, weil ich Angst habe, zu spät abzubiegen.

Fast täglich führen eine sehr hohe Wachsamkeit und Anspannung dazu, dass ich gar nicht erst einschlafen kann. Oft bin ich deshalb am Tag unkonzentriert, unmotiviert und energielos. Gepaart mit den Alpträumen, die ich häufig/fast jede Nacht habe, führt meine Energielosigkeit oft dazu, dass ich Schwierigkeiten habe, aus dem Bett zu kommen und alltägliche Arbeiten zu verrichten. Phasenweise fehlt mir sogar die Energie, mein eigenes Frühstück zuzubereiten.

Fast täglich habe ich schwere dissoziative Symptome und kann dann einzelne Körperteile oder den gesamten Körper nicht mehr bewegen. Dieser Zustand kann bis zu mehreren Stunden anhalten. Ich verharre regungslos und bin nicht ansprechbar. Ich bin in diesen Situationen in mir eingesperrt ohne Möglichkeit, meinen Körper zu bewegen. Dieses Erleben ist belastend und quälend. Mein Partner muss mir Ammoniak unter die Nase geben, damit ich wieder zu mir komme. Diese Zustände kommen sowohl zuhause als auch, wenn ich unterwegs bin. Da ich in solchen Zuständen nicht ansprechbar bin, wurde aufgrund dessen mehrmals bereits der Rettungswagen gerufen. Diese Symptomatik kann bereits bei Gesprächen über bestimmte, nicht mal traumatische Themen schnell eintreten. Auch andere Trigger wie die oben genannten reichen dafür aus.

Alltäglich sind bei mir Stimmungsschwankungen, auch völlige Gefühlstaubheit, Lustlosigkeit, tiefe Trauer, Albträume und vor allem leichte Reizbarkeit. Ich komme nur sehr schlecht mit Veränderungen, spontanen Vorkommnissen oder Planänderungen zurecht, ziehe mich völlig zurück und bin nicht mehr ansprechbar. Ich erschrecke bei Berührungen und habe Angst davor, auf der Straße versehentlich angerempelt zu werden.

Es fällt mir schwer, Aufgaben zu Ende zu bringen. So kann es bspw. beim Kochen passieren, dass ein Wechsel von Persönlichkeitsanteilen stattfindet und der nun aktive Anteil nicht weiß, dass gerade gekocht wird. Gefährlich wird es dann, wenn die Herdplatten noch angeschaltet sind. So ist es schon vorgekommen, dass ich nach 2h wieder ich war und die Herdplatten angestellt waren, ohne dass ein Topf darauf stand.

Manchmal überfordern mich alltägliche Handlungen, die mehrere Schritte beinhalten (zum Beispiel Wäsche sortieren, waschen, sie nicht in der Maschine vergessen, aufhängen, abhängen) derart, dass ich sie nicht in Angriff nehme oder einen großen Aufwand betreiben muss, um sie bis zum Schluss durchzuführen (einen Plan schreiben, Wecker stellen). Während dieser Handlungsabläufe bin ich dann so sehr darauf bedacht, sie zu Ende zu führen, dass ich mich auf kaum anderes mehr konzentrieren kann und die ganze Zeit übermäßig angespannt und schreckhaft bin. Da die Persönlichkeitswechsel aber nicht kontrolliert werden können, werden die Tätigkeiten oft trotzdem nicht zu Ende geführt.

Angstzustände, inklusive der Angst vor der Angst, begleiten mich täglich und schwanken lediglich in ihrer Intensität – vor allem das führt dazu, dass ich vieles vermeide. Zum Beispiel habe ich oft Angst davor, einkaufen zu gehen, oder ich habe Angst, in der Öffentlichkeit Panik zu bekommen, und gehe deshalb nicht außer Haus.

Die Adipositas ist Folge einer Essstörung aufgrund von Dissoziationen. Ich esse normal meine Mahlzeiten und merke erst sehr spät, dass der Süßigkeiten-Schrank geplündert wurde. Ein anderer Anteil hat sich an den Süßigkeiten sattgegessen, und da ich eine andere Wahrnehmung von Sättigung habe, wurde normal die Mahlzeit gegessen, ohne zu wissen, dass bereits Süßigkeiten gegessen wurden. Somit ist es aktuell noch nicht möglich, die Ernährung richtig zu steuern.

Es gibt Zustände, in denen ich nicht weiß, welches Datum wir aktuell haben, wann ich Geburtstag habe oder wo ich wohne. So ist es vorgekommen, dass ich in meiner Wohnung war und mir Essen bestellen wollte, aber meine Adresse nicht wusste; ich auf einen Brief schaute und nicht geglaubt habe, an dieser Adresse zu wohnen. Ich habe dann das Essen-Bestellen gelassen. Erst Stunden später wusste ich wieder, wo ich wohne. So kann es passieren, auch wenn ich unterwegs bin und dringend diese Daten brauche, dass diese nicht sofort abrufbar sind.

Zeitverluste schränken mich im normalen Alltag ein. Es fällt mir schwer, etwas im Voraus zu planen, weil ich nie weiß, wann ich wieder eine Amnesie haben könnte. In schlechten Phasen verpasse ich Termine bei Ärzten und Therapeuten, obwohl ich mir sehr viel Mühe gebe, sie einzuhalten (etwa mit sichtbaren Plänen in meiner Wohnung). Ich habe kein Tagesverständnis wie andere Menschen, mir fehlen immer wieder über den Tag die Erinnerungen daran, was ich getan habe.

Ich treffe immer wieder Menschen, die ich nicht kenne, die mich aber scheinbar sehr gut kennen. So z.B., als ich auf dem Weg in die Psychiatrische Institutsambulanz war, wo ein mir unbekannter junger Mann auf mich zukam und sich freute, mich zusehen. Er begrüßte mich mit Namen, so, als würden wir uns gut kennen. Da so etwas häufiger passiert, muss ich mich immer wieder rausreden, ohne zu wissen, wer der Andere eigentlich ist.

Assistenzleistungen

Persönlicher Erfahrungsbericht der Autorin

Welche Art von Assistenz nutze ich?

Ich habe mich sowohl für die Einfache Assistenz, also kompensatorische Assistenz, als auch eine Qualifizierte Assistenz entschieden. Das heißt, ich habe sowohl Assistentinnen, die nicht zwingend eine Ausbildung haben müssen, als auch eine Assistentin, die ein Studium im sozialen Bereich hat. Was der Unterschied zwischen der einfachen und der qualifizierten Assistenz ist, steht weiter hinten in diesem Kapitel.

Da ich neben einer Komplexen Posttraumatischen Belastungsstörung auch eine Dissoziative Identitätsstörung habe, beantragte ich die Assistenzleistungen so, dass stark desorientierte Persönlichkeitsanteile ebenso gleichberechtigt am Leben teilnehmen können.

Ich schicke alle meine Assistent:innen am Anfang zu einer Schulung zu Dissoziativen Erkrankungen. Dort lernen sie, wie komplexe Traumafolgestörungen entstehen, was

Reorientierungsmaßnahmen sind, was es heißt, mit einer Dissoziativen Identitätsstörung zu leben und einiges mehr.

Ich nutze aktuell 37h Kompensatorische Assistenz und 2,4h Qualifizierte Assistenz pro Woche, zur besseren Einordnung.

Konkrete Aufgaben meiner Kompensatorischen Assistentinnen:

- Hilfe im Fall von Erschrecken und Flashbacks, dass ich mich reorientieren kann
- Sicherheit vermitteln durch präsentes Dasein
- Aktives Nachfragen, ob z.B. ein Kühlakku (zur XY/hilft bei XY) oder Wasser zum Trinken benötigt wird
- Aktives Kommunizieren von Gefahrenstellen, wenn ich stark derealisiere
- Aktives Kommunizieren, dass sich von hinten ein Mensch nähert
- Verbalisieren von Sinneseindrücken, wie z.B. „Das Geräusch war eine Gabel, die heruntergefallen ist"
- Kleine Reminder geben, dass ich gerade eine Tätigkeit mache, falls ich mich selbst ablenke
- Gemeinsame Haushaltsführung
- Verbalisieren, dass ich mir selbst wehtue und es nicht mitbekomme, wie bspw., wenn ich an meinen Finger knibble
- Nach intensiven Therapiesitzungen co-regulieren, indem sie da sind und einfach die Gefühle mit aushalten

Konkrete Aufgaben meiner Qualifizierten Assistenz:

- Gemeinsames Reflektieren der Wochenstruktur
- Durchsprechen von zwischenmenschlichen Problemen
- Arbeit an den Lebensperspektiven
- Krisenmanagement

Wie sieht der konkrete Alltag dadurch aus?

Hier ein paar Beispiele für Alltagssituationen mit Assistenz:

Am Mittwoch mache ich meinen Wocheneinkauf. Die Assistenz kommt gegen 19:30 Uhr und wir fahren gemeinsam mit meinem persönlichen Auto zum Einkaufszentrum. Da ich gerne Döner esse, gehen wir vor dem Einkauf zum Dönerladen.

Vom Parkplatz bis zum Dönerladen gibt mir die Assistenz die Rückmeldung, wenn sich Menschen mir von hinten nähern und evtl. vorbeidrängeln möchten. Beim Dönerladen angekommen, bestelle ich meist selbst, außer, es gibt eine größere Menschenmenge und/oder Gerüche, die mich triggern. Dann setze ich mich hin und die Assistenz gibt die Bestellung auf. Dann sitzen wir gemeinsam meist so 45min und quatschen und ich esse in Ruhe meinen Döner. In dieser Zeit schauen wir gemeinsam in den Einkaufszettel, damit die Assistenz einen groben Überblick hat, was draufsteht.

Danach gehen wir in das Geschäft rein. Es ist dann meist gegen 21 Uhr und wesentlich ruhiger – einer der Gründe, wieso ich erst so spät einkaufen gehe. Die Assistenz schiebt den Einkaufswagen und gibt Rückmeldungen, wenn sich von hinten Menschen nähern.

Wenn ich mich erschrecke, bspw. durch eine Kiste, die von einem Supermarkmitarbeiter zusammengeklappt wird, fragt mich die Assistenz, ob ich kurz etwas trinken möchte oder eine Lutschpastille benötige, was mir meist hilft, mich zu beruhigen. Sie verbalisiert mir das Geräusch, also erklärt, dass das, was ich gehört habe, eine Kiste war. Falls sie merkt, dass ich in einen „Ja, passt alles schon"-Funktionsmodus rutsche, meldet sie mir zurück, dass ich auch meine Kopfhörer aufsetzen oder in einen ruhigen Gang gehen kann, um zu schauen, ob grade wirklich alles passt. Durch diese Abfangen, bevor ich komplett in die Reizüberflutung rutsche, passieren weniger schlimme Symptome und es ist dadurch weniger kräftezehrend.

An der Kasse schaue ich dann, was sich heute stimmig anfühlt, also bspw. die Assistenz legt alles aufs Band oder ich selbst. Wo möchte ich mich hinstellen, dass ich mich sicher fühle? Also wo fühlt es sich gut an, anzustehen? Dann bezahle ich.

Meine Assistent:innen begleiten mich auch zum Arzt. Je nach Arzt kommen sie mit rein oder warten im Wartezimmer. Bei Ärzten wie dem Angiologen kommen sie mit rein und schauen, ob ich gerade etwas brauche. Berührungen durch Ärzte und Schwestern lösen leider auch Symptome aus. Durch die ganzen dissoziativen Problematiken in der Situation ist es hilfreich, hinterher die Assistenz fragen zu können, was genau besprochen wurde. Sie gibt dann das Gespräch für mich wieder.

Ich arbeite ehrenamtlich in verschiedenen Netzwerkgruppen rund um Trauma in Leipzig mit. Dahin begleiten mich meine Assistent:innen ebenfalls. Sie sitzen dann in meiner Nähe und geben mir nur eine kurze Rückmeldung, wenn hinter mir Mensch vorbeigeht. Oder wenn ich mich unabsichtlich selbst verletze, also mich massiv kratze, die Füße ewig knete oder die Finger blutig knibble. Sie halten sich inhaltlich komplett raus und nur ich bin Teil des Netzwerktreffens.

Am Wochenende mache ich öfters Ausflüge zu Seen und Wäldern. Wir gehen dann gemeinsam lange spazieren und unterhalten uns über alles Mögliche.

Kurz gesagt: Meine Assistentinnen begleiten mich zu allem, was ich machen möchte. Eins meiner Highlights im Jahr 2023 war, dass ich mit Assistenz zu einer Fachkonferenz ins Bundesministerium für Arbeit und Soziales nach Berlin gefahren bin. Da hat mir die Assistenz super geholfen, indem sie, wie oben beschrieben, rückmeldete, was um mich herum passierte, und sich um Organisatorisches kümmerte, wie z.B. einen Kühlakku oder einem Stuhl ohne Armlehne bei der Veranstaltungsleitung zu besorgen. Und sie erinnerte mich auch daran, mir zwischendurch mal die Beine zu vertreten.

Meine Therapeutin sagte nach ungefähr 6 Monaten seit Beginn der Assistenz: „Wir können endlich tiefergehender in der Therapie arbeiten, weil der Alltag funktioniert und dieser nur noch selten Thema ist."

Heute nutze ich seit knapp 3 Jahren die Persönliche Assistenz. Am Anfang hatte ich nur wenige Stunden, dann erfolgte der erste Änderungsantrag auf 12h/Woche und heute lebe ich mit 37h Kompensatorischer Assistenz und 2,4h Qualifizierter Assistenz pro Woche.

Sie begleiten mein Leben, so wie ich es leben möchte. Sie bestimmen null, wie mein Leben auszusehen hat, sondern ich gebe immer vor, was ansteht. Und das bedeutet auch mal tagelang gemeinsam rumgammeln und Energie tanken für neue Abenteuer.

Rechtliche Grundlage

Seit dem 01.01.2018 haben Menschen mit Beeinträchtigungen einen Rechtsanspruch auf Assistenzleistungen. Es handelt sich um eine erweiterte Leistung zur sozialen Teilhabe.

§ 78 SGB IX – Assistenzleistungen

Zur selbstbestimmten und eigenständigen Bewältigung des Alltages einschließlich der Tagesstrukturierung werden Leistungen für Assistenz erbracht. Sie umfassen insbesondere Leistungen für die allgemeinen Erledigungen des Alltags wie die Haushaltsführung, die Gestaltung sozialer Beziehungen, die persönliche Lebensplanung, die Teilhabe am gemeinschaftlichen und kulturellen Leben, die Freizeitgestaltung einschließlich sportlicher Aktivitäten sowie die Sicherstellung der Wirksamkeit der ärztlichen und ärztlich verordneten Leistungen. Sie beinhalten die Verständigung mit der Umwelt in diesen Bereichen.

Die Leistungsberechtigten entscheiden auf der Grundlage des Teilhabeplans nach § 19 über die konkrete Gestaltung der Leistungen hinsichtlich Ablauf, Ort und Zeitpunkt der Inanspruchnahme. Die Leistungen umfassen

- *die vollständige und teilweise Übernahme von Handlungen zur Alltagsbewältigung sowie die Begleitung der Leistungsberechtigten und*
- *die Befähigung der Leistungsberechtigten zu einer eigenständigen Alltagsbewältigung.*

Die Leistungen nach Nummer 2 werden von Fachkräften als qualifizierte Assistenz erbracht. Sie umfassen insbesondere die Anleitungen und Übungen in den Bereichen nach Absatz 1 Satz 2. Assistenzleistungen können aber auch andere Teilhabefelder betreffen, wie zum Beispiel berufliche Teilhabe.

Einfache Assistenz

Die Einfache Assistenz, auch Kompensatorische Assistenz genannt, ersetzt beeinträchtigte Fähigkeiten entweder komplett oder gibt Hilfestellungen, um Beeinträchtigungen selbst zu managen. Bei Traumafolgestörungen kommen verschiedene Beeinträchtigungen zur Kompensation in Frage.

Nehmen wir zum Beispiel die Derealisation, bei der die Umgebung nur noch schemenhaft, sehr unwirklich und/oder verzerrt wahrgenommen wird.

Hier kommt es oft zu Problemen, wie zum Beispiel, eine rote Ampel zu übersehen, beim Spazieren gehen. Die Assistenz gibt in diesen Momenten verbal die Rückmeldung, dass eine rote Ampel kommt. Was die Assistenznehmer:in dann mit der Information macht, ist ihr überlassen: Die Entscheidungsgewalt bleibt immer beim beeinträchtigen Menschen selbst. Er ist selbst verantwortlich für die positiven und negativen Konsequenzen seines Handelns.

Eine kompensatorische Assistenz benötigt keine Qualifizierung, d.h., die Beeinträchtigte Person kann frei wählen, wen sie als Assistenz nehmen möchte.

Beispiele für Einfache Assistenz:

- Feedback geben, dass gerade eine Tätigkeit gemacht wird
- Verbale Rückmeldung, dass sich von hinten ein Mensch nähert
- Gemeinsame Haushaltsführung
- Gemeinsame Durchführung von mehrschrittigen Tätigkeiten durch Hilfe bei der Konzentration auf die einzelnen Schritte
  - Beispiel Wäsche: Wäsche waschen, aufhängen, wegräumen
  - Beispiel Essen: Essensplan schreiben, Einkauf, Zubereitung
- Vermittlung von Sicherheitsgefühl
- Verbale Rückmeldung einer kommenden roten Ampel bei starker Derealisation
- Hilfe zur Reorientierung bei Flashbacks und Dissoziationen
  - Aufgaben zum Kopfrechnen geben
  - Kühlakku reichen
  - Daran erinnern, etwas zu trinken
  - 5-4-3-2-1-Übung durchführen

Qualifizierte Assistenz

Ziel der Qualifizierten Assistenz, früher bekannt als Fachleistungsstunden, ist die Befähigung zum eigenständigen Leben und zur Alltagsbewältigung. Dies wird insbesondere durch Anleitungen und Übungen erreicht. Die Qualifizierte Assistenz wird so lange bewilligt, bis ein eigenständiges Leben und Alltagsbewältigung gegeben ist. Dies wird mit Zielen und Zwischenzielen dokumentiert. Diese Art der Assistenz wird durch qualifiziertes Personal durchgeführt: Sozialarbeiter, Pädagogen, Ergotherapeuten, Psychologen usw.

Beispiele für Qualifizierte Assistenz:

- Übung eines Tagesrhythmus
- Unterstützung im Umgang mit Geld
- Erlernen von Konfliktmanagement mit Mitbewohnern und Nachbarn
- Erlernen von Regulations-Skills
- Übung Nutzung von Öffentlichem Nahverkehr
- Unterstützung im Umgang mit Behörden, Banken und anderen Sozialleistungsträgern (Krankenkasse, Pflegekasse, Rentenversicherung usw.):
- Erklären, was was bedeutet
- Gemeinsames Ausfüllen von Anträgen
- Reflexion der aktuellen Situation, Krisen und Ängste
- Beratung zu Konflikten, Krisen, und Veränderungen
- Sicherung des ambulanten Therapiesettings und Planung stationärer Aufenthalte

Sachleistung, Arbeitgeber- und Dienstleister-modell

Assistenzleistungen können in drei verschiedenen Modellen genutzt werden. Das Gängigste ist die **Sachleistung**, also die Nutzung eines Anbieters der Eingliederungshilfe, der einen Kooperationsvertrag mit der Eingliederungshilfe hat. Zu diesen Diensten gehören Ambulant betreutes Wohnen, Besondere Wohnformen, etc. Je nach Bundesland ist die Finanzierung anders geregelt. In den meisten Fällen bekommen die Anbieter je nach Eingruppierung eine Fallpauschale. In anderen Bundesländern bekommen die Anbieter der Eingliederungshilfe die direkt bewilligten Stunden bezahlt.

Die beeinträchtigte Person muss sich um das Finanzielle nicht kümmern, das macht der Anbieter der Eingliederungshilfe selbstständig mit dem Kostenträger. Der Anbieter hält Assistenzkräfte vor und hat ein Konzept für die Leistung „Assistenz".

Die beiden weiteren Möglichkeiten für Persönliche Assistenz laufen über das sogenannte Persönliche Budget. Ein Konzept, was der Anbieter der Eingliederungshilfe hat, gibt es beim Persönlichen Budget nicht.

Beim **Dienstleistermodell** beauftragt man einen Assistenzdienst. Dieser kümmert sich um das Vertragliche mit den Assistenten und ist deren Arbeitgeber. Der Assistenzdienst kümmert sich um alles Arbeitsrechtliche und hilft bei der Suche nach potenziellen Assistenten. Die Assistenten werden explizit für die Beeinträchtigte Person gesucht, ein Vorhalten von Assistenten wie bei der Sachleistung findet nicht statt. Die beeinträchtigte Person bezahlt den Assistenzdienst aus ihrem Persönlichen Budget

Beim **Arbeitgebermodell** wird man selbst zum Arbeitgeber. Man erhält vom Kostenträger das Persönliche Budget überwiesen und kümmert sich selbstständig um alles, was rund um die Assistenz zu tun ist. Das heißt, man sucht sich selbst die Assistenz, setzt Arbeitsverträge auf und macht selbstständig (ggf. mit Hilfe einer Budgetassistenz) die Abrechnungen.

Eine Ausführlichere Beschreibung zum Persönlichen Budget findet ihr im entsprechenden Kapitel zum Persönlichen Budget.

Wie wird ein Antrag auf Assistenzleistungen gestellt?

Der Antrag auf Assistenzleistungen wird bei der Eingliederungshilfe der Stadt/Gemeinde direkt gestellt. Je nachdem, wie diese Leistung in Anspruch genommen werden möchte, beantragt man Assistenzleistungen mit einem Anbieter der Eingliederungshilfe, oder man beantragt ein Persönliches Budget.

Wichtig zu beachten ist die Einkommens- und Vermögensregelung in der Eingliederungshilfe, nachzulesen im Kapitel „Kostenträger".

Wie ermittelt man seinen eigenen Bedarf an Assistenz?

Ich lasse meine Klient:innen immer einen Wochenplan als Tabelle (wichtig: Montag – Sonntag) schreiben, wo erst einmal alle Termine eingetragen werden, die bereits stattfinden und bei denen eine Assistenz sinnvoll wäre. Dazu sollen sie schreiben, wie lange die Termine gehen.

Dann sollen sie sich eine zweite Farbe nehmen und alle Aktivitäten aufschreiben, die sie perspektivisch gerne machen wollen. Also, wie könnte das Leben aussehen, wenn für bestimmte Aktivitäten Assistenz zur Verfügung stünde? Auch diese Termine und der erwartete Zeitaufwand werden in den Kalender eingetragen. Mit diesem Wochenplan entsteht ein rudimentärer Überblick über die benötigten Assistenz-Stunden pro Woche.

Wichtig ist, die Zeitblöcke nicht zu eng zu wählen, weil oft noch eine Nachbesprechung der Aktivität und der Reorientierung notwendig ist und unter Stress eher mehr Symptome auftreten, als wenn alles ein wenig entschleunigt ist. Ich kann da aus privater Erfahrung ein Lied von singen! ☺

Assistenz im Krankenhaus[31]

Für viele Betroffene von Traumafolgestörungen sind Krankenhausaufenthalte schwierig bis unmöglich. Daher haben Menschen, die mit Assistenz leben, das Recht, ihre Assistenz ins Krankenhaus mitzunehmen.

Voraussetzungen

Auszug von der Website der Umsetzungsbegleitung BTHG:

Damit die Kosten der Begleitung durch vertraute Mitarbeitende eines Leistungserbringers der Eingliederungshilfe, die bereits im Alltag Unterstützung leisten, von der Eingliederungshilfe gemäß § 113 Abs.6 SGB IX übernommen werden, müssen folgende Voraussetzungen erfüllt sein.

4. Die vertraute Bezugsperson muss bereits Leistungen der Eingliederungshilfe im Alltag erbringen. Dazu können sowohl Mitarbeitende eines Leistungserbringers zählen als auch selbst angestellte Assistenzpersonen im Arbeitgebermodell. Allerdings enthält die Regelung in § 113 Abs. 6 SGB IX keine Definition des Vertrauensverhältnisses.

Also: nur, wenn bereits Assistenzleistungen im Alltag genutzt werden, dürfen diese bei einem Krankenhausaufenthalt auch ins Krankenhaus mitgenommen werden. Man kann nur in Ausnahmefällen fürs Krankenhaus beantragen.

---

[31] https://umsetzungsbegleitung-bthg.de/service/aktuelles/handreichung-zu-den-assistenzleistungen-im-krankenhaus/

Persönliches Budget

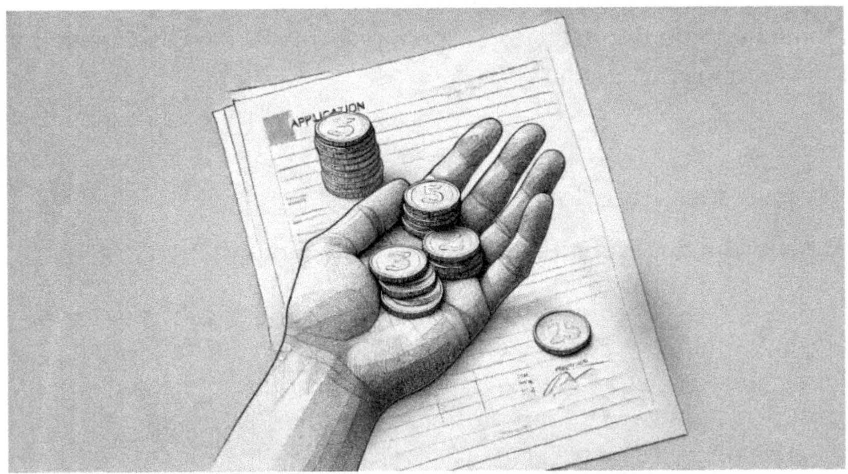

Das Persönliche Budget, kurz PB genannt, ist eine Leistungsform zu Dienst- und Sachleistungen von Rehabilitationsträgern. Der Mensch mit Beeinträchtigungen bekommt hierbei ein monatliches Budget ausbezahlt, womit er Aufwendungen zur Deckung seines Persönlichen Hilfebedarfs eigenverantwortlich, selbstständig und selbstbestimmt regeln kann.

Die beeinträchtigte Person wird dadurch zum Käufer, Kunden oder Arbeitgeber. Die Selbstwirksamkeit wird dadurch immens gestärkt, da er Umfang, Dienst und welche Person(en) er ggf. als Assistenz anstellen will selbst entscheiden darf. Seit 2008 besteht darauf ein Rechtsanspruch. Dies bedeutet: bestehen die rechtlichen Vorrausetzungen für Sach- und Dienstleistungen, dann muss auf Antrag grundsätzlich das Persönliche Budget bewilligt werden.

§ 29 SGB IX - Persönliches Budget

(1) Auf Antrag der Leistungsberechtigten werden Leistungen zur Teilhabe durch die Leistungsform eines Persönlichen Budgets ausgeführt, um den Leistungsberechtigten in eigener Verantwortung ein möglichst selbstbestimmtes Leben zu ermöglichen. Bei der Ausführung des Persönlichen Budgets sind nach **Maßgabe des individuell festgestellten Bedarfs** die Rehabilitationsträger, die Pflegekassen und die Integrationsämter beteiligt. Das Persönliche Budget wird von den beteiligten Leistungsträgern trägerübergreifend als Komplexleistung erbracht. Das Persönliche Budget kann auch nicht trägerübergreifend von einem einzelnen Leistungsträger erbracht werden. Budgetfähig sind auch die neben den Leistungen nach Satz 1 erforderlichen Leistungen der Krankenkassen und der Pflegekassen, Leistungen der Träger der Unfallversicherung bei Pflegebedürftigkeit sowie Hilfe zur Pflege der Sozialhilfe, die sich auf alltägliche und regelmäßig wiederkehrende Bedarfe beziehen und als Geldleistungen oder durch Gutscheine erbracht werden können. An die Entscheidung sind die Leistungsberechtigten für die Dauer von sechs Monaten gebunden.

Maßgabe des individuell festgestellten Bedarfs bedeutet, es muss immer individuell geprüft werden über die Höhe der Leistungen und des Persönlichen Budgets.

Wer kann ein Persönliches Budget beantragen?

Einen Antrag kann jeder Betroffene stellen, der einen Grad der Behinderung hat oder von Behinderung bedroht ist. Von Behinderung bedroht bedeutet: Es müssen Beeinträchtigungen vorhanden sein, die die Teilhabe am Leben einschränken und die vorrausichtlich mindestens 6 Monate andauern werden.

Auch für Menschen, die ein Persönliches Budget aufgrund ihrer Beeinträchtigungen nicht selbstständig verwalten können, kommt ein Persönliches Budget in Frage. Diese können dazu eine Budgetassistenz bzw. einen Assistenzdienst in Anspruch nehmen.

Welche Formen des Persönlichen Budgets gibt es?

Das Persönliche Budget gibt es in 2 verschiedenen Leistungsformen.

Für Assistenzleistungen wäre das zum einen das **Arbeitgebermodell**, bei dem der beeinträchtigte Mensch selbst zum Arbeitgeber mit allen Rechten und Pflichten wird, und zum anderen das **Dienstleistermodell**, wo der beeinträchtigte Mensch einen Dienstleister beauftragt, der Personal bereitstellt und die Abrechnung mit dem Kostenträger vornimmt.

Weitere Informationen zum Thema Assistenz findest du im Kapitel „Assistenzleistungen".

Für andere Leistungen wie Mobilitätshilfe (siehe Kapitel „Mobilitätshilfe) bekommt der beeinträchtige Mensch jeden Monat eine Summe X auf sein Konto, womit er dann arbeiten muss, also es sich selbst einteilen usw.

Für Leistungen wie (nicht von der Krankenkasse bezahlte) Psychotherapie usw. nimmt er die Dienstleistung beim Therapeuten in Anspruch und bezahlt dann die Rechnung selbstständig mit seinem Budget.

Wichtig zu wissen ist: einige Kostenträger versuchen, die Betroffenen ins Dienstleistermodell bzw. Sachleistung zu drängen. Da der beeinträchtige Mensch aber ein Wahlrecht hat, kann offen kommuniziert werden, dass man dies nicht möchte. Daran muss der Rehabilitationsträger sich auch halten.

Den Antrag auf ein Persönliches Budget muss der beeinträchtigte Mensch selbst stellen. Es ist hilfreich für den Prozess, wenn ein Hausarzt oder Psychiater den Antrag unterstützt, da während der Gutachtenerstellung des Medizinischen Dienstes Nachfragen an das bereits bestehende Helfernetzwerk erfolgen werden.

Der Kostenträger prüft selbstständig, ob er zuständig ist. Ist er nicht zuständig, leitet er den Antrag selbstständig weiter. Siehe hier:

§ 16 SGB I – Antragstellung

(1) Anträge, die bei einem unzuständigen Leistungsträger, bei einer für die Sozialleistung nicht zuständigen Gemeinde oder bei einer amtlichen Vertretung der Bundesrepublik Deutschland im Ausland gestellt werden, sind unverzüglich an den zuständigen Leistungsträger weiterzuleiten.

Rehabilitationsträger für das Persönliche Budget können sein:

Träger der Gesetzliche Krankenversicherung

- Träger der Gesetzlichen Rentenversicherung
- Träger der Gesetzlichen Unfallversicherung
- Träger der öffentlichen Jugendhilfe
- Träger der Eingliederungshilfe
- Sozialamt
- Versorgungsämter für das Soziale Entschädigungsrecht

Es macht Sinn, im Antrag auf ein Persönliches Budget die eigenen Beeinträchtigungen sehr ausführlich zu beschreiben und die Entscheidung für ein Persönliches Budget gut zu begründen. Eine Beispielformulierung dazu findest du im Kapitel „Schwerbehindertenausweis" sowie weiter folgend hier im Kapitel.

Der Antrag besteht aus folgenden Teilen:

- Persönliche Daten
- Welche konkreten Leistungen werden beantragt
- Problembeschreibung der Beeinträchtigungen
- Wie sollen die beantragten Leistungen die Beeinträchtigungen mindern bzw. ausgleichen
- Kostenschätzung der benötigten Leistungen

Der Antrag auf ein Persönliches Budget ist sehr umfangreich. Je mehr Vorarbeit man leistet, desto schneller kann ein Antrag bearbeitet werden.

Hier ein kurzer Überblick zum Unterschied zwischen dem Arbeitgebermodell und dem Dienstleistermodell in Bezug auf Assistenzleistungen:

Das Arbeitgebermodell

Im Arbeitgebermodell übernimmt man selbst die Rolle des Arbeitgebers – mit allen Rechten und Pflichten, wie sie auch in der freien Wirtschaft gelten.

Vorteile:

- Dienstplangestaltung wesentlich flexibler
- Komplett eigene Entscheidung, wen man einstellt
- Ausgestaltung der Assistenz anpassungsfähiger

Nachteile:

- Größerer bürokratischer Aufwand: Abrechnung, Lohnbuchhaltung der Assistenten, Dienstplangestaltung, Lohnzahlungen anweisen, usw.
- Bei Krankheit der Assistenz muss selbstständig dafür gesorgt werden, dass eine andere Assistenz einspringt
- Der beeinträchtigte Mensch muss sich weiterbilden (Kosten hierfür können beantragt werden), sonst kann es passieren, dass es nicht gesetzeskonform läuft und man sich strafbar

macht. Durch eine Budgetassistenz kann man sich dafür unterstützen lassen, damit alles reibungslos läuft.

Dienstleistermodell

Beim Dienstleistermodell übernimmt ein Dienstleister die Aufgaben des Arbeitgebers und stellt das benötigte Personal zur Verfügung. Da man den Dienstleister lediglich in Anspruch nimmt, entfallen die Rechte und Pflichten, die man beim Arbeitgebermodell hätte.

Vorteile:

- Unbürokratischer, da der Dienstleister die komplette Abrechnung etc. mit dem Kostenträger alleine vornimmt
- Bei Krankheit stellt der Dienstleister meist eine Aushilfe, sodass Assistenz immer gewährleistet ist
- Da der beeinträchtigte Mensch „nur" eine Dienstleistung in Anspruch, nimmt kann er sich nicht strafbar machen, wenn arbeitsrechtlich etwas passiert. Der Dienstleister haftet für alles Arbeitsrechtliche

Nachteile:

- Wenig Mitspracherecht bei der Auswahl von Assistenzpersonen (unterschiedlich je nach Dienstleister)
- Dienstplangestaltung unflexibler, meist wird eine feste Uhrzeit für Dienstbeginn/-ende ausgemacht, die dann die meiste Zeit gilt und nicht individuell und kurzfristig angepasst werden kann

Was ist ein Trägerübergreifendes Persönliches Budget?

Das ist, wenn verschiedene Kostenträger gleichzeitig zuständig sind. Dadurch wird das Persönliche Budget von verschiedenen

Kostenträgern gezahlt: Ein Kostenträger zahlt aus und holt sich intern mit der Kostenerstattung die Kosten von den anderen wieder.

Beispiel: Schreiben Persönliches Budget

Maxi Mustermann
Sanddornstr. 34
12345 Musterhausen

Name des Rehabilitationsträger
Straße
PLZ-Stadt

Teil 1: Persönliche Daten

Hier wirklich versuchen, alle Daten einzutragen, damit, falls der Antrag weitergeleitet werden muss, alle Daten bereits vorhanden sind.

Zu den Persönlichen Daten gehören: Geburtsdatum, Gesetzlicher Betreuer ja/nein (wenn ja: Name des Gesetzlichen Betreuers), Pflegegrad, GdB/GdS, Krankenkasse mit Versichertennummer, Rentenversicherungsnummer, Kundennummer Jobcenter, SER-Aktenzeichen

Teil 2: Was beantragt wird:

Sehr geehrte Damen und Herren,

hiermit beantrage ich das (trägerübergreifende) Persönliche Budget für folgende Leistungen:

Mögliche Leistungen (bitte selbst auswählen, was benötigt wird):

- Haushaltshilfe
- Psychotherapie
- Assistenzleistungen
    - Einfache Assistenz
    - Qualifizierte Assistenz
- Kontoführungsgebühren des Budgetkontos
- Steuerberater
- Schulungskosten der Assistenz
- Hilfsmittel
    - Assistenzhund
    - …
- Heilmittel
    - Ergotherapie
    - Physiotherapie
    - Logopädie
    - …
- Gesundheitsfördernde Kurse
- Mobilitätshilfe
- …

Teil 3: Problembeschreibung der Beeinträchtigungen

Ich habe eine (komplexe) Posttraumatische Belastungsstörung (sowie eine (partielle) Dissoziative Identitätsstörung). Durch diese habe ich tägliche

dissoziative Zustände, Zustände, in denen ich nicht mit der Umwelt agieren kann; in diesen Zuständen bin ich in mir gefangen

- Fugue-Erlebnisse,
- Amnesien,
- Orientierungsprobleme
- Flashbacks
- ….

Was sind Dissoziative Zustände?

Jeder Mensch erlebt dissoziativen Zustände anders, aus diesem Grund hier meine Beschreibung, wie ich es erlebe.

Es gibt einen Trigger, wie zum Beispiel ein grimmig schauender Mann, ein maskuliner Geruch oder eine unbedachte Berührung. Dies löst dann Erschrecken, einen Flashback (also das Wiedererleben von traumatischen Erlebnissen) oder dissoziative Zustände aus.

In den dissoziativen Zuständen

- sehe ich alles nur noch verschleiert,
- alles ist grau,
- ich erkenne keine Umrisse,
- es ist alles verschwommen,
- ich höre alles wie von weit weg,
- ich kann den Körper nicht mehr bewegen,
- der ganze Körper ist wie erstarrt,
- kleinste Berührungen von außen lassen mich hochschrecken, gefolgt von Zittern am ganzen Körper. Das Zittern kann ich nicht beeinflussen, bis ich mich wieder beruhige.

In Zuständen, wo ich Flashbacks habe, sehe ich die traumatischen Erlebnisse vor dem inneren Auge so, als würden sie gerade passieren, inklusive:

- den dazugehörigen Schmerzen,
- dem Geschmack,
- den Geräuschen,
- den Gerüchen.

In vollumfänglichen Flashbacks nehme ich die Umgebung gar nicht mehr wahr.

Spezifischer Teil für Menschen mit einer (partiellen) Dissoziativen Identitätsstörung:

Ich habe eine (partielle) Dissoziative Identitätsstörung. Das heißt, dass neben den oben genannten dissoziativen Symptomen noch die Problematik mit dem Anteile-Erleben dazu komm. Dies bedeutet:

Mein Körper beherbergt dutzende unterschiedlicher Persönlichkeitsanteile, die zwischen X Monaten und X Jahren alt sind. (Das biologische Alter hat hierbei keinen Einfluss auf das Alter der Persönlichkeitsanteile.) Diese agieren und reagieren ihrem Alter entsprechend.

Beispiele:

- So nässt sich ein kleines Baby ein, weil es den Harn nicht gelernt hat zu halten,
- ein kleines Mädchen bekommt einen Weinanfall oder erstarrt stundenlang,
- ein Jugendlicher reagiert auf Überforderung mit Aggression,
- ein kleiner Junge läuft weg, aus Angst, dass gleich schlimme Dinge geschehen.

Da in meinen Körper so viele unterschiedliche Persönlichkeitsanteile leben und viele dieser Anteile nichts voneinander wissen, haben sie auch ein anderes Umwelt-Erleben, als es gesunde Menschen haben. Erst durch intensive Psychotherapie bei Therapeuten, die auf die Dissoziative Identitätsstörung spezialisiert sind, kann Innenkommunikation und dadurch der Abbau von Amnestischen Barrieren ermöglicht werden. Amnestische Barrieren bedeutet, dass die verschiedenen Anteile ihr Erleben nicht an andere Persönlichkeitsanteile weitergeben. Deswegen wissen die verschiedenen Persönlichkeitsanteile, nicht was in der Zeit, in der sie „geschlafen" haben (d.h. Amnesien hatten), passiert ist. Erst mit guter Innenkommunikation kann so etwas wie ein vollständiges Tagesverständnis erlebt werden.

Der Wechsel der Persönlichkeitsanteile findet über den Tag verteilt bis zu Hunderte Male statt. Vieles kann zu einem Persönlichkeitswechsel führen: Auslöser können auch ganz normale Handlungen oder ein Wort in einem alltäglichen Gespräch sein, woraufhin dann der gewechselte Anteil so agiert, wie er es in dem Moment für richtig hält.

Durch die aufgeführten Problemfelder ist es im Moment für mich nicht möglich, arbeiten zugehen. Ich bin seit XY durchgehend krankgeschrieben/beziehe Erwerbsunfähigkeitsrente. Mit der im Folgenden beschriebenen Unterstützung möchte ich lernen, ein selbstbestimmteres Leben zu führen.

Teil 4: Leistungen, die beantragt werden

Haushaltshilfe

Wenn bereits die 131 € für Entlastungsleistungen (über Pflegegrad) genutzt werden, dann diese beschreiben. Z.B.: Aktuell habe ich durch die Entlastungsleistungen einen Dienstanbieter, der aller 2 Wochen zu mir kommt und Hilfe im Haushalt leistet. Diese möchte ich auf X h pro Woche erhöhen,

- da ich es durch die Amnesien nicht schaffe, den Haushalt in einem ordentlichen Zustand zu halten und der zweiwöchige Turnus zu groß ist;
- da es mir durch die vielen Trigger und Persönlichkeitswechsel nicht im nötigen Umfang möglich ist, die Wohnung sauber zu halten und den Haushalt zu führen, Stichwort Flashbacks, Zittern, usw.
- ...

Assistenzleistungen

- **Einfache Assistenz**

Einfache Assistenz soll die Teilhabe am sozialen und kulturellen Leben ermöglichen.

<u>Aufgaben der Einfachen Assistenz umfassen:</u>

- Ausgleich meiner Sinneswahrnehmungen beim Derealisieren, indem mir verbal Feedback gegeben wird, dass z.B. eine rote Ampel kommt
- Helfen beim Reorientieren bei Erschrecken und Flashbacks
- Aktives Nachfragen, ob ein Kühlakku oder etwas zu trinken benötigt wird. Zeitliche Orientierung: „Es ist 2025, der Körper ist XX Jahre alt."
- Sicherheit vermitteln durch präsentes Dasein
- Kleine Erinnerung geben, dass ich gerade eine Tätigkeit mache, wenn ich mich mal wieder selbst ablenke
- Planung und Umsetzung mehrschrittiger Tätigkeiten

Die Assistenz soll mir ermöglichen, selbstständig Dinge umzusetzen zu können, nach dem Motto: „Hilf mir, es selbst zu tun."

- **Qualifizierte Assistenz**

Auch die Qualifizierte Assistenz dient der Ermöglichung der Teilhabe am sozialen und kulturellen Leben, verfügt aber über eine qualifizierende Ausbildung und übernimmt dementsprechend andere Aufgaben.

<u>Aufgaben der Qualifizierten Assistenz umfassen:</u>

- Besprechen von Krisensituationen
- Umgang mit Finanzen
- Besprechen von sozialen Problemlagen

Kontoführungsgebühren

Für das Persönliche Budget möchte ich ein eigenes Konto einrichten, damit die Gelder getrennt von meinem privaten Geld laufen. Dies erleichtert auch die Prüfung.

Steuerberater / Budgetassistenz

Zur Erleichterung des Handlings für Lohnabrechnung usw. benötige ich einen Steuerberater/eine Budgetassistenz.

Kosten Budgetverwaltung und Nachweiserbringung sowie Dokumentation

Dies umfasst die Druckkosten der Arbeitsverträge, Briefumschläge, Porto etc.

Heilmittel Physiotherapie nach § 42 SGB IX

Durch die Übererregbarkeit des autonomen Nervensystems (Hyperarousal) empfindet mein Gehirn jede kleinste Bewegung, Berührungen oder Geräusche, die ich nicht vorhersehen kann, als Gefahr und ich zucke zusammen.

Dieses Zusammenzucken geschieht 100 - 300 Mal am Tag. Dabei spannt sich der gesamte Körper an und verkrampft. Der Körper kommt dadurch nur sehr selten zur Ruhe. Nach langem Ausprobieren kann ich nun einer Physiotherapeutin, die auf Trauma spezialisiert ist, soweit vertrauen, dass sie die verkrampften Muskeln mit manueller Therapie in die Entspannung bringt.

Ziel wäre es zum einen, dass das autonome Nervensystem langsam und kontinuierlich lernt, nicht jede Berührung als Gefahr einzustufen, und so zum anderen prinzipiell Entspannung in die gesamte Situation zu bringen.

Wichtig: eine Verordnung für Physiotherapie muss dem Antrag beigelegt werden sowie eine Begründung des Arztes, dass eine langfristige Verordnung notwendig ist.

Kosten für Schulung und Supervision (nur im Arbeitgebermodell möglich!)

Durch die Schwere meiner Symptomatik müssen die Assistenzkräfte mit den Symptomen von Traumafolgestörungen gut und adäquat umgehen können. Aus diesem Grund möchte ich sie zum Anfang der Anstellung zu einer Schulung zu Dissoziativen Erkrankungen schicken, damit sie einen selbstsicheren Umgang mit den Symptomen erlernen können. Zu den Schulungsthemen gehören Fragen wie: wie kann die Assistenz beim Reorientieren helfen, wie entstehen Traumafolgestörungen, usw.

Des Weiteren möchte ich die Assistenzkräfte regelmäßig zur Supervision schicken. Ich als zukünftige Arbeitgeberin bin verpflichtet, die physische und psychische Gesundheit meiner Arbeitnehmer sicher zu stellen. Da ich eine schwere Traumafolgestörung habe, kann es vorkommen, dass ich in für mich amnestischen Zuständen Dinge aus meiner traumatischen Vergangenheit anspreche. Da in Sozialberufen insbesondere die Gefahr von Sekundär-Traumatisierungen sehr hoch ist, beantrage ich hiermit die Kosten einer zweistündigen Supervision pro Monat, um der Prävention als Arbeitgeberin gerecht zu werden.

Hinweis: Wenn man Assistenzleistungen im Dienstleistermodell nutzen möchte, muss der Assistenzdienst die Schulungs- und Supervisionskosten in den Dienstleisterstundensatz einkalkulieren und dies kenntlich machen im Kostenvoranschlag.

Teil 5: Kostenschätzung

Hinweis: *Auf der Website von Forsea[32] gibt es eine ausführliche Kostenschätzung im Arbeitgebermodell als Excel-Datei.*

Ich beantrage hiermit alle anfallenden Kosten zu den obengenannten Punkten des Persönlichen Budgets.

Kostenschätzung, ausgehend von 4,3 Wochen/Monat:

Leistung	Stundensatz	Einheiten	Summe	Anmerkung
Leistungs-name, z.B. Einfache Assistenz	Das, was DU veranschlagst, was deine Therapeutin für einen Satz hat, usw.	Hochrechnung von Wochen-stunden auf den Monat	Stunden-satz x Einheiten	Anmerkung, ob Pauschale oder wer es leisten soll

Beispielformulierung als Abschluss-Sätze:

Des Weiteren beantrage ich eine Schwankungsreserve in Höhe eines halben Monatsbudgets, um das Unterschreiten der tatsächlichen Kosten des monatlichen Budgets zu vermeiden.

Die beantragten Leistungen leite ich ab nach § 29 SGB IX, § 53 SGB XII sowie aus der UN-Charta zur Behindertenrechtskonvention, die besagt:

Artikel 1: Selbstbestimmung und Hilfe zur Selbsthilfe

Jeder psychisch beeinträchtigte Mensch hat das Recht auf Hilfe zur Selbsthilfe und auf Unterstützung, um ein möglichst selbstbestimmtes und selbständiges Leben führen zu können.

---

[32] www.forsea.de (Stand Dez. 2024)

Artikel 4: Pflege, Betreuung und Behandlung

Jeder psychisch beeinträchtigte Mensch hat das Recht auf eine an seinem persönlichen Bedarf ausgerichtete, gesundheitsfördernde und qualifizierte Pflege, Betreuung und Behandlung.

Artikel 6: Kommunikation, Wertschätzung und Teilhabe an der Gesellschaft

Jeder psychisch beeinträchtigte Mensch hat das Recht auf Wertschätzung, Austausch mit anderen Menschen und Teilhabe am gesellschaftlichen Leben.

Ich benötige die beantragten Hilfen, um eine intensiv-betreute-Wohngruppe abzuwenden und selbstbestimmt in den eigenen vier Wänden wohnen zu bleiben sowie um eine Verbesserung meines Gesundheitszustandes zu bewirken. Ziel ist es, in Zukunft eine umfassende Verbesserung herzustellen, sodass ein Wohnen ohne Hilfen und Maßnahmen möglich ist. Des Weiteren benötige ich die oben genannten Hilfeleistungen, um Krankenhausaufenthalte zu vermeiden.

Bei Rückfragen stehe ich Ihnen gerne zur Verfügung.

Mit freundlichen Grüßen

Maxi Mustermann

Anlagen:

- Bericht Arzt/Therapeutin mit aktuellen Diagnosen und Einschränkungen
- Kostenvoranschläge

PSB-Assistenzhund

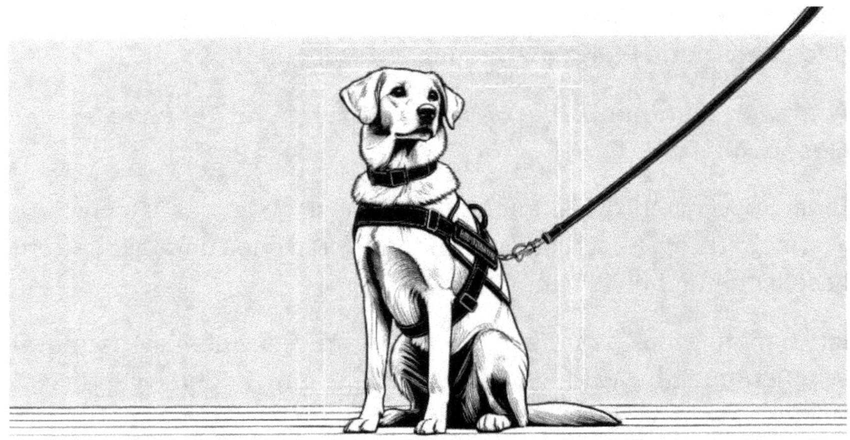

PSB-Assistenzhunde sind für Menschen mit **P**sycho**s**ozialen **B**eeinträchtigungen wie Autismus, PTBS, Demenz, Angststörungen und anderen psychiatrischen Erkrankungen angedacht.

Weitere Arten von Assistenzhunden sind Signalassistenzhunde, LPF-Assistenzhunde (Lebenspraktische Fähigkeiten) und Blindenführhunde.

Rechtliche Grundlagen

Assistenzhunde sind seit dem 01.07.2021 rechtlich im BGG – Behindertengleichstellungsgesetz verankert.

§12e (3) BGG - Menschen mit Behinderung in Begleitung durch Assistenzhunde

Ein Assistenzhund ist ein unter Beachtung des Tierschutzes und des individuellen Bedarfs eines Menschen mit Behinderungen speziell ausgebildeter Hund, der aufgrund seiner Fähigkeiten und erlernten Assistenzleistungen dazu bestimmt ist, diesem Menschen die selbstbestimmte Teilhabe am gesellschaftlichen Leben zu ermöglichen, zu erleichtern oder behinderungsbedingte Nachteile auszugleichen.

Assistenzhunde, außer Blindenführhunde, sind nicht im Hilfsmittelkatalog der Krankenkassen verankert. Da der Hilfsmittelkatalog jedoch nicht abschließend ist, gibt es sowohl die Möglichkeit, den Assistenzhund über die Krankenkasse als auch über die Eingliederungshilfe bewilligt zu bekommen. Falls man nach dem Sozialen Entschädigungsrecht oder bei der Gesetzlichen Unfallversicherung anerkannt ist, wären diese Kostenträger vorrangig.

Die Beratungspraxis zeigt das es nur den einzigen Weg über den sogenannten Einzelfallentscheid geht.Im folgenden Paragrafen des SGB IX wird beschrieben, dass eine Leistung ebenso bewilligt werden kann, wenn die selbstgewählte Möglichkeit (hier Assistenzhund) bedarfsdeckend ist.

§ 104 Abs. 2 und 3 SGB IX - Leistungen nach der Besonderheit des Einzelfalls

(2) Wünschen der Leistungsberechtigten, die sich auf die Gestaltung der Leistung richten, ist zu entsprechen, soweit sie angemessen sind. Die Wünsche der Leistungsberechtigten gelten nicht als angemessen,

1. wenn und soweit die Höhe der Kosten der gewünschten Leistung die Höhe der Kosten für eine vergleichbare Leistung von Leistungserbringern, mit denen eine Vereinbarung nach Kapitel 8 besteht, unverhältnismäßig übersteigt und

2. wenn der Bedarf nach der Besonderheit des Einzelfalles durch die vergleichbare Leistung gedeckt werden kann.

(3) Bei der Entscheidung nach Absatz 2 ist zunächst die Zumutbarkeit einer von den Wünschen des Leistungsberechtigten abweichenden Leistung zu prüfen. Dabei sind die persönlichen, familiären und örtlichen Umstände einschließlich der gewünschten Wohnform angemessen zu berücksichtigen. Kommt danach ein Wohnen außerhalb von besonderen Wohnformen in Betracht, ist dieser Wohnform der

Vorzug zu geben, wenn dies von der leistungsberechtigten Person gewünscht wird. Soweit die leistungsberechtigte Person dies wünscht, sind in diesem Fall die im Zusammenhang mit dem Wohnen stehenden Assistenzleistungen nach § 113 Absatz 2 Nummer 2 im Bereich der Gestaltung sozialer Beziehungen und der persönlichen Lebensplanung nicht gemeinsam zu erbringen nach § 116 Absatz 2 Nummer 1. Bei Unzumutbarkeit einer abweichenden Leistungsgestaltung ist ein Kostenvergleich nicht vorzunehmen.

Mit Bezug auf das Wunsch- und Wahlrecht nach § 8 SGB IX wird dem Kostenträger klar gemacht, dass man sich bewusst für dieses Wahlrecht entscheidet.

§ 8 SGB IX – Wunsch- und Wahlrecht der Leistungsberechtigten

(2) Sachleistungen zur Teilhabe, die nicht in Rehabilitationseinrichtungen auszuführen sind, können auf Antrag der Leistungsberechtigten als Geldleistungen erbracht werden, wenn die Leistungen hierdurch voraussichtlich bei gleicher Wirksamkeit wirtschaftlich zumindest gleichwertig ausgeführt werden können. Für die Beurteilung der Wirksamkeit stellen die Leistungsberechtigten dem Rehabilitationsträger geeignete Unterlagen zur Verfügung. Der Rehabilitationsträger begründet durch Bescheid, wenn er den Wünschen des Leistungsberechtigten nach den Absätzen 1 und 2 nicht entspricht.

Damit die Leistung (Assistenzhund) selbstverwaltet organisiert werden kann, wird ein Persönliches Budget nach § 29 SGB IX benötigt. Ein ausführliches Kapitel zum Persönlichen Budget gibt es vorherigen Kapitel.

§ 29 SGB IX - Persönliches Budget

Auf Antrag der Leistungsberechtigten werden Leistungen zur Teilhabe durch die Leistungsform eines Persönlichen Budgets ausgeführt, um den Leistungsberechtigten in eigener Verantwortung ein möglichst selbstbestimmtes Leben zu ermöglichen. Bei der Ausführung des Persönlichen Budgets sind nach Maßgabe des individuell festgestellten Bedarfs die Rehabilitationsträger, die Pflegekassen und die Integrationsämter beteiligt. Das Persönliche Budget wird von den beteiligten Leistungsträgern trägerübergreifend als Komplexleistung erbracht. Das Persönliche Budget kann auch nicht trägerübergreifend von einem einzelnen Leistungsträger erbracht werden. Budgetfähig sind auch die neben den Leistungen nach Satz 1 erforderlichen Leistungen der Krankenkassen und der Pflegekassen, Leistungen der Träger der Unfallversicherung bei Pflegebedürftigkeit sowie Hilfe zur Pflege der Sozialhilfe, die sich auf alltägliche und regelmäßig wiederkehrende Bedarfe beziehen und als Geldleistungen oder durch Gutscheine erbracht werden können. An die Entscheidung sind die Leistungsberechtigten für die Dauer von sechs Monaten gebunden.

Da es sich rein rechtlich bei einem Assistenzhund um einen Sachgegenstand handelt, wird dieser auch als Hilfsmittel beantragt.

Wichtig ist aber: in der Begründung für einen Assistenzhund bei der Ausübung der Wahlmöglichkeit wird trotzdem die menschliche Assistenz als Vergleich genutzt!

Assistenzhundeverordnung (AHundV)

Die Assistenzhundeverordnung regelt die Anforderungen an das Mensch-Hund-Team, die Ausbildungsinhalte sowie die Prüfungs- und Zertifizierungsregelungen. Sie ist am 1. März 2022 in Kraft getreten.

Wichtige Paragrafen, die für die Mindest-Kostenbestimmung benötigt werden:

§ 25 AHundV - Jährliche Untersuchung

(1) Der Assistenzhund ist einmal jährlich tierärztlich dahingehend zu untersuchen, ob seine gesundheitliche Eignung fortbesteht. Der Tierarzt bestimmt Art, Inhalt und Ausmaß dieser Untersuchung nach tierärztlichem Ermessen unter Berücksichtigung insbesondere

1. des Alters,
2. der Lebensumstände,
3. der Assistenzhundeart,
4. der Rasseprädispositionen und des Geschlechts sowie
5. eventuell vorhandener Vorerkrankungen.

(2) Ergeben sich bei der Untersuchung Befunde, die die gesundheitliche Eignung in Frage stellen, sind über die nach Absatz 1 erforderlichen weitere Untersuchungen durchzuführen. Ergibt eine Untersuchung, dass der Assistenzhund den Einsatz als Assistenzhund nur unter Schmerzen, Leiden oder Schäden fortsetzen kann, entfällt seine gesundheitliche Eignung. Über das Entfallen der gesundheitlichen Eignung des Assistenzhundes hat der Tierarzt den Prüfer, der die Zertifizierung nach § 19 Absatz 1 Satz 1 durchgeführt hat, oder im Falle eines anerkannten Assistenzhundes die für die Anerkennung zuständige Behörde darüber zu informieren. Für den Widerruf der Anerkennung gelten die Regelungen des Verwaltungsverfahrensgesetzes. Über die Zurückziehung der Zertifizierung entscheidet die Prüfstelle gemäß den Vorgaben der DIN 17024-11.

§ 27 AHundV – Haftpflichtversicherung

Der Halter eines Assistenzhundes muss eine Haftpflichtversicherung ohne Selbstbeteiligung oder mit einer Selbstbeteiligung von höchstens 500 Euro zur Deckung der durch den Hund verursachten Personenschäden, Sachschäden und sonstigen Vermögensschäden abschließen und aufrechterhalten. Die Haftpflichtversicherung muss eine Mindestversicherungssumme in Höhe von 1 Million Euro für Personen und sonstige Schäden abdecken.

Welche Unterlagen werden konkret benötigt?

Zur Beantragung der Kosten für einen Assistenzhund werden eine Beurteilung der Wirksamkeit durch einen Arzt bzw. Psychologischen Psychotherapeuten und die Darstellung der bereits ausgeschöpften (Therapie-)Möglichkeiten benötigt.

In der Beurteilung muss für den Kostenträger deutlich werden, dass

die Beeinträchtigungen, die der Assistenzhund ausgleichen soll, nicht innerhalb der nächsten 2 Jahren verschwinden werden (da die Ausbildung zum Assistenzhund inkl. der Sozialisierungs-Phase in den ersten 15 Monaten 2-3 Jahre dauert), und der Assistenzhund bis zu seinem 10. Lebensjahr arbeiten könnte.

Aus dem Schreiben muss zudem hervorgehen, dass die betroffene Person schon verschiedene andere Möglichkeiten (Hilfsmittel, Therapie, Assistenz) ausprobiert und ausgeschöpft hat.

Anmerkung: Betroffenen, die ganz frisch eine Traumafolgestörung diagnostiziert bekommen haben, wird der Kostenträger zuerst eine Psychotherapie (Traumatherapie) empfehlen, da diese kostengünstiger erscheint und noch nicht absehbar ist, wie langfristig die Traumafolgestörung zu Beeinträchtigungen führen wird.

Aus diesem Grund muss in der schriftlichen Stellungnahme ersichtlich werden, dass die Beeinträchtigungen sich nicht schnell positiv verändern bzw. verschwinden werden. Dieses Schreiben ist essenziell für die Beantragung beim Kostenträger.

Die schriftliche Stellungnahme kann der Kostenträger selbstständig beim Psychologischen Psychotherapeuten/Arzt anfordern, dann bekommen diese den Bericht auch bezahlt. Wichtig ist hier, den Kostenträger aufzufordern, dies auch zumachen. Dies kann im Anschreiben angesprochen werden.

Persönliches Schreiben über die eigenen Beeinträchtigungen im Zusammenhang mit Teilhabe

Im Persönlichen Schreiben muss die betroffene Person, so detailliert wie möglich, die eigenen Beeinträchtigungen im Zusammenhang mit der Teilhabe am Leben beschreiben sowie wie der Assistenzhund diese Beeinträchtigungen ausgleichen soll.

Je nachdem, welche Beeinträchtigungen durch einen Assistenzhund primär ausgeglichen werden sollen, kommen verschiedene Kostenträger infrage bzw. sind für die Finanzierung zuständig. Falls man nach dem Sozialen Entschädigungsrecht oder bei der Gesetzlichen Unfallversicherung anerkannt ist, sind diese Kostenträger vorrangig.

Die im persönlichen Schreiben genannten Beispiele der auszugleichenden Beeinträchtigungen sollten dem Kostenträger entsprechend ausgeführt werden.

Krankenkasse	Eingliederungshilfe
Umgang mit der Erkrankung, Begleitung zu Therapien, Helfen innerhalb der Therapie, Erinnern an Medikamente, Re-Orientieren auf dem Weg zur Therapie	Beeinträchtigungen, die ausgeglichen werden sollen, sind vor allem im Bereich Soziale Teilhabe.
Soziales Entschädigungsrecht	**Gesetzliche Unfallversicherung**
Beeinträchtigungen, die ausgeschlichen werden sollen, sind anerkannte Schädigungsfolgen.	Beeinträchtigungen, die ausgeschlichen werden sollen, sind anerkannte Schädigungsfolgen eines Arbeits- oder Wegeunfalles.

Erfahrung aus der Praxis:

Die Eingliederungshilfe ist eher bereit, Leistungen nach der Besonderheit des Einzelfalls zu bewilligen. Aber auch hier ist es oftmals ein langer Weg, der mit Widerspruch und Klagen verbunden sein kann. Darauf sollte man sich einstellen.

Beispiele, wie Formulierungen im Persönlichen Schreiben aussehen könnten:

Eingliederungshilfe (Soziale Teilhabe):

Durch einen Trigger, wie z.B. unabsichtliche Berührung beim **Einkauf,** rutsche ich in einen Flashback. Ich nehme die Umgebung nicht mehr wahr, sehe traumatische Bilder vor meinem inneren Auge, zittere am ganzen Körper, atme sehr schnell, habe einen hohen Puls und bin nicht mehr ansprechbar.

Der Assistenzhund erlernt bei der Ausbildung, mich abzuschirmen, damit keine unabsichtliche Berührung stattfinden kann und gibt mir dadurch Sicherheit. Im **Kassenbereich** beispielsweise könnte ich meinen Hund hinter mir Sitz machen lassen, damit ich mich in Ruhe auf den Bezahlvorgang konzentrieren kann und die Gewissheit habe, dass der Assistenzhund fremde Menschen auf Abstand hält. Falls ein Flashback durch eine andere Situation ausgelöst wird, kann der darauf trainierte Assistenzhund mich anzustupsen oder mir die Hand ablecken, mich aus der „Gefahr" führen, damit ich mich schneller reorientieren kann.

- **Kernsituation: Supermarkt = Soziale Teilhabe**

Krankenkasse (Umgang mit der Erkrankung):

Durch Alpträume wache ich nachts immer wieder schreckhaft und panisch auf. Ich kann in den ersten Momenten nach dem Alptraum nicht klar realisieren, ob es nur ein Traum war oder die Realität ist. Oft dauert es sehr lange, wieder einzuschlafen. Dadurch habe ich am folgenden Tag weniger Energie und bin unkonzentrierter.

Der Assistenzhund kann zum einen erlernen, durch Anstupsen oder Ablecken Alpträume frühzeitig zu unterbrechen. Zusätzlich kann er erlernen, das Licht anzuschalten und mir mein Notfallmedikament zubringen.

- **Kernsituation: Zuhause + keine interaktive Situation (ggf. + Medikamente) = Umgang mit der Erkrankung**

Das eigene Schreiben wird durch die Ausführlichkeit oft mehrere Seiten lang. Häufig lässt sich nicht klar unterscheiden, was dem Umgang mit der Erkrankung zuzuordnen ist und was der sozialen

Teilhabe. Der Antrag wird von der Behörde bearbeitet, die für den Bereich zuständig ist, in dem der größte Teil des Ausgleichs liegt. Es gibt keine vorgeschriebene maximale Seitenanzahl.

Zu empfehlen ist jedoch ein Umfang von <u>max.</u> 8 Seiten, da berücksichtigt werden sollte, dass das Schreiben von mehreren Personen gelesen werden muss (mindestens Haupt-Sachbearbeiter und Medizinischer Dienst.) Je länger das Schreiben ist, umso länger dauert auch die Bearbeitungszeit.

Kostenaufstellung Assistenzhund bzw. Kostenvoranschlag Assistenzhundeschule

Hier werden alle Kosten für den künftigen Assistenzhund aufgezeigt. Falls man bereits eine Assistenzhundeschule im Blick hat, kann man mit einem Kostenvoranschlag arbeiten.

Siehe auf der folgenden Seite eine mögliche Beispielrechnung. Diese Tabelle sollte alle möglichen Kosten hinhalten. Man kann sich als Betroffene Person entscheiden nur einen Teil davon zu beantragen. Dies sollte aber individuell entschieden werden.

Fiktive Beispielrechnung

Leistung	Kosten	Anmerkung
Anschaffungskosten Welpen	2.500 €	Einmalig
Kosten Grundausbildung	2.500 €	Einmalig
Ausbildung angeleitete Selbstausbildung, spezifischer Ausbildungsteil Assistenzhund 60 Trainerstunden á 130 €	7.800 €	Einmalig
Medizinische Prüfung nach 1 Jahr	1.200 €	
Prüfungsgebühren	1.200 €	
<u>Laufende Unterhaltskosten</u>	<u>Jährlich</u>	
• Haftpflicht	60 €	
• Krankenversicherung	1.200 €	Vollversicherung
• Futter inkl. Snacks	1.200 €	
• Steuer	95 €	Ab Ausbildungsende Steuerbefreit
• Spielzeug, Kotbeutel etc.	300 €	
Einmalige Kosten	**15.200 €**	
Monatliche Kosten	**364,58 €**	**Auf 10 Jahre gerechnet**

Kostenvergleich der Wahlmöglichkeiten menschliche Assistenz vs. Assistenzhund

Hier muss die betroffene Person schauen, wie viele Stunden Bedarf an Assistenz sie hat, um Teilhabe am Leben zu gewährleisten. Der Kostenträger wird sich zuerst anschauen, wie der Bedarf mit einer menschlichen Assistenz abgedeckt werden könnte.

Der Stundenbedarf ist je nach Schwere der Traumafolgestörung von wenigen Stunden bis hin zu einer 24/7 Assistenz möglich (mehr dazu bei im Kapitel „Assistenzleistungen") Insbesondere bei einem sehr großen Bedarf wird die menschliche Assistenz durch einen Assistenzhund vermutlich nicht komplett wegfallen. Das bedeutet, dass in diesem Fall sehr genau aufgezeigt werden muss, um wie viel sich die menschliche Assistenz durch einen Assistenzhund verringern würde.

Deshalb muss im Kostenvergleich berücksichtigt werden, ob weiterhin menschliche Assistenz geplant ist und dass der Assistenzhund erst nach und nach mehr Stunden übernehmen wird.

Als Beispiel:

„Aktuell habe ich 90 Stunden Assistenz pro Woche. Durch die Leistungen des Assistenzhundes könnte der Bedarf an menschlicher Assistenz auf 40 Stunden pro Woche reduziert werden."

Es ist wichtig, konkrete Beispiele zu nennen, um zu begründen, warum man davon ausgeht, dass der Bedarf an menschlicher Assistenz durch den Einsatz eines Assistenzhundes sinkt. Eine vage Beschreibung ist hierbei nicht ausreichend.

Fiktive Beispielrechnung – 21h/Woche Einfache Assistenz Bedarf, geführt im Arbeitgebermodell, 12,82€/h Arbeitnehmer-Brutto

Menschliche Assistenz	Kosten	Assistenzhund auf 10 Jahre gerechnet	Kosten
Arbeitnehmer-Brutto	1.157,65 €	Einmalige Kosten	18.055 €
Arbeitgeber-Nebenkosten	266,26 €	Jährliche Kosten	2.855 €
Overheadkosten	133,91 €		
Preissteigerung	77,85 €		
Monatliche Kosten	**1.635,67 €**	**Monatliche Kosten**	**364,58 €**

An diesem Beispiel erkennt man, dass ab dem 24. Monat menschliche Assistenz die Kosten für 10 Jahre mit Assistenzhund reingeholt sind.

Rechnung: 43.749,60 € (Gesamtkosten Assistenzhund auf 10 Jahre) / 1.635,67 € (monatliche Kosten für menschliche Einfache Assistenz) = 26,75 Monate

Falls der Kostenträger angibt, dass er die Leistung Assistenzhund nicht für 10 Jahre bewilligen kann, da nicht absehbar sei, wie sich die Beeinträchtigungen bis dahin entwickeln, kann man also argumentieren, dass der Assistenzhund genauso viel kostet wie etwas mehr als 2 Jahre 21h/Woche menschliche Assistenz.

Assistenzleistungen werden in der Regel mindestens für 2 Jahre bewilligt.

Diese Beispielrechnung ist nur mit dem Mindestlohn (Stand 2025) berechnet. Wie im Kapitel „Assistenzleistungen" beschrieben, wird die Assistenz aber mit mindestens dem einem ortsüblichen Tariflohn beantragt.

Beispielrechnung – 21h/Woche Einfache Assistenzgeführt im Arbeitgebermodell, 17,87 €/h Arbeitnehmer-Brutto[33]

Menschliche Assistenz	Kosten	Assistenzhund auf 10 Jahre gerechnet	Kosten
Arbeitnehmer-Brutto	1.613,66 €	Einmalige Kosten	18.055 €
Arbeitgeber-Nebenkosten	371,14 €	Jährliche Kosten	2.855 €
Overheadkosten	158,78 €		
Preissteigerung	107,18 €		
Monatliche Kosten	**2.250,76 €**	**Monatliche Kosten**	**364,58 €**

Rechnung: 43.749,60 € / 2.250,76 € = 19,44 Monate

An diesem Beispiel erkennt man, dass bereits mit 20 Monaten Assistenz die gleichen Kosten entstehen wie für 10 Jahre Assistenzhund.

Studienlage[34]

Es ist hilfreich, seine Aussagen zur Wirksamkeit mit der aktuellen Studienlage zu untermauern. Sowohl deutsche als auch

---

[33] www.forsea.de/content-166-tarifloehne.html
[34] https://www.pfotenpiloten.org/bibliografie-assistenzhunde/

internationale Studien zu Assistenzhunden im Zusammenhang mit der eigenen Erkrankung können dafür herangezogen werden.

Weiterer Verlauf

Erfahrung aus der Praxis:

Wie weiter vorne beschrieben, ist diese Einzelfallentscheidung durch zu bekommen kein leichter Weg. In meiner Beratung habe ich selbst bisher mehrere Klient:innen erfolgreich dabei begleitet, einen Assistenzhund zu bekommen. Dabei mussten sie regelmäßig in den Widerspruch und Klage gehen, um ihr Recht durchzusetzen.

Widerspruch sowie Klage können in Eigenverantwortung laufen oder mit einem Anwalt zusammen. Im Kapitel Rechtliche Unterstützungsmöglichkeiten ist beschrieben, wer dafür die Kosten trägt.

Wichtiges Gerichtsurteil beim Bezug von SGB XII-Leistungen zum Lebensunterhalt:

Landessozialgericht Niedersachsen Bremen vom 18.02.2020, Aktenzeichen L 16 KR 253/18[35]

Ein Mehrbedarf für die Kosten eines Begleithundes aufgrund der Behinderung wurde als abweichende Festlegung des Regelsatzes nach § 27a Abs. IV bewilligt, sofern dies notwendig ist, um die Autonomie des behinderten Menschen zu stärken.

---

[35] voris.wolterskluwer-online.de/browse/document/1afaa4dd-c337-4de0-8d23-2d9e92838e0a

Beispielformulierung eines Anschreibens an den Kostenträger

Sehr geehrte Damen und Herren,

hiermit beantrage ich einen PBS-Assistenzhund mit dem Wunsch- und Wahlrecht nach § 8 SGB IX, in Form des Persönlichen Budgets § 29 SGB IX, als Leistung nach der Besonderheit des Einzelfalls § 104 Abs. 2 und 3 SGB IX.

Anbei übersende ich Ihnen:

- Ein ausführliches eigenes Schreiben zu meinen Beeinträchtigungen und wie der Assistenzhund mich unterstützen soll
- Kostenvoranschlag des Assistenzhunds sowie Kostenvergleich der Wahlmöglichkeiten und Erklärung, wieso ich mich für die Option Assistenzhund entschieden habe
- Die aktuelle Studienlage zu PTBS-Assistenzhunden für den Medizinischen Dienst

Ich befinde mich bei Frau Dr. XY in Behandlung, eine Schweigepflichtentbindung ist beigelegt. Frau Dr. XY weiß Bescheid, dass von Ihnen ein ausführliches Therapeutenschreiben angefordert werden wird.

Sollten Sie Fragen haben oder weitere Informationen benötigen, stehe ich Ihnen schriftlich gerne zur Verfügung.

Mit freundlichen Grüßen

Maxi Musterfrau

Hilfsmittel

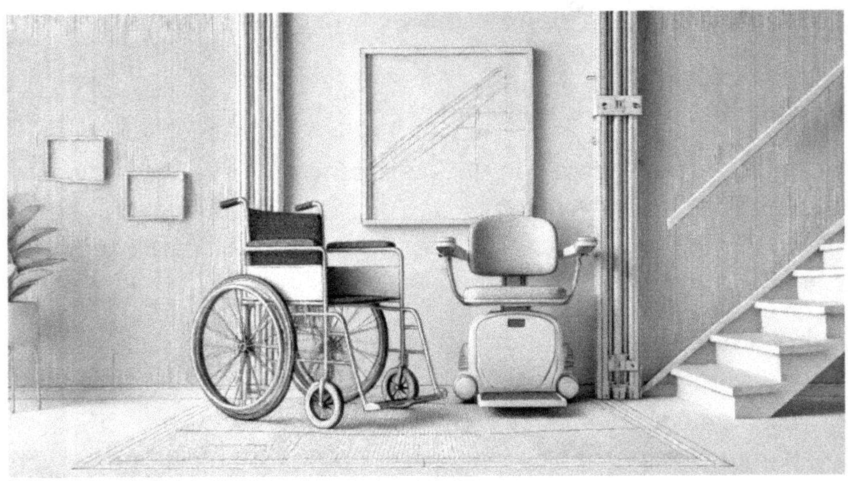

In diesem Kapitel werden kurz die verschiedenen Hilfsmittel beschrieben und welche Kostenträger dafür jeweils infrage kommen.

Wichtig im Hinterkopf zu behalten ist: primär ist die Gesetzliche Krankenversicherung für alle Hilfsmittel zuständig. Ist man nach dem Sozialen Entschädigungsrecht anerkannt, dann dieses und am nachrangigsten die Eingliederungshilfe.

Rollstuhl / Rollator[36]

Finanzierungsmöglichkeiten

- Gesetzliche Krankenversicherung: § 33 SGB V – Hilfsmittel
- Gesetzliche Unfallversicherung:§ 31 SGB VII - Hilfsmittel
- Eingliederungshilfe: § 47 SGB IX - Hilfsmittel
- Soziales Entschädigungsrecht: § 46 SGB XIV - Versorgung mit Hilfsmitteln

Ein Rollstuhl und/oder Rollator kann eine lebensverbessernde Hilfsmitteloption für Menschen mit dissoziativen Bewegungsstörungen sein. Dissoziative Bewegungsstörungen sind eine Neurologische Erkrankung, auch bekannt unter dem Namen Funktionelle Neurologische Störung, kurz FNS, bei der Betroffene unkontrollierte Bewegungen oder Lähmungen erleben, die nicht auf eine organische Ursache zurückzuführen sind. Diese Störungen können das alltägliche Leben erheblich beeinträchtigen und die Mobilität der Betroffenen stark einschränken.

In diesem Zusammenhang wird der Rollstuhl/Rollator zu einem äußerst nützlichen Hilfsmittel, das dazu beiträgt, die Lebensqualität der Betroffenen zu verbessern.

Argumente für einen Rollstuhl/Rollator

- **Mobilität und Unabhängigkeit:**

Ein Rollstuhl/Rollator ermöglicht es den Betroffenen, sich eigenständig fortzubewegen, auch wenn ihre Bewegungsstörungen es ihnen schwer machen, zu Fuß unterwegs zu sein. Dies fördert ihre Unabhängigkeit und gibt ihnen die Möglichkeit, am gesellschaftlichen Leben teilzunehmen.

---

[36] www.gkv-spitzenverband.de/media/dokumente/krankenversicherung_1/hilfsmittel/fortschreibungen_aktuell/2018_2/20181113_Bekanntmachung_Produktgruppe_18_Kranken-_Behindertenfahrzeuge.pdf

- **Sicherheit:**

Da dissoziative Bewegungsstörungen unvorhersehbar sein können, bietet der Rollstuhl/Rollator eine sichere Möglichkeit, sich fortzubewegen, ohne das Risiko von Stürzen oder Verletzungen zu erhöhen.

- **Erleichterung des Alltags:**

Rollstühle und Rollatoren sind mit verschiedenen Optionen und Anpassungen erhältlich, um den individuellen Bedürfnissen der Betroffenen gerecht zu werden. Dies kann alltägliche Aktivitäten wie Einkaufen, Arztbesuche und soziale Interaktionen erheblich erleichtern.

- **Psychologisches Wohlbefinden:**

Die beiden Hilfsmittel können dazu beitragen, das Selbstwertgefühl und das psychische Wohlbefinden der Betroffenen zu verbessern, da sie ihnen die Möglichkeit geben, sich frei zu bewegen und am Leben teilzunehmen, ohne sich von ihrer Erkrankung eingeschränkt zu fühlen.

Zusammenfassend lässt sich sagen, dass ein Rollstuhl oder Rollator für Menschen mit dissoziativen Bewegungsstörungen ein bedeutendes Hilfsmittel sein kann, um ihre Mobilität, Unabhängigkeit und Lebensqualität zu verbessern.

Hausnotruf[37]

Ein Hausnotruf ist ein Kommunikationssystem, das älteren oder hilfsbedürftigen Menschen ermöglicht, im Notfall sofort Hilfe anzufordern. Per Knopfdruck auf einem speziellen Standgerät, einem Armband oder einer Smartwatch wird ein Notrufdienst oder eine vorher festgelegte Kontaktperson benachrichtigt, um schnelle Unterstützung zu erhalten.

Ab Pflegegrad 1 stehen auf Antrag monatlich 25,50 € (Stand Dez. 2024) für ein Notrufsystem bereit. In diesem Antrag muss kurz ausgeführt werden, wieso ein Hausnotruf sinnvoll ist.

Sturzsensoren

In der Regel erfolgt dies in Kombination mit einem Hausnotruf genutzt.

Sturzsensoren in der privaten Wohnung sind Sicherheitssysteme, die speziell entwickelt wurden, um Stürze in häuslicher Umgebung zu erkennen und darauf zu reagieren. Sie sind besonders nützlich für ältere Menschen oder Personen mit gesundheitlichen Einschränkungen, die ein erhöhtes Sturzrisiko mit sich bringen, wie etwa bei neurologischen Erkrankungen oder nach Operationen.

- **Funktionsweise:**

Sturzsensoren verwenden oft Bewegungs-, Beschleunigungs- oder Drucksensoren, um ungewöhnliche Bewegungen oder plötzliche Lagewechsel zu erkennen. Wenn ein Sturz detektiert wird, kann das System verschiedene Maßnahmen ergreifen, wie z.B.:

---

[37] www.gkv-spitzenverband.de/service/hmv/hausnotruf_1/hausnotruf_1.jsp

- **Alarm auslösen:**

Der Sensor löst einen akustischen Alarm in der Wohnung aus.

- **Benachrichtigung:**

Eine Nachricht oder ein Anruf wird an Angehörige, Pflegepersonal oder Notdienste gesendet.

- **Automatische Notruffunktion:**

Einige Systeme sind direkt mit einem Notrufsystem (wie dem Hausnotruf) verbunden, das im Falle eines Sturzes sofort Hilfe alarmiert.

Typen von Sturzsensoren:

- **Tragbare Sensoren (z.B. in Uhren oder Notrufarmbändern):**

Sie werden direkt am Körper getragen und können einen Alarm auslösen, wenn der Träger stürzt.

- **Rauminstallierte Sensoren:**

Diese werden z . B. im Badezimmer oder Schlafzimmer installiert und erkennen Stürze durch Bewegungs- oder Kameradaten.

- **Druckempfindliche Matten:**

Diese werden auf den Boden gelegt und erkennen, wenn jemand auf die Matte stürzt.

Duschstuhl / Badewannenlifter

Finanzierungsmöglichkeiten

* Gesetzliche Krankenversicherung: § 33 SGB V – Hilfsmittel
* Gesetzliche Unfallversicherung:§ 31 SGB VII - Hilfsmittel
* Eingliederungshilfe: § 47 SGB IX - Hilfsmittel
* Soziales Entschädigungsrecht: § 46 SGB XIV - Versorgung mit Hilfsmitteln

Beides kann von einem Arzt verschrieben werden, wenn damit die Pflege vereinfacht oder sichergestellt werden kann.

Zuzahlungen von 10 € müssen geleistet werden.

Treppenlift

Finanzierungsmöglichkeiten

* Gesetzliche Pflegeversicherung: § 40 SGB XI – Pflegehilfsmittel und wohnumfeldverbessernde Maßnahmen
* Gesetzliche Unfallversicherung: § 64e SGB VII - Maßnahmen zur Verbesserung des Wohnumfeldes
* Eingliederungshilfe: § 77 SGB IX – Leistungen für Wohnraum
* Soziales Entschädigungsrecht: § 75 SGB XIV - Ergänzende Leistungen bei Pflegebedürftigkeit

Ein Treppenlift kann für Menschen mit Dissoziativen Bewegungsstörungen sehr sinnvoll sein. So können sie selbstständiger ihr Leben gestalten und sicher die Treppe benutzen.

Pflegekasse

Ab Pflegegrad 1 kann ein Treppenlift als wohnumfeldverbessernde Maßnahme mit bis zu 4.180 € von der Pflegekasse bewilligt werden.

Eingliederungshilfe

Die Eingliederungshilfe kann im Rahmen der sozialen Teilhabe sowie der Befähigung und Unterstützung zu einer selbstbestimmten und eigenverantwortlichen Lebensführung im eigenen Wohn- und Sozialraum Leistungen für den Wohnraum erbringen. Hierbei muss nachvollziehbar begründet werden, wie diese Leistungen die soziale Teilhabe stärken und eine aktive Teilnahme am Leben in der Gesellschaft fördern.

Automatische E-Herd-Abschaltung

Finanzierungsmöglichkeiten

- Gesetzliche Pflegeversicherung: § 40 SGB XI – Pflegehilfsmittel und wohnumfeldverbessernde Maßnahmen
- Gesetzliche Unfallversicherung: § 64e SGB VII - Maßnahmen zur Verbesserung des Wohnumfeldes
- Eingliederungshilfe: § 77 SGB IX – Leistungen für Wohnraum
- Soziales Entschädigungsrecht: § 75 SGB XIV - Ergänzende Leistungen bei Pflegebedürftigkeit

Die Herdabschaltung trennt Elektroherde automatisch vom Stromnetz und verringert dadurch die Gefahr eines Küchenbrandes.

Die Herdabschaltung arbeitet vollautomatisch. Ein Bewegungsdetektor registriert die Anwesenheit einer Person in der Küche und gibt automatisch die Stromzufuhr zum Elektroherd frei.

Wird der Raum verlassen und innerhalb einer bestimmten Zeitspanne nicht wieder betreten, schaltet das System sich automatisch ab. Die EIN-Zeit wird bei der Installation festgelegt (werksseitig meist 20 Minuten). Falls ein anderer Zeitraum gewünscht wird, kann dieser jederzeit geändert werden, wodurch sich auch andere Einsatzbereiche abdecken lassen.

Sinnvoll ist die automatische Herdabschaltung z.B. bei Dissoziativen Störungen mit Amnesien.

Der Fonds Sexueller Missbrauch kann mit entsprechender Begründung ebenso die Kosten übernehmen.

Beispiel-Begründung für die Eingliederungshilfe:

Ich habe eine dissoziative Störung mit Amnesien, wodurch es vorkommt, dass ich vollständig vergesse, dass ich gerade am Kochen bin. Dadurch brennt mir mein Essen häufig an. Eine ständige Assistenz steht mir nicht zur Verfügung. Aus diesem Grund stelle ich den Antrag bei der Eingliederungshilfe, damit ich weiterhin selbstbestimmt und sicher in meiner Wohnung leben kann, ohne mich selbst zu gefährden.

Türsensor

Bei komplexen Traumafolgestörungen, insbesondere, wenn eine Dissoziative Amnesie besteht, kann ein Türsensor als Teil eines Sicherheitssystems eingesetzt werden, um den Betroffenen dabei zu helfen, sich sicherer zu fühlen und potenziell gefährliche Situationen zu vermeiden. Beispiele:

- **Erinnerung an unerwünschten Zugang:**

Manche Betroffene haben Zeiten der Dissoziation, während derer sie nicht vollständig präsent sind und möglicherweise nicht bemerken, wenn jemand ihr Zuhause betritt. Ein Türsensor kann dazu beitragen, solche Momente zu erfassen und den/die Betroffene später daran zu erinnern, wer Zugang zum Haus hatte, was dabei helfen kann, Erinnerungslücken zu füllen.

- **Schutz vor unerwarteten Ausgängen:**

In einigen Fällen können Betroffene Persönlichkeitsanteile haben, die die Wohnung verlassen möchten. Ein Türsensor kann einen Ton abgeben, um so darauf aufmerksam zu machen, dass Anteile die Wohnung/das Haus verlassen wollen. Das gibt den Betroffenen die Möglichkeit, dies zu überprüfen und sicherzustellen, dass sie in einem sicheren Umfeld bleiben.

Es gibt Türsensoren, die so programmiert werden können, dass eine vertraute Person eine Nachricht auf ihr Handy erhält.

Leider ist der Türsensor bisher kein anerkanntes Hilfsmittel, aus diesem Grund kommt hier nur der Fond Sexueller Missbrauch in Frage.

Ammola Riechstäbchen

Ammola-Riechstäbchen sind kleine Stäbchen, die Ammoniak enthalten und einen starken, stechenden Geruch abgeben, wenn man an ihnen riecht. Sie werden oft verwendet, um Menschen aufzuwecken oder aus einem benommenen Zustand zu holen, da der intensive Geruch eine schnelle Reaktion des Nervensystems auslöst.

Bei Trauma-Patienten, insbesondere solchen, die unter dissoziativen Zuständen leiden (z.B. bei dissoziativen Störungen oder Flashbacks), können Ammola-Riechstäbchen helfen, die Person wieder ins Hier und Jetzt zu bringen. Der starke Geruch stimuliert sofort die Sinneswahrnehmung und kann dabei unterstützen, den dissoziativen Zustand zu unterbrechen und die Person wieder mit ihrer Umgebung zu verbinden. Dies kann besonders nützlich sein, wenn jemand sich emotional „abgekoppelt" fühlt oder in eine traumatische Erinnerung abdriftet.

Kostenträger, die in Frage kommen:

Falls man Bürgergeld erhält, wäre hier eine Möglichkeit des Mehrbedarfs nach SGB II.

§ 21 SGB II – Mehrbedarfe

(6) Bei Leistungsberechtigten wird ein Mehrbedarf anerkannt, soweit im Einzelfall ein unabweisbarer, besonderer Bedarf besteht; bei einmaligen Bedarfen ist weitere Voraussetzung, dass ein Darlehen nach § 24 Absatz 1 ausnahmsweise nicht zumutbar oder wegen der Art des Bedarfs nicht möglich ist. Der Mehrbedarf ist unabweisbar, wenn er insbesondere nicht durch die Zuwendungen Dritter sowie unter Berücksichtigung von Einsparmöglichkeiten der Leistungsberechtigten gedeckt ist und seiner Höhe nach erheblich von einem durchschnittlichen Bedarf abweicht.

Falls man Hilfe zum Lebensunterhalt bzw. Grundsicherung im Alter und Erwerbsminderung, wäre hier eine Möglichkeit über den Mehrbedarf zur Abweichende Festlegung des Regelsatzes nach §27a IV SGB XII

Anhaltspunkt: Rechtsprechung zum § 21 Abs. 6 SGB II (Bürgergeld) Bsp.: laufende Kosten anlässlich Erkrankung

Noise-Cancelling-Kopfhörer

Bei Traumafolgestörungen kann das Tragen von Noise-Cancelling-Kopfhörern auf verschiedene Weisen helfen:

- **Reduzierung von Überstimulation:**

Personen mit PTBS können sehr empfindlich auf Reize in ihrer Umgebung reagieren. Einige Geräusche oder plötzliche laute Klänge können Angst oder Panik auslösen. Noise-Cancelling-Kopfhörer blockieren diese externen Geräusche oder reduzieren sie stark, was dazu beiträgt, die Überstimulation zu verringern und eine beruhigende Umgebung zu schaffen.

- **Kontrolle über die akustische Umgebung:**

Personen mit Traumafolgestörungen haben oft Schwierigkeiten, sich sicher zu fühlen oder die Kontrolle über ihre Umgebung zu behalten. Das Tragen von Noise-Cancelling-Kopfhörern gibt diesen Personen die Möglichkeit, die akustische Umgebung besser zu kontrollieren, indem sie unerwünschte Geräusche ausblenden und sich auf das konzentrieren können, was für sie angenehm oder beruhigend ist.

- **Förderung der Konzentration:**

Einige Menschen mit PTBS haben Schwierigkeiten, sich auf bestimmte Aufgaben oder Aktivitäten zu konzentrieren, insbesondere, wenn sie von Umgebungsgeräuschen abgelenkt werden. Durch das Blockieren dieser Geräusche können Noise-Cancelling-Kopfhörer dazu beitragen, die Konzentration zu verbessern, und es den Betroffenen ermöglichen, sich besser auf ihre Aufgaben zu fokussieren.

- **Schaffung einer sicheren Umgebung:**

Für viele Menschen mit Traumafolgestörungen kann es schwierig sein, sich sicher und geschützt zu fühlen, insbesondere in lauten oder überfüllten Umgebungen. Das Tragen von Noise-Cancelling-Kopfhörern kann dazu beitragen, eine Art „sichere Blase" zu schaffen, die es den Betroffenen ermöglicht, sich vor potenziell auslösenden Reizen zu schützen und sich sicherer zu fühlen.

Leider sind NC-Kopfhörer bisher kein anerkanntes Hilfsmittel. Aus diesem Grund kommt hier nur der Fonds Sexueller Missbrauch in Frage.

Inkontinenzmaterial

Finanzierungsmöglichkeiten

- Gesetzliche Krankenversicherung: § 33 SGB V – Hilfsmittel
- Gesetzliche Unfallversicherung: § 31 SGB VII - Hilfsmittel
- Eingliederungshilfe: § 47 SGB IX - Hilfsmittel
- Soziales Entschädigungsrecht: § 46 SGB XIV - Versorgung mit Hilfsmitteln

Mitunter haben Betroffene von Traumafolgestörungen eine Inkontinenz, dafür kann beim Hausarzt ein Rezept für Inkontinenzmaterial ausgestellt werden.

Es muss unter Umständen eine Zuzahlung geleistet werden.

Ribcap (Sturzhelm)

Finanzierungsmöglichkeiten

- Gesetzliche Krankenversicherung: § 33 SGB V – Hilfsmittel
- Gesetzliche Unfallversicherung: § 31 SGB VII - Hilfsmittel
- Eingliederungshilfe: § 47 SGB IX - Hilfsmittel
- Soziales Entschädigungsrecht: § 46 SGB XIV - Versorgung mit Hilfsmitteln

Ein Ribcap ist eine spezielle Schutzmütze, die entwickelt wurde, um den Kopf vor Verletzungen zu schützen. Im Gegensatz zu einem herkömmlichen Helm ist ein Ribcap weich, flexibel und sieht wie eine normale Mütze aus, bietet jedoch dank eingebauter Schutzpolsterungen einen hohen Grad an Stoßdämpfung.

Bei Trauma-Patienten, insbesondere solchen mit erhöhter Sturzgefahr oder Krampfanfällen (z.B. nach Kopfverletzungen, bei neurologischen Erkrankungen oder dissoziativen Störungen), kann ein Ribcap helfen, den Kopf vor weiteren Verletzungen zu schützen. Er bietet einen diskreten Schutz in Alltagssituationen und hilft, das Risiko von Kopfverletzungen bei Stürzen oder unkontrollierten Bewegungen zu minimieren.

Dadurch fördert der Ribcap Sicherheit und Selbstständigkeit, ohne den Träger stigmatisiert oder unwohl fühlen zu lassen, wie es bei auffälligen Helmen der Fall sein könnte.

Lichtklingel

Finanzierungsmöglichkeiten

- Gesetzliche Krankenversicherung: § 33 SGB V – Hilfsmittel
- Gesetzliche Unfallversicherung: § 31 SGB VII - Hilfsmittel
- Eingliederungshilfe: § 47 SGB IX - Hilfsmittel
- Soziales Entschädigungsrecht: § 46 SGB XIV - Versorgung mit Hilfsmitteln

Eine Lichtklingel ist ein Signalgerät, das anstelle eines akustischen Klingeltons visuelle Signale verwendet (z.B. das Aufblinken von Lichtern), um Personen auf ein Ereignis aufmerksam zu machen. Sie wird häufig in Haushalten von hörgeschädigten Menschen eingesetzt, um Klingeln an der Tür, Telefonanrufe oder Alarme durch visuelle Hinweise zu signalisieren.

Bei Dissoziativer Gehörlosigkeit (eine Form der Dissoziativen Störung, bei der Betroffene zeitweise das Hörvermögen verlieren, ohne dass es dafür eine organische Ursache gibt) kann eine Lichtklingel helfen, weil die Betroffenen auditive Reize möglicherweise nicht wahrnehmen können. Stattdessen wird ein visuelles Signal verwendet, um die Aufmerksamkeit der Person zu erregen, was in Situationen, in denen wichtige Informationen oder Warnungen signalisiert werden müssen, hilfreich ist. Die

Lichtklingel kann so den Alltag der Betroffenen erleichtern und ihre Sicherheit gewährleisten.

Spannendes   ***Bundessozialgerichtsurteil:***
Urteil vom 29.04.2010 (Az. B 3 KR 5/09 R[38])

Gesetzlich Krankenversicherte haben einen Anspruch auf Versorgung mit Hilfsmitteln, wenn diese im Einzelfall erforderlich sind und sich dafür eigenen, die Behinderung und deren Folgen auszugleichen. Unter diesem Gesichtspunkt bestätigten die Richter des Bundessozialgerichts der Versicherten, dass ein Leistungsanspruch auf die beantragte Lichtsignalanlage besteht.

SOS-ID-Band

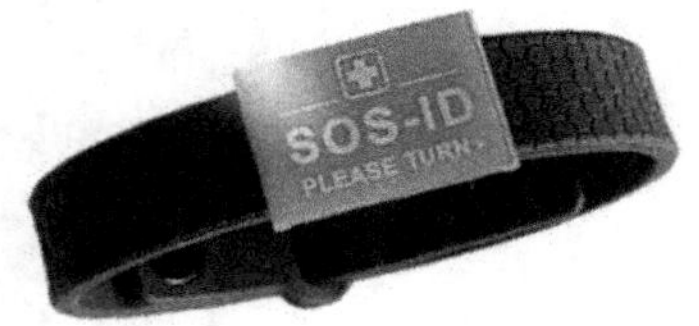

Diese gibt es von verschiedenen Herstellern. Auf dem Bild zu sehen ist ein Produkt der Firma ID-No.com GmbH – medical aid aus Frankfurt/Main

Ein SOS-ID Band mit einem QR-Code ist ein Armband, das zur Identifizierung und schnellen Bereitstellung von medizinischen Notfalldaten genutzt wird. Der QR-Code auf dem Armband verweist auf wichtige Informationen über die Person, wie z. B. medizinische Daten, Notfallkontakte, Allergien, Medikamente oder chronische Erkrankungen.

Hier findet sich auch die Rubrik „Im Notfall unbedingt beachten". Diese Daten können jederzeit angepasst und verändert werden.

Funktionsweise:

- Der Inhaber/-in des Passes erhält bei jedem Aufruf eine Nachricht per Mail. Der Service funktioniert weltweit und 24/7.

---

[38] https://www.datenbank.nwb.de/Dokument/372168/

- Rettungskräfte oder Ersthelfer:innen können im Notfall schnell auf lebenswichtige Informationen zugreifen, auch wenn die Person bewusstlos ist oder nicht sprechen kann.

Aktuell werden SOS-ID-Bänder leider von keinem Kostenträger finanziert (Stand Januar 2025).

Elektrischer Lattenrost / Pflegebett

Finanzierungsmöglichkeiten

- Gesetzliche Krankenversicherung: § 33 SGB V – Hilfsmittel
- Gesetzliche Unfallversicherung: § 31 SGB VII - Hilfsmittel
- Eingliederungshilfe: § 47 SGB IX - Hilfsmittel
- Soziales Entschädigungsrecht: § 46 SGB XIV - Versorgung mit Hilfsmitteln

Ein elektrischer Lattenrost oder ein Pflegebett hilft Menschen mit dissoziativer Bewegungsstörung, indem es ihnen ermöglicht, die Position im Bett bequem per Knopfdruck zu verändern. Da Betroffene oft unter zeitweisen Bewegungsblockaden leiden, bietet das Bett Unterstützung bei der Mobilität und verbessert den Komfort ohne körperliche Anstrengung. Es stärkt das Gefühl von Kontrolle und Unabhängigkeit, was das Sicherheitsgefühl erhöht und die Genesung fördert.

Unterstützte Kommunikation

Finanzierungsmöglichkeiten (siehe Hinweis, nur Digitale Hilfsmittel)

- Gesetzliche Krankenversicherung: § 33 SGB V – Hilfsmittel
- Gesetzliche Unfallversicherung: § 31 SGB VII - Hilfsmittel
- Eingliederungshilfe: § 47 SGB IX - Hilfsmittel
- Soziales Entschädigungsrecht: § 46 SGB XIV - Versorgung mit Hilfsmitteln

Unterstützte Kommunikation bei selektivem Mutismus, der oft im Zusammenhang mit Traumafolgestörungen auftritt, zielt darauf ab, Betroffenen alternative Möglichkeiten zur Verständigung zu bieten, wenn sie sprachlich blockiert sind. Bei selektivem Mutismus sprechen Menschen in bestimmten Situationen oder mit bestimmten Personen nicht, obwohl sie dazu in der Lage wären.

Möglichkeiten der unterstützten Kommunikation können beinhalten:

- Gebärdensprache oder einfache Handzeichen, um grundlegende Bedürfnisse auszudrücken
- Schriftliche Kommunikation, wie Zettel, Notizblöcke oder Apps auf dem Smartphone, um Nachrichten zu übermitteln
- Bildkarten oder Symbole, die den Betroffenen helfen, ihre Wünsche oder Gefühle visuell zu zeigen
- Digitale Hilfsmittel, wie Sprachausgabe-Apps, die gesprochene Sprache simulieren

Diese Methoden helfen, Druck zu reduzieren und eine nicht-verbale Ausdrucksmöglichkeit zu bieten, bis die Person bereit ist, wieder zu sprechen.

Kostenträger, die in Frage kommen:

Nur für die digitalen Hilfsmittel ist es möglich, über die Krankenversicherung, die Eingliederungshilfe, das Soziale Entschädigungsrecht oder die Gesetzliche Unfallversicherung eine Kostenübernahme zu beantragen.

Digitale Gesundheitsanwendungen

Finanzierungsmöglichkeiten (siehe Hinweis, nur Digitale Hilfsmittel)

- Gesetzliche Krankenversicherung: § 33a SGB V – Digitale Gesundheitsanwendungen
- Gesetzliche Unfallversicherung: §§ 26 ff SGB VII[39] - offenen Leistungskataloges
- Eingliederungshilfe: § 47a SGB IX - Digitale Gesundheitsanwendungen

Digitale Gesundheitsanwendungen, kurz DiGa, sind Apps für das Handy, mit denen Betroffene von zuhause an ihren Symptomen arbeiten können. Die Apps sind oft an spezifische Diagnosen gekoppelt.

Beispiele:

HelloBetter Schlafen

- G47.0 Ein- und Durchschlafstörungen

HelloBetter Panik

- F40.01 Agoraphobie

---

[39] https://forum.dguv.de/ausgabe/3-2022/artikel/digitale-gesundheitsanwendungen-in-der-gesetzlichen-unfallversicherung

Weitergehende Hilfen im Einzelfall

Beim Aufbau eines Helfernetzwerks sind individuelle Lösungen wichtig, da jede Person mit unterschiedlichen Lebensumständen und Herausforderungen zu tun hat. Dieses Kapitel bietet eine kurze Übersicht über Hilfen, die nicht ausführlich in eigenen Kapiteln behandelt wurden.

Einzelfallentscheid

Ein Einzelfallentscheid im Sozialrecht ist eine Entscheidung, die individuell für eine bestimmte Person getroffen wird. Dabei werden die persönlichen Lebensumstände, wie Einkommen, Vermögen und besondere Bedürfnisse, sorgfältig geprüft.

Merkmale eines Einzelfallentscheids

- Individuelle Prüfung: Jeder Fall wird einzeln und sorgfältig betrachtet. Dabei werden persönliche, soziale und rechtliche Aspekte berücksichtigt.
- Rechtliche Grundlage: Ein Einzelfallentscheid basiert immer auf gesetzlichen Vorschriften, Verordnungen und ggf. früheren Urteilen.
- Ermessensspielraum: Die zuständigen Stellen haben oft Spielraum, um eine angemessene Entscheidung im Rahmen des Gesetzes zu treffen.

Vorteile eines Einzelfallentscheids

Ein Einzelfallentscheid im Sozialrecht bietet die Möglichkeit, selbst besonders komplexe und herausfordernde Fälle individuell zu behandeln. Dies ist entscheidend, wenn etwa Traumafolgestörungen vorliegen, da diese oft eine differenzierte Betrachtung erfordern. Die spezifischen Umstände der betroffenen Person, wie die psychosoziale Belastung, die durch traumatische Erlebnisse verstärkt wird, müssen umfassend in die Entscheidungsfindung einbezogen werden.

Hierbei können flexible und individuelle Lösungen gefunden werden, die den besonderen Bedürfnissen gerecht werden, was letztlich zu faireren und nachhaltigen Ergebnissen führt.

Herausforderungen

Ein Einzelfallentscheid im Sozialrecht ist oft mit Herausforderungen verbunden. Unterschiedliche Entscheidungen bei ähnlichen Fällen können als ungerecht empfunden werden, da sie stark von der individuellen Prüfung und Interpretation abhängen. Die genaue Prüfung eines Falls erfordert viel Zeit und Ressourcen, insbesondere wenn komplexe Umstände eine Rolle spielen. Umso wichtiger ist eine ausführliche und gut dokumentierte Begründung der betroffenen Person, die klar darlegt, warum ein Einzelfallentscheid unabdingbar ist. Diese Begründung hilft, die Dringlichkeit und Notwendigkeit eines flexiblen Vorgehens zu untermauern und die Behörden von der Bedeutung des Entscheids zu überzeugen.

Beispiele für Einzelfallentscheidungen aus der Beraterpraxis:

- Ausbildung und Unterhaltskosten eines PSB-Assistenzhundes (Siehe Kapitel "PSB-Assistenzhund")
- monatliche Kosten eines Fitnessstudios zur sozialen Teilhabe

Fazit

Einzelfallentscheide sind wichtig, um auf individuelle Bedürfnisse und Umstände einzugehen. Dennoch ist es oft ein herausfordernder Kampf mit den Behörden, einen solchen Entscheid durchzusetzen. Mit Geduld, einer klaren Argumentation und der richtigen rechtlichen Unterstützung ist es jedoch möglich, eine faire Entscheidung zu erreichen. Ein strukturierter Prozess, der auf einer ausführlichen und klaren Begründung der betroffenen Person basiert, beharrliches Nachfragen kann dabei entscheidend sein.

Umzugskosten

In einigen Fällen ist es notwendig, umzuziehen: Sei es weg aus einem destruktiven Umfeld oder weil man zu ländlich lebt, um gute und ausreichende ambulante Therapiemöglichkeiten zu bekommen.

Deswegen stelle ich hier ein paar Möglichkeiten vor, wie Umzüge je nach individueller Situation finanziert werden können.

Bezug von Hilfe zum Lebensunterhalt und Grundsicherung SGB XII und Bürgergeld SGB II

Die betroffene Person kann mit einem Schreiben ihres Arztes/Therapeuten beim Jobcenter/Sozialamt den Umzug beantragen. Im Schreiben des Arztes/Therapeuten muss stehen, dass der Umzug zur Verbesserung der Gesundheit medizinisch zwingend notwendig ist.

Beispiele können sein:

- Förderung der Lebensperspektive durch mehr Therapiemöglichkeiten
- Falls Anzeige(n) gegen Täter erstattet wurde(n), dies mit benennen

Für Betroffene aus Organisierten Gewaltstrukturen:

Es muss nicht ausdrücklich benannt werden, dass durch den Umzug aus Täterkreisen ausgestiegen wird.

Der Antrag wird zusammen mit einem Kostenvoranschlag eines Umzugsunternehmens und dem Mietangebot eingereicht. Die neue Wohnung muss den vom Jobcenter/Sozialamt finanzierbaren KDU (Kosten der Unterkunft) der neuen Stadt/Gemeinde entsprechen.

Bei Pflegebedürftigkeit

Bei Pflegebedürftigkeit kann ein Umzug als wohnumfeldverbessernde Maßnahmen beantragt werden. Wichtig für die Begründung hier ist, dass durch den Umzug bessere Pflege- bzw. Therapiemöglichkeiten bestehen und dadurch ein perspektivischer Wegfall der Pflegebedürftigkeit.

Es muss ein Antrag bei der Pflegekasse gestellt werden, mit einem Kostenvoranschlag des Umzugsunternehmens und der Begründung.

Der Zuschuss beträgt aktuell (2025) max. 4.180 €.

Fonds Sexueller Missbrauch

Falls berechtigt, können auch hier Gelder für Umzugskosten beantragt werden.

Namensänderung

Rechtliche Grundlage

Seinen Namen kann man sich (eigentlich) nicht aussuchen. Es gilt der Grundsatz der Unabänderlichkeit des Namens: Ohne eine Änderung des Familienstands oder der Sorgerechtskonstellation kann ein Familienname nur schwer geändert werden. Einige Möglichkeiten, seinen Namen zu ändern, kennt das Namensrecht aber doch.

§ 3 NamÄndG - Gesetz über die Änderung von Familiennamen und Vornamen (Namensänderungsgesetz - NamÄndG)

(1) Ein Familienname darf nur geändert werden, wenn ein wichtiger Grund die Änderung rechtfertigt.

(2) Die für die Entscheidung erheblichen Umstände sind von Amts wegen festzustellen; dabei sollen insbesondere außer des unmittelbaren Beteiligten die zuständige Ortspolizeibehörde und solche Personen gehört werden, deren Rechte durch die Namensänderung berührt werden.

Um den eigenen Namen zu ändern, muss also ein „wichtiger Grund" vorliegen.

Was ist ein „wichtiger Grund"?[40]

Ein wichtiger Grund ist dann anzunehmen, wenn der/dem Betroffenen unzumutbare Nachteile durch den Familiennamen entstehen. Hierzu muss der/die Betroffene einen entsprechenden Nachweis erbringen. Mögliche Gründe können sein:

- Diskriminierung im Arbeitsleben
- Beschämender Name
- Ideologischer Name

---

[40] www.bmi.bund.de/DE/themen/moderne-verwaltung/verwaltungsrecht/namensrecht/namensrecht-node.html

Seinen Vor- und Familiennamen darf man ebenso ändern, wenn der Name an sich eine heftige Einschränkung ist. Das gilt z.B. für das Auslösen von Flashbacks oder ein fehlendes Identifikationsgefühl mit dem Namen.

Die gängigsten Unterlagen und wo man diese beantragt:

Meldebescheinigung

Diese kann sowohl vor Ort im Bürgerbüro der Stadt/Gemeinde als auch online (nicht jede Stadt/Gemeinde hat es schon eingerichtet) auf www.verwaltung.bund.de beantragt werden. Kosten liegen ungefähr bei 12 €.

Beglaubigte Abschrift des Geburtenregisters

Diese kann beim Standesamt und auch online auf www.verwaltung.bund.de beantragt werden. Kosten ungefähr 24 €.

Aktuelles einfaches Führungszeugnis

Kann vor Ort im Bürgerbüro beantragt werden und online auf der Website www.fuehrungszeugnis.bund.de. Kosten ca. 10 €.

Auskunft Schuldnerverzeichnis

Damit ist nicht die Schufa gemeint, sondern ein eigenes Verzeichnis vom Bund. Die Auskunft muss online beantragt werden auf www.vollstreckungsportal.de. Kosten ca. 20 €.

Ausgefüllter Antrag auf Namensänderung

Je nach Stadt/Gemeinde ist dieser online zu finden. Falls dies nicht der Fall ist, kann man ihn im Rechtsamt anfordern. Da einige

Unterlagen persönlich abgegeben werden müssen, kann man den Antrag auch vor Ort ausfüllen.

Eigenes Persönliches Schreiben

In diesem sollte dargelegt werden, wie der eigene Werdegang war und welche Einschränkungen der Name mit sich bringt, z.B. was es auslöst, wenn er ausgesprochen wird. Dies können Ängste, Flashbacks und auch ein fehlendes Identitätsgefühl sein. Es sollte ebenso beschrieben werden, dass der Schritt der Namensänderung lange und gut überlegt wurde. Falls die eigenen Social-Media-Accounts bereits auf den neuen Namen laufen, kann dies auch im Schreiben benannt werden.

Schreiben durch einen behandelnden Arzt bzw. Psychologischen Psychotherapeuten

Der behandelnde Arzt/Therapeut sollte ausführlich darlegen, wieso es notwendig ist, der Namensänderung stattzugeben. Es sollte deutlich werden, dass er die Namensänderung befürwortet, und mit eigenen Worten beschrieben werden, welche Einschränkungen bestehen und dass diese sich nicht lösen werden durch den ständigen Trigger des alten Namens.

Antrag auf Gebührenermäßigung, formlos

Falls man ein geringes Einkommen hat bzw. Transferleistungen bezieht.

Weiterer Verlauf – Bewilligung

Das Rechtsamt prüft, sobald alle Unterlagen eingegangen sind, ob der Namensänderung stattgegeben werden kann. Falls ja, bekommt man als erstes einen Gebührenbescheid. Dieser muss beglichen werden. Sobald die Stadt/Gemeinde den Geldeingang verzeichnet hat, wird die Namensänderungsurkunde versendet.

Mit der Namensänderungsurkunde muss nun selbstständig ein neuer Personalausweis beantragt und alle bei Behörden hinterlegten Daten sowie Verträge geändert werden. Dazu ist es sinnvoll, sich eine To-Do-Liste mit allen, die man anschreiben muss, anzulegen, damit man den Überblick behält, von wem man schon eine Rückmeldung erhalten hat. Für die Namensänderung bei allen Behörden/Verträgen wird die Urkunde benötigt. In den allermeisten Fällen reicht eine unbeglaubigte Kopie aus.

Weiterer Verlauf – Ablehnung

Hat das Rechtsamt den Antrag abgelehnt, wird es eine Begründung mitsenden. Gegen den Bescheid kann innerhalb von einem Monat Widerspruch eingelegt werden.

Finanzierungsmöglichkeiten

Die Gebühren für das Rechtsamt selbst fallen sehr unterschiedlich aus. Es gibt Fälle, da kostet die Bearbeitung des Antrages gar nichts. In manchen Städten wird nach Zeitaufwand des Sachbearbeiters berechnet. Möglichkeiten der Finanzierung wären der Fond Sexueller Missbrauch, die Weißer Ring Stiftung sowie eine Finanzierung über die Anerkennung nach dem Sozialen Entschädigungsrecht.

Soziales Entschädigungsrecht:

§ 96 SGB XIV - Leistungen in sonstigen Lebenslagen

Geschädigte können Leistungen auch in sonstigen Lebenslagen erhalten, wenn diese den Einsatz öffentlicher Mittel unter

Berücksichtigung der Ziele der Sozialen Entschädigung rechtfertigen.

Hinweis gab es im Buch: Nomos Kommentar Sozialgesetzbuch XIV von Knickrehm, Rademacker, [Hrsg.], S. 911, ISBN: 9 783848 739127

Erfahrungsbericht der Autorin:

Ich habe vor einigen Jahren meinen kompletten Namen geändert. Von der Antragsstellung bis zum In-der-Hand-Halten der Namensänderungsurkunde vergingen 6 Wochen. Ich hatte mit wesentlich längerer Wartezeit gerechnet. Gezahlt habe ich inkl. neuer Dokumente 260 €.

Kindergeld für Schwerbehinderte erwachsene Kinder[41]

Voraussetzungen

Hat ein Kind eine Behinderung, können die Eltern auch über das 18. beziehungsweise 25. Lebensjahr hinaus Kindergeld erhalten. Beim Kindergeld für Erwachsene mit Behinderungen gelten bestimmte Voraussetzungen:

- Die Behinderung des Kindes ist bis zum Tag vor dem 25. Geburtstag eingetreten. Ist das Kind bis einschließlich 1981 geboren, muss die Behinderung bis zum Tag vor seinem 27. Geburtstag eingetreten sein.
- Das Kind hat aufgrund der Behinderung nicht genügend finanzielle Mittel, um seinen notwendigen Lebensbedarf selbst zu decken.

Nach dem 25. Geburtstag gilt zusätzlich:

Es muss mindestens einen Erziehungsberechtigten geben, an den das Kindergeld ausgezahlt werden kann.

---

[41] www.arbeitsagentur.de/familie-und-kinder/infos-rund-um-kindergeld/kindergeld-fuer-kinder-mit-behinderung

Kosten für Dolmetscher oder Übersetzer

In der Therapie von Geflüchteten gibt es oft keine gemeinsame Sprache zwischen Fachkräften und Klient*innen. In solchen Fällen wird ein Dolmetscher hinzugezogen, um die Verständigung sicherzustellen.

Sozialgericht Münster vom 08.06.2020, Aktenzeichen: S 20 AY 3/17[42]

Dolmetscherkosten in der Psychotherapie bei Geflüchteten können im Rahmen abweichender Regelbedarf nach §27a Abs. 2 Nr. 2 SGB XII bewilligt werden.

Hilfen zur Überwindung besonderer sozialer Schwierigkeiten

Wichtige Paragrafen im Zusammenhang, um aus dem Bereich Organisierte Gewaltstrukturen auszusteigen.

Leistungen zur Überwindung besonderer sozialer Schwierigkeiten §§ 67 69 SGB XII können Personen erhalten,

- die unter besonderen Lebensverhältnissen* mit sozialen Schwierigkeiten leiden
- und diese Schwierigkeiten nicht aus eigener Kraft bewältigen können.Die Verordnung [43]

zur Durchführung dieser Hilfe regelt die genauen Voraussetzungen.

*Besondere Lebensverhältnisse bestehen nach der Verordnung, wenn eine der folgenden Situationen vorliegt: gewaltgeprägte Lebensumstände,

---

[42]www.ggua.de/fileadmin/downloads/dolmetscher/Sozialgericht_Urteil_SG_MS_8._Juni_2020.pdf

[43] www.bmas.de/SharedDocs/Downloads/DE/Gesetze/verordnung-zur-durchfuehrung-der-hilfe-zur-ueberwindung-besonderer-sozialer-schwierigkeiten.pdf?__blob=publicationFile&v=2 (Stand Dez. 2024)

ungesicherte wirtschaftliche Lebensgrundlage oder vergleichbare nachteilige Umstände.

Beispielsituationen:

- Ein junger Erwachsener muss die Jugendhilfeeinrichtung, in der er bisher lebte auf Grund seines Alters verlassen und hat nichts gefunden, wo er nun leben kann.
- Eine Frau muss wegen häuslicher Gewalt ins Frauenhaus und verliert alle bisherigen Bezüge, da sie sonst dem Täter begegnen müsste.
- Eine Frau möchte der Zwangsprostitution entkommen.

Die Leistungen sind immer individuell auf den besonderen Einzelfall abgestimmt. Es ist daher unbedingt ratsam, eine Beratungsstelle aufzusuchen.

Stiftungssuche: Einzelfallhilfen

Die Verarbeitung von Traumata erfordert oft individuelle Unterstützung, die über die Leistungen der gesetzlichen Leistungen hinausgeht. Da nicht alle benötigten Hilfen über die üblichen Wege finanziert werden können, bieten zahlreiche Stiftungen sogenannte Einzelfallhilfen an.

Um eine solche Einzelfallhilfe zu beantragen, muss in der Regel ein formloser Antrag bei der jeweiligen Stiftung gestellt werden. Darin sollte die persönliche Situation ausführlich beschrieben und die Notwendigkeit der beantragten Unterstützung begründet werden. Die konkreten Förderkriterien und Antragsformulare finden sich meist auf den Webseiten der Stiftungen.

Eine erste Orientierung bei der Suche nach passenden Stiftungen bietet die Plattform https://stiftungssuche.de. Hier kann gezielt nach Stichwörtern wie "Trauma" gesucht werden, um eine Auswahl an potenziellen Förderern zu erhalten.

Landesstiftung Opferschutz[44] – für Baden-Württemberg

Die Landesstiftung Opferschutz Baden-Württemberg wurde 2001 gegründet, um Menschen zu unterstützen, die Opfer von Gewalttaten geworden sind. Finanziert wird sie seit 2014 aus Haushaltsmitteln des Landes.

Wer kann Unterstützung erhalten?

Unterstützt werden können Opfer von Gewalttaten, wo der Tatort in Baden-Württemberg war oder deren Opfer zum Tatzeitpunkt in Baden-Württemberg gewohnt haben.

Welche Leistungen werden gewährt?

Die Stiftung gewährt finanzielle Unterstützung in Form von Schmerzensgeldersatz (bis zu 10.000 Euro) und für materiellen Schadenersatz (ebenfalls bis zu 10.000 Euro). Auch Hinterbliebene können unter bestimmten Voraussetzungen unterstützt werden.

Wie erfolgt die Antragstellung?

Anträge können direkt bei der Stiftung oder bei den Außenstellen des Weißen Rings in Baden-Württemberg gestellt werden. Die erforderlichen Antragsformulare stehen auf der Webseite der Stiftung zur Verfügung.

---

[44] https://www.landesstiftung-opferschutz.de

Welche Voraussetzungen müssen erfüllt sein?

Grundsätzlich muss die Tat strafrechtlich verfolgt und der Täter verurteilt worden sein. In Ausnahmefällen kann eine Unterstützung auch gewährt werden, wenn die Tat hinreichend sicher nachgewiesen ist.

Was wird nicht gefördert?

Die Stiftung ersetzt nicht Leistungen, die Opfer von Gewalttaten ohnehin nach anderen Gesetzen erhalten (z.B. nach dem sozialen Entschädigungsrecht). Zudem übernimmt sie keine Kosten für eine persönliche Beratung oder Betreuung während des Strafverfahrens.

Wann sollte ein Antrag gestellt werden?

Es empfiehlt sich, den Antrag erst zu stellen, wenn ein rechtskräftiges Urteil vorliegt oder die Ermittlungen abgeschlossen sind.

Fonds Sexueller Missbrauch

Sexueller Missbrauch im familiären Bereich

Auszug von der Website[45]

Der Fonds Sexueller Missbrauch will Betroffenen helfen, die in ihrer Kindheit oder Jugend sexuellen Missbrauch im familiären Bereich erlitten haben und noch heute unter dessen Folgewirkungen leiden. Betroffene, die in der Familie im Rahmen eines Abhängigkeitsverhältnisses sexuell missbraucht wurden, können Sachleistungen wie z.B. Therapien beantragen. Leistungen aus dem Fonds sind für Betroffene gegenüber den gesetzlichen Leistungen nachrangig. Das bedeutet, dass er sich nur an die Betroffenen richtet, die Leistungen nicht schon aus den bestehenden Hilfesystemen (z.B. Gesetzliche und Private Krankenversicherung, Gesetzliche und Private Unfallversicherung, Leistungen nach dem Opferentschädigungsgesetz) gemäß ihren Bedürfnissen erhalten. Auch zivilrechtliche Ansprüche gegen die verantwortliche

---

[45] www.fonds-missbrauch.de

Organisation, die Täterin oder den Täter haben Vorrang vor den Leistungen aus dem Fonds Sexueller Missbrauch, sofern sie (noch) gerichtlich durchgesetzt werden können und dies auch zumutbar ist.

Aufgabe des Fonds ist es, noch andauernde Belastungen als Folgewirkung des Missbrauchs auszugleichen bzw. zu mildern. **Ein Rechtsanspruch auf Leistungen aus dem Fonds besteht nicht.**

Allgemeine Informationen zum Fonds

Für den Fonds stehen insgesamt 62,29 Millionen Euro zur Verfügung. Davon hat der Bund 50 Millionen Euro, das Land Mecklenburg-Vorpommern 1,03 Millionen Euro, der Freistaat Bayern 7,61 Millionen Euro und das Land Hessen 3,65 Millionen Euro eingezahlt. Betroffene können aus dem Fonds Sachleistungen in Höhe von bis zu 10.000 Euro beantragen. Unabhängig von den weiteren Voraussetzungen, können Sachleistungen nur vorbehaltlich ausreichender Fondsmittel bewilligt werden. Menschen mit Behinderungen können darüber hinaus Mehraufwendungen bis zu einer Höhe von 5.000 Euro beantragen, die notwendig und angemessen sind, damit sie die Hilfeleistungen auch tatsächlich in Anspruch nehmen können (z.B. Assistenzleistungen, erhöhte Mobilitätskosten).

Wer kann Leistungen beantragen?

Antragsberechtigt beim „Fonds Sexueller Missbrauch im familiären Bereich" sind Betroffene, die als Kinder oder Jugendliche sexuell in der Familie oder im familiennahen Umfeld missbraucht wurden, also zum Tatzeitpunkt minderjährig waren.

Zeitliche Voraussetzung ist, dass die Tat zwischen dem 23. Mai 1949 (Gründung der Bundesrepublik) bzw. dem 7. Oktober 1949 (Gründung der Deutschen Demokratischen Republik) und vor dem

30. Juni 2013 (Inkrafttreten des Gesetzes zur Stärkung der Rechte von Opfern sexuellen Missbrauchs - StORMG[46]) begangen wurde.

Örtliche Voraussetzung ist, dass die Tat auf dem Gebiet der Bundesrepublik Deutschland bzw. der ehemaligen Deutschen Demokratischen Republik begangen wurde.

Welche Leistungen werden gewährt?

(Am Ende des Kapitels findet sich eine Liste von Möglichkeiten)

Voraussetzung für Hilfemaßnahmen ist immer, dass ein nachvollziehbarer Zusammenhang zwischen dem sexuellen Missbrauch und den heute noch vorhandenen Folgen zu erkennen ist. Die beantragten Hilfen müssen dazu geeignet sein, die noch andauernden Folgen des Missbrauchs zumindest zu mindern.

Es können nur Sachleistungen bewilligt werden. Solche Sachleistungen können z.B. sein:

- *Psychotherapeutische Hilfen, soweit sie über Leistungen hinausgehen, deren Kosten die Gesetzlichen und Privaten Krankenversicherungen, die Gesetzliche Unfallversicherung oder das Opferentschädigungsgesetz übernehmen*
- *Kosten im Zusammenhang mit der Aufarbeitung des Missbrauchs wie z.B. für Fahrten zum Ort des Missbrauchs oder zu therapeutischen Sitzungen*
- *Unterstützungen bei besonderer Hilfsbedürftigkeit wie z.B. Hilfe bei der Beschaffung von Heil- und Hilfsmitteln, soweit die Kosten hierfür von den sozialrechtlichen Hilfesystemen nicht übernommen werden*
- *Beratungs- und Betreuungskosten, die entstehen, wenn Betroffenen Kosten im Rahmen einer individuellen Unterstützung durch eine begleitende Assistenz bei der*

---

[46] https://dip.bundestag.de/vorgang/gesetz-zur-stärkung-der-rechte-von-opfern-sexuellen-missbrauchs-stormg/35125

Kontaktaufnahme mit Ämtern beziehungsweise Bewilligungsstellen entstehen

- *Unterstützung von Weiterbildungs- und Qualifikationsmaßnahmen, mit denen Betroffene die berufliche und soziale Teilhabe am gesellschaftlichen Leben erweitern oder nachholen möchten*
- *Sonstige Unterstützungen in besonderen Härtefällen*

Wenn Hilfeleistungen aus dem bestehenden Sozialrechtssystem unangemessen verzögert gewährt werden, kann der Fonds Sexueller Missbrauch in Vorleistung treten. Voraussetzung ist, dass eine Übernahme der Kosten durch den betroffenen Kostenträger erwartet wird.

Wie lange habe ich Zeit, um die bewilligten Leistungen beim Fonds abzurechnen?

Leistungen aus dem FSM müssen innerhalb von drei Jahren abgerechnet werden. Die Frist beginnt für neue Bewilligungen in Anlehnung an die Verjährungsfristen im Bürgerlichen Gesetzbuch (§§ 195 und 199 BGB) mit dem Ende des Jahres, in dem die erste Leistung bewilligt wurde. Wenn Sie also bis Ende 2024 eine erste Bewilligung erhalten, können Sie alle bewilligten Leistungen bis Ende 2027 abrechnen. Wenn Sie Ihre Erstbewilligung im Jahr 2025 erhalten, läuft die Abrechnungsfrist bis Ende 2028. Über die Befristung werden Sie in Ihrem Leistungsbescheid informiert.

Die Abrechnungsfrist gilt auch für Leistungen, die später auf Änderungs- oder Ergänzungsanträge hin bewilligt werden und verlängert sich dadurch nicht. Die Frist gilt auch dann weiter, wenn die ursprünglich bewilligte Leistung nicht in Anspruch genommen oder später per Bescheid aufgehoben wird.

Sexueller Missbrauch im institutionellen Bereich

Antragstellung

Betroffene, die in ihrer Kindheit oder Jugend in Institutionen sexuell missbraucht wurden, können mit dem Antragsformular auch Anträge auf Hilfeleistungen bis zu 10.000 EUR stellen. Die von diesen Betroffenen beantragten Hilfeleistungen werden jedoch nicht aus dem Fonds Sexueller Missbrauch im familiären Bereich finanziert, sondern von den verantwortlichen Institutionen selbst bewilligt und bezahlt. Institutionelle Anträge können nur bearbeitet werden, soweit sich die Institutionen am Ergänzenden Hilfesystem (EHS) beteiligen.

Bisher beteiligen sich folgende Institutionen am EHS:

- Deutsche Ordensobernkonferenz (DOK) (bis 31.12.2023)
- Deutsches Rotes Kreuz (DRK) (bis zur Reform des OEG)
- Arbeiterwohlfahrt (AWO) (bis 31.12.2023)
- SOS-Kinderdorf e.V. (bis auf Weiteres)
- DAK-Gesundheit (bis auf Weiteres)
- Albert-Schweitzer-Kinderdörfer und Familienwerke Bundesverband e.V. (bis auf Weiteres)
- Deutsche Lebens-Rettungs-Gesellschaft e.V. (DLRG) (bis 31.12.2022)
- Internationaler Bund (IB) (bis 31.12.2020)
- Ringe deutscher Pfadfinderinnen und Pfadfinderverbände e.V. (bis auf Weiteres)
- Der Deutsche Kinderschutzbund (DKSB) (bis auf Weiteres)
- Deutsche Rentenversicherung Bund (bis 31.12.2021)
- Freie und Hansestadt Hamburg (bis 31.12.2021)
- Land Brandenburg (BRD) (bis auf Weiteres)
- Hessen (bis auf Weiteres)

- Evangelische Kirche Deutschland inklusive Diakonie Deutschland (bis 31.12.2023)
- Nordrhein-Westfalen (bis auf Weiteres)
- die Deutsche Bischofskonferenz (bis auf Weiteres)
- das Land Berlin (bis 31.12.2023)
- der Deutsche Caritasverband (bis 31.12.2023)
- die Bundeswehr (bis 31.12.2023)

Mit Institutionen, deren Beteiligung derzeit noch zeitlich befristet ist, werden fortlaufend Verhandlungen zur Verlängerung bzw. Entfristung ihrer Beteiligung geführt. Nach erfolgreichem Abschluss solcher Verhandlungen wird die Liste umgehend aktualisiert. Einen Antrag können somit auch dann noch einen Antrag stellen, wenn die Beteiligung der betreffenden Institution in Kürze ausläuft. Insgesamt gilt bei abgelaufenen Fristen, dass ein Antrag zwar nicht mehr neu gestellt werden kann, jedoch vor Fristablauf gestellte Anträge weiterhin bearbeitet werden.

Die allgemeinen Voraussetzungen für die Beantragung von Leistungen aus dem Ergänzenden Hilfesystem im institutionellen Bereich decken sich mit denen im familiären Bereich.

Für die Beratung und Unterstützung bei der Antragstellung gibt es auf der Website www.fonds-missbrauch.de eine Übersicht.

Antragstellerinnen und Antragstellern können grundsätzlich Leistungen bis zur Höhe von 10.000 Euro gewährt werden wie im Familiären Bereich des Fonds. Da der Leistungsbedarf von Menschen mit einer Schwerbehinderung aber erhöht sein kann, gilt hier eine Ausnahme. Unter bestimmten Voraussetzungen können Sie zusätzliche Leistungen bis zu 5.000 Euro beantragen.

Mögliche Leistungen beider Fonds

Wichtig beim Beantragen der gewünschten Leistungen ist der Zusammenhang mit dem erlittenen Missbrauch. Es muss deutlich gemacht werden, dass bzw. wie die Leistung bei der Verarbeitung des Missbrauchs hilft, dass/wie dadurch mit den Beeinträchtigungen besser umgegangen werden kann oder dass sie der Stabilität dient.

Begründungs-Beispiele zum besseren Verständnis:

- **Jahreskarte Sauna:**

Durch den jahrelangen Missbrauch habe ich eine starke Anspannung im Körper. Wärme hilft mir sehr, diese Anspannung zu lockern. Mit einer Sauna-Jahreskarte könnte ich 2-3 x wöchentlich in die Sauna gehen, um die Gesamtanspannung perspektivisch zu reduzieren.

- **E-Bike:**

Durch den jahrelangen Missbrauch habe ich eine Essstörung entwickelt und bin dadurch stark adipös geworden. Bewegung macht mir keine Freude mehr. Durch ein elektronisch unterstütztes Fahrrad erhoffe ich mir zum einen mehr Freude an der Bewegung und zum anderen durch das Mehr an Bewegung ein besseres Körpergefühl.

- **Fernschule Abitur:**

Durch den Missbrauch konnte ich mich in der Schule nicht konzentrieren. Meine Leistungen waren nicht besonders rosig und so schaffte ich es nicht, mein Abitur zumachen. Da ich gerne Psychologie studieren möchte, benötige ich das Abitur. Weil mich starre Strukturen wie ein Erwachsenen-Kolleg bzw. Abendschule zu sehr überfordern und ich mich durch meine Schreckhaftigkeit nur schlecht konzentrieren kann, möchte ich mein Abitur als Fernlehrgang absolvieren. Dies würde mir ermöglichen, in meinem Tempo und mit den benötigten Pausen zu lernen.

Wie man an den Beispielen erkennen kann, reicht es aus, kleine Dinge zu benennen. Es muss nicht auf den Missbrauch selbst eingegangen werden, sondern wirklich nur dargelegt werden, wie die Leistungen helfen sollen. Beratungsstellen, wie zum Beispiel Wildwasser e.V., Opferhilfevereine, können bei den Begründungen helfen.

Wichtig: Mehrbedarf! Ab einem GdB 50 kann der sogenannte Mehrbedarf beantragt werden. Dies sind zusätzlich 5.000 €.

Wann wird ein behinderungsbedingter Mehrbedarf gewährt?

Auszug aus der Website Fonds-Missbrauch (Stand Dez. 2024):

Dafür benötigen wir

- *einen Nachweis der Schwerbehinderung (Kopie des Schwerbehindertenausweises oder des Feststellungsbescheides)*
- *Begründung, dass Sie einen sogenannten behinderungsbedingten Mehrbedarf haben.*

Ein behinderungsbedingter Mehrbedarf kann in zwei Fällen vorliegen:

- *Der Bedarf ist behinderungsbedingt, wenn er entsteht, damit die Antragstellerin eine andere bewilligte oder bewilligungsfähige Leistung in Anspruch kann.*

Beispiel: Die Krankenkasse bewilligt einer Antragstellerin die Kosten für psychotherapeutische Sitzungen. Sie kann aber aufgrund ihrer Schwerbehinderung nicht allein zu den psychotherapeutischen Sitzungen fahren und ist daher auf einen besonderen Fahrdienst oder eine Begleitperson angewiesen. Dann sind die Kosten für den Fahrdienst oder die Begleitperson der behinderungsbedingte Mehraufwand.

- *Ein behinderungsbedingter Mehrbedarf kann im Einzelfall auch ein erhöhter Bedarf einer Regelleistung sein, wenn er einem Menschen ohne Schwerbehinderung so oder in diesem Umfang nicht entstehen würde.*

Beispiel: *Eine Antragstellerin geht zur Psychotherapie. Sie ist aufgrund einer Hörbeeinträchtigung schwerbehindert und benötigt eine Übersetzung in Gebärdensprache. Aufgrund der Übersetzung dauert die Therapie länger. Die zusätzlichen Therapiestunden, die sie aufgrund der Schwerbehinderung benötigt, sind der behinderungsbedingte Mehraufwand.*

- Ende Auszug Website -

Beispiel mit Bezug zu Traumafolgestörung:

Die Antragstellerin geht zur Psychotherapie. Sie ist aufgrund einer dissoziativen Symptomatik oft nicht gut ansprechbar. Die Therapeutin muss oft beim Reorientieren helfen, und so vergeht viel Zeit in der Therapie damit, aus dissoziativen Zuständen rauszukommen. Die zusätzlichen Therapiestunden, die sie aufgrund der Schwerbehinderung (hier: dissoziative Symptome) benötigt, sind der behinderungsbedingte Mehraufwand.

Es handelt sich dabei um Kosten, die anfallen, damit Menschen mit Schwerbehinderung die bewilligten Hilfeleistungen auch tatsächlich in Anspruch nehmen können.

Wie man an den Beispielen erkennen kann, muss für den Mehrbedarf der Zusammenhang zur Behinderung hergestellt werden –. bei Psychotherapie zum Beispiel, wieso die Therapie länger dauert als bei Nicht-Behinderten.

Ideen für mögliche Leistungen

Jahreskarten
Sauna
ÖPNV
Fitnessstudio
EMS-Training

Therapie(-ähnliches)
Sterilisation
Psychotherapie
beim Heilpraktiker
Psychotherapie
Thai-Massage
Körpertherapie
Physiotherapie
Yoga-Kurs
Selbstverteidigungskurs
Saunabesuche
Mamma-Reduktion
Tanztherapie
Osteopathie
Therapie(-ähnliches)
Ayurveda Kur
Reitstunden/Reittherapie
Augenlaserkorrektur
Hörgeräte
Brille
Zahnarztkosten
Gesangsunterricht
Musiktherapie
Entfernung Narben

Atembiofeedback
Entspannungs-App

Haustiere
Zubehör
Tierarztkosten

Ausbildungen
Akkupunktur
Heilpraktiker
Lehrbücher / Fachliteratur
Fernschule
(Abitur/Realschule)
PEP-Ausbildung
Führerschein
Wellnessmassagetherapeut
Tagesseminar Sozialrecht
Clownsausbildung
Speaker-Ausbildung

Sachleistungen
Wäschetrockner
E-Bike
Gel-Bett
E-Piano
Malutensilien
Laptop
Sachleistungen
Musikinstrumente
Nähmaschine
Renovierungskosten
Sicherheitstür
Therapiedecke
Kreativbedarf
Hotelkosten
Reisekosten
Hörbücher/DVDs
Auto
Hängesessel
Smartphone
Kameraausrüstung
Bauwagen
IQ-Testung
Wohnmobil

Futterkosten

Mehrbedarf

Noise-Cancelling-Kopfhörer
Einzelzimmerzuschlag
Rollstuhl
Einkaufs- und Haushaltshilfe

Tattoo

Assistenzhund inkl.
Pensionskosten
Auto
Smartphone

Für Betroffene!

Im nächsten Kapitel geht es um das Soziale Entschädigungsrecht. Da wir unter anderem über die Anspruchsberechtigung sprechen, sind die Straftaten komplett ausgeschrieben. Aus diesem Grund eine klare Kapitel-Warnung vor belastenden Gefühlen.

Das Soziale Entschädigungsrecht[47]

Bis 31.12.2023 hieß das Gesetz Opferentschädigungsgesetz (OEG).

Anspruchsberechtigung

Eine Anspruchsberechtigung ergibt sich zum einen aus den Straftaten, die zu einer Entschädigung nach dem Opferentschädigungsgesetz bzw. Sozialen Entschädigungsrecht (SER) führen können, und zum anderen daraus, wann die Straftaten begangen wurden: nach Datum der Straftat(en) ist entweder das OEG oder das SER für die Anspruchsberechtigung relevant. Alle Leistungen bei Anerkennung fallen dann unter das SGB XIV. Altfälle, also die bereits vor dem 31.12.2023 den Antrag gestellt bzw. bewilligt bekommen haben, haben ein Wahlrecht.

Am 01.01.2024 trat das neue Soziale Entschädigungsrecht – SGB XIV vollständig in Kraft und löste damit das Opferentschädigungsgesetz (OEG) ab. Dieses Kapitel bezieht sich

---

[47] https://www.bmas.de/DE/Soziales/Soziale-Entschaedigung/soziale-entschaedigung.html

in den meisten Fällen auf das neue Soziale Entschädigungsrecht. Falls das OEG relevant ist, kommt der Zusatz „Nur OEG".

Berechtigte nach dem Sozialen Entschädigungsrecht

<u>Für Gewalttaten nach 01.01.2024</u>

- ### *§ 13 SGB XIV - Opfer von Gewalttaten*

(1) Als Opfer einer Gewalttat erhält bei Vorliegen der Voraussetzungen nach § 4 Absatz 1 Leistungen der Sozialen Entschädigung, wer im Inland oder auf einem deutschen Schiff oder in einem deutschen Luftfahrzeug eine gesundheitliche Schädigung erlitten hat durch

einen vorsätzlichen, rechtswidrigen, unmittelbar gegen ihre oder seine Person gerichteten tätlichen Angriff (körperliche Gewalttat) oder durch dessen rechtmäßige Abwehr oder

ein sonstiges vorsätzliches, rechtswidriges, unmittelbar gegen die freie Willensentscheidung einer Person gerichtetes schwerwiegendes Verhalten (psychische Gewalttat).

a. *Sexueller Missbrauch §§ 174 bis 176d StGB*
b. *Sexuellen Übergriffs, sexuellen Nötigung, Vergewaltigung §§ 177 und 178 StGB*
c. *Menschenhandel §§ 232 bis 233a StGB*
d. *Nachstellung (Stalking) § 238 Abs. 2 und 3 StGB*
e. *Geiselnahme § 239b StGB*
f. *Räuberische Erpressung § 255 StGB*
g. <u>*oder mindestens vergleichbare Schwere ist*</u>

- ### *§ 21 Opfer von Kriegsauswirkungen beider Weltkriege*

Wer im Inland durch Auswirkungen kriegerischer Vorgänge im Zusammenhang mit einem der beiden Weltkriege, die einen kriegseigentümlichen Gefahrenbereich hinterlassen haben, eine gesundheitliche Schädigung erlitten hat, erhält bei Vorliegen der

Voraussetzungen nach § 4 Absatz 1 Leistungen der Sozialen Entschädigung.

- **§ 23 Geschädigte durch Ereignisse im Zusammenhang mit der Ableistung des Zivildienstes**

(1) Wer im Zusammenhang mit der Ableistung eines Zivildienstes eine gesundheitliche Schädigung durch eine Tätigkeit, einen Unfall, einen Angriff auf seine Person oder in sonstiger Weise erlitten hat (Zivildienstgeschädigter), erhält bei Vorliegen der Voraussetzungen nach § 4 Absatz 1 Leistungen der Sozialen Entschädigung.

- **§ 24 Geschädigte durch Schutzimpfungen oder andere Maßnahmen der spezifischen Prophylaxe**

Wer durch eine Schutzimpfung nach § 2 Nummer 9 des Infektionsschutzgesetzes oder durch eine andere Maßnahme der spezifischen Prophylaxe nach § 2 Nummer 10 des Infektionsschutzgesetzes,

1. die von einer zuständigen Landesbehörde nach § 20 Absatz 3 des Infektionsschutzgesetzes öffentlich empfohlen und in ihrem Bereich vorgenommen wurde,
2. die im Inland vorgenommen wurde und auf die Versicherte nach § 20i des Fünften Buches einen gesetzlichen Anspruch haben, das gilt auch, wenn die betroffene Person nicht zum versicherten Personenkreis des Fünften Buches gehört,
3. die von Gesundheitsämtern nach § 20 Absatz 5 des Infektionsschutzgesetzes unentgeltlich durchgeführt wurde oder
4. die auf Grund einer Rechtsverordnung nach § 20 Absatz 6 oder 7 des Infektionsschutzgesetzes angeordnet wurde oder sonst auf Grund eines Gesetzes vorgeschrieben war,

eine gesundheitliche Schädigung erlitten hat, die über das übliche Ausmaß einer Reaktion auf eine Schutzimpfung oder andere Maßnahme der spezifischen Prophylaxe hinausgeht, erhält bei Vorliegen der Voraussetzungen nach § 4 Absatz 1 Leistungen der

Sozialen Entschädigung. Dies gilt auch, wenn die Schutzimpfung mit vermehrungsfähigen Erregern durchgeführt und eine andere als die geimpfte Person geschädigt wurde.

Berechtigte nach dem Opferentschädigungsgesetz

<u>Bezieht sich auf relevante Ereignisse, die bis 31.12.2023 geschehen sind.</u>

- ***§ 1 Anspruch auf Versorgung OEG***

*(1) Wer im Geltungsbereich dieses Gesetzes oder auf einem deutschen Schiff oder Luftfahrzeug infolge eines vorsätzlichen, rechtswidrigen **tätlichen Angriffs** gegen seine oder eine andere Person oder durch dessen rechtmäßige Abwehr eine gesundheitliche Schädigung erlitten hat, erhält wegen der gesundheitlichen und wirtschaftlichen Folgen auf Antrag Versorgung in entsprechender Anwendung der Vorschriften des Bundesversorgungsgesetzes. Die Anwendung dieser Vorschrift wird nicht dadurch ausgeschlossen, dass der Angreifer in der irrtümlichen Annahme von Voraussetzungen eines Rechtfertigungsgrunds gehandelt hat.*

(2) Einem tätlichen Angriff im Sinne des Absatzes 1 stehen gleich

1. die vorsätzliche Beibringung von Gift,

2. die wenigstens fahrlässige Herbeiführung einer Gefahr für Leib und Leben eines anderen durch ein mit gemeingefährlichen Mitteln begangenes Verbrechen.

Erklärung: Was ist ein tätlicher Angriff?
Bundessozialgericht 16.12.2014 (Aktenzeichen: B 9 V 1/13 R)[48]:

„Ein tätlicher Angriff im Sinne des Opferentschädigungsrechts setzt eine unmittelbar auf den Körper eines anderen zielende, gewaltsame physische Einwirkung voraus. Die bloße Drohung mit einer – wenn auch erheblichen – Gewaltanwendung oder Schädigung reicht damit für einen tätlichen Angriff nicht aus.“

---

[48] www.sozialgerichtsbarkeit.de/legacy/2387

Antragsverfahren

Antrag stellen

Der Antrag auf Leistungen nach dem Sozialen Entschädigungsrecht wird beim zuständigen Versorgungsamt gestellt. Jedes Bundesland hat ein oder mehrere dieser Versorgungsämter. Sie leiten selbstständig ans richtige Versorgungsamt weiter, falls man den Antrag an das falsche Versorgungsamt gesendet hat. Der Antrag kann schriftlich angefordert werden oder ist online zu finden beim eigenen Versorgungsamt sowie im Dokumentenarchiv auf der Website des Bundesministeriums für Arbeit und Soziales.

Empfehlenswert ist, diesen Antrag zusammen mit einer Opfer- oder Frauenberatungsstelle, EUTB[49] (Ergänzende Unabhängige Teilhabeberatungsstelle) oder dem behandelnden Therapeuten zu bearbeiten, da im Antrag die Straftaten sehr detailliert beschrieben werden müssen.

Falls es eine Anzeige und/oder ein Gerichtsurteil gibt, kann man statt der eigenen Beschreibung der Straftaten das Polizeiprotokoll bzw. das Aktenzeichen angeben.

Um einen Antrag auf Leistungen nach dem Sozialen Entschädigungsrecht stellen zu können, benötigt es **keine Anzeige!**

---

[49] www.teilhabeberatung.de

Antrag wird geprüft

Der Antrag auf Soziale Entschädigung wird dahingehend geprüft, ob eine Anspruchsberechtigung vorliegt. Falls es keine Anzeige bzw. kein Gerichtsurteil gibt, muss die Behörde selbstständig prüfen, ob „in hohen Maßen wahrscheinlich glaubhaft" oder wenigstens „mit relativer Wahrscheinlichkeit" die Straftat so geschehen ist wie beschrieben. Dies wird in den meisten Fällen mit einem sogenannten Aussagepsychologischen Gutachten geprüft.

Erklärung: Relative Wahrscheinlichkeit[50]

(Siehe hierzu auch Bundessozialgericht 15.12.2016 AZ: 9V 3/15 R)

„Leistungen nach dem OEG setzen nicht voraus, dass die Straftat nach allgemeinen Beweismaßstäben nachgewiesen werden kann. Somit ist keine hohe Wahrscheinlichkeit erforderlich.

Vielmehr reichen Angaben des Betroffenen aus, soweit diese nach den Einzelfallumständen des Falles „glaubhaft" erscheinen. Es kommt also darauf an, ob die Angaben mit relativer Wahrscheinlichkeit als erlebnisfundiert angesehen werden können."

Zur Erstellung des Aussagepsychologischen Gutachten werden die Straftat/en detailliert mit dem Gutachter besprochen. Dieser prüft anhand des Gespräches (erzählen lassen, Fragen stellen), den Körperreaktionen und emotionalen Ausdruck des Antragstellers, ob das, was erzählt wird, so stattgefunden haben kann.

---

[50] www.esv.info/aktuell/bsg-wie-angaben-glaubhaft-gemacht-werden-koennen/id/85814/meldung.html **(Stand 2024)**

Kausalität der Schädigungsfolgen wird geprüft

Hat das Versorgungsamt festgestellt, ja, eine Straftat nach OEG/SER hat stattgefunden, wird im dritten Schritt geprüft, ob die angegebenen Schädigungsfolgen in einem kausalen Zusammenhang zu den Straftaten stehen, diese also Ursache der Schädigungsfolgen sind. Dies wird in einem medizinischen Gutachten geprüft. Die Prüfung kann sowohl nach Aktenlage als auch im Rahmen einer Vor-Ort-Begutachtung stattfinden.

! NEU! im Sozialen Entschädigungsrecht SGB XIV

Auszug Bundesministerium für Arbeit und Soziales[51] (www.bmas.de/, Stand 25.12.2024):

„Dazu wird es künftig eine Regelung zur Beweiserleichterung geben, die insbesondere Opfern sexueller Gewalt zugutekommt. Für sie ist es nicht immer einfach nachzuweisen, dass die gesundheitlichen Schädigungsfolgen auf eine oft schon Jahre zurückliegende Schädigung zurückzuführen sind. Wenn nach dem aktuellen Stand der medizinischen Wissenschaft mehr dafür als dagegen spricht, dass zwischen erlittener Tat, gesundheitlicher Schädigung und Schädigungsfolgen ein ursächlicher Zusammenhang besteht (Prinzip der doppelten Kausalität), sind Ansprüche nach dem SGB XIV möglich. Wir stellen klar: Die Kausalität wird vermutet, wenn bei psychischen Gesundheitsstörungen Tatsachen vorliegen, die geeignet sind, einen Ursachenzusammenhang zu begründen und dies nicht durch einen anderen Kausalverlauf widerlegt wird."

Wie dieses genau ausgestaltet wird, kann man aktuell noch nicht sagen.

---

[51] https://www.bmas.de/DE/Soziales/Soziale-Entschaedigung/Fragen-und-Antworten/welche-bedeutung-hat-gesetz-fuer-opfer-sexuellen-missbrauchs.html

Des Weiteren wird geprüft, ob eine Schwerstbeschädigung vorliegt. Im Falle von Schwerstbeschädigung erhöhen sich die Entschädigungszahlungen.

§ 83 SGB XIV – Monatliche Entschädigungszahlung

(3) Schwerste Schädigungsfolgen liegen vor bei blinden Ohnhändern oder Geschädigten mit Verlust beider Arme im Oberarm und beider Beine im Oberschenkel. Von schwersten Schädigungsfolgen ist ebenfalls auszugehen, wenn bei

- *Querschnittsgelähmten mit Blasen- und Mastdarmlähmung,*
- *Hirnbeschädigten mit schweren psychischen und physischen Störungen,*
- *Ohnhändern mit Verlust beider Beine im Oberschenkel,*
- *blinden Doppel-Oberschenkelamputierten oder*
- *Blinden mit völligem Verlust einer oberen und einer unteren Gliedmaße*

eine weitere wesentliche Schädigungsfolge vorliegt, so dass der Leidenszustand vergleichbar außergewöhnlich ist wie bei den Geschädigten nach Satz 1. Schwerste Schädigungsfolgen können auch andere Geschädigte mit einem GdS von 100 haben, wenn deren außergewöhnlicher Leidenszustand vergleichbar ist mit den Geschädigten nach Satz 1.

Bescheid wird erstellt

Hat das Versorgungsamt festgestellt, ja, eine Straftat nach OEG/SER hat stattgefunden, und ja, die angegeben Schädigungsfolgen sind kausal, dann wird ein Bescheid erstellt mit einem Grad der Schädigung, kurz GdS. Der GdS ist in 10er Schritten gestaffelt, im Zahlenbereich 0-100.

Ist der GdS 0, wird die Straftat nach OEG/SER anerkannt, aber es liegen keine anerkannten Schädigungsfolgen vor, laut Versorgungsbehörde.

Ablehnung des Antrags nach dem Sozialen Entschädigungsrecht

Erhält man eine Ablehnung auf den Antrag, kann innerhalb eines Monats in den Widerspruch gegangen werden. Erklärung zu rechtlichen Hilfestellungen findest du im Kapitel „Rechtliche Unterstützungsmöglichkeiten".

Leistungen des SER

Monatliche Entschädigungszahlung

Ab einem GdS 30 steht einem eine monatliche Entschädigungszahlung zu. Diese Entschädigungszahlung ist privilegiertes Einkommen und darf nicht auf andere Sozialleistungen angerechnet werden. Ist die betroffene Person von schwersten Schädigungsfolgen nach § 83 SGB XIV betroffen, erhöht sich die monatliche Entschädigungszahlung um 20 %.

(Tabelle Entschädigungszahlungen, Stand Dez. 2024)

Grad der Schädigung	Monatliche Entschädigungszahlung	Monatliche Entschädigungszahlung (schwerstbeschädigt)
30–40	418 €	502 €
50–60	837 €	1.004 €
70–80	1.255 €	1.506 €
90	1.673 €	2.007 €
100	2.091 €	2.509 €

Die monatliche Entschädigungszahlung kann auf Antrag auch als Abfindung gezahlt werden. Diese Abfindung ist das 60-Fache der monatlichen Entschädigungszahlung.

(Tabelle Abfindung, Stand Dez. 2024)

Grad der Schädigung	Abfindung	Abfindung (schwerstbeschädigt)
30–40	25.080 €	30.120 €
50–60	50.220 €	60.240 €
70–80	75.300 €	90.360 €
90	100.380 €	120.420 €
100	können keine Abfindung in Anspruch nehmen	

Im Sozialen Entschädigungsrecht ist die Abfindung auch nicht mehr gebunden an den Zweck des Kaufs von Grundbesitz oder Wohneigentum, wie es beim OEG noch der Fall war. Mit der Abfindung verzichtet man auf die Zahlung der monatlichen Entschädigungszahlung für die nächsten fünf Jahre. Alle anderen Leistungen laufen aber normal weiter. Dies macht insbesondere Sinn, wenn man eine größere Anschaffung ohne Zinsen tätigen möchte.

Damit man die Abfindung nutzen kann, muss innerhalb eines Jahres nach positivem Bescheid vom SER der Antrag auf Abfindung gestellt werden.

Aus Fürsorgegründen können Betroffene mit einem GdS 100 keine Abfindung in Anspruch nehmen.

Berufsschadensausgleich

Rentenberechtigte Beschädigte, also Personen mit einem GdS von mindestens 30, deren Einkommen aus gegenwärtiger oder früherer Tätigkeit durch die Schädigungsfolgen gemindert ist, erhalten einen Berufsschadensausgleich.

Das sogenannte Vergleichseinkommen wird jährlich auf der Website des Bundesministeriums für Arbeit und Soziales bekanntgegeben. Das aktualisierte Vergleichseinkommen wird jeweils zum 01. Juli gültig.

Das Vergleichseinkommen ist gestaffelt in 5 verschiedene Gruppierungen:

Vergleichseinkommen[52] (Stand 01.07.2024)

Berufsausbildung	Vergleichseinkommen
Ohne Abgeschlossene Berufsausbildung	3.269 €
Abgeschlossene Berufsausbildung	3.701 €
Abgelegte Techniker- oder Meisterprüfung	4.311 €
Fachhochschulabschluss	5.345 €
Hochschulabschluss	7.048 €

Das Vergleichseinkommen ist Brutto. Der Nettobetrag des Vergleichseinkommen wird im § 89 (5) SGB XIV geregelt.

---

[52] www.bmas.de/DE/Soziales/Soziale-Entschaedigung/Gesetze-und-Verordnungen/bekanntmachung-vergleichseinkommen.html

Vom Netto-Vergleichseinkommen werden

- Einkommen aus Renten aus der gesetzlichen Rentenversicherung,
- Renten wegen Alters,
- Renten wegen verminderter Erwerbstätigkeit,
- Einkommen aus Erwerbstätigkeit,
- Vermietungen,
- Kapitalerträge

abgezogen.

Für Geschädigte im Kinder- und Jugendalter wird davon ausgegangen, dass sie mindestens eine Berufsausbildung abgeschlossen hätten. Der Berufsschadensausgleich wird dann nach „Abgeschlossene Berufsausbildung" gezahlt.

Da die Berechnung des Berufsschadensausgleich sehr komplex ist, sollte dies mit spezialisierten Fachkräften nachgeprüft werden, sobald der Bescheid vorliegt.

Krankengeld der Sozialen Entschädigung

Besteht auf Grund der anerkannten Schädigungsfolgen eine Arbeitsunfähigkeit besteht Anspruch auf Krankengeld der sozialen Entschädigung.

Während das Krankengeld der gesetzlichen Krankenversicherung 70 % des Einkommens beträgt, erhalten Betroffene hier 80% Ihres Regelentgelts – allerdings maximal so viel wie Ihr entgangenes Nettogehalt. Der Unterschied liegt somit in der höheren prozentualen Leistung.

§ 47 SGB XIV - Krankengeld der Sozialen Entschädigung

(1) Geschädigte erhalten bei einer durch eine anerkannte Schädigungsfolge verursachten Arbeitsunfähigkeit oder bei einer wegen einer anerkannten Schädigungsfolge erforderlichen stationären Behandlung Krankengeld der Sozialen Entschädigung entsprechend den Regelungen zum Krankengeld des Fünften Buches nach Maßgabe der Absätze 2 bis 9.

Kranken- und Heilbehandlung

Für die anerkannten Schädigungsfolgen hat man Anrecht auf zuzahlungsbefreite Behandlung. Für Behandlungen wie Psychotherapie gibt es kein Stundenkontingent, das eingehalten werden muss. Solange die Schädigungsfolgen vorhanden sind, wird die Kranken- und Heilbehandlung weitergezahlt.

Des Weiteren gibt es im Sozialen Entschädigungsrecht ergänzende Leistungen der Krankenbehandlung, die von der Krankenversicherung nicht übernommen werden:

§ 43 SGB XIV - Ergänzende Leistungen der Krankenbehandlung

(2) Ergänzende Leistungen sind insbesondere

1. besondere psychotherapeutische Leistungen, die

> a. *über die nach dem Leistungskatalog des Fünften Buches anerkannten Behandlungsverfahren hinausgehen,*
> b. *die zulässigen Höchstgrenzen der maximalen Stundenzahl für das jeweilige Verfahren und die Behandlungsfrequenz je Woche überschreiten oder*
> c. *von psychotherapeutisch tätigen Ärztinnen und Ärzten oder Psychotherapeutinnen und Psychotherapeuten, die nicht an der vertragsärztlichen Versorgung teilnehmen, oder von Heilpraktikerinnen und Heilpraktikern, die eine Qualifizierung im Bereich der Psychotherapie nachweisen, erbracht werden.*

So werden neben einer höheren Sitzungs-Frequenz auch andere als die von der Krankenkasse anerkannten Behandlungsverfahren übernommen und dies auch bei Heilpraktikern für Psychotherapie. Mögliche andere Behandlungsverfahren können sein: Kunsttherapie, Musiktherapie, Reit- bzw. Hippotherapie, Körpertherapie, Psychodrama.

Diese individuellen Therapien werden halbjährlich auf ihre Effektivität geprüft. Die Therapie muss sich entweder positiv auf die

Schädigungsfolgen ausgewirkt haben oder zumindest keine Verschlimmerung der Symptome eingetreten sein.

Der genaue Ablauf des Antrages auf eine Individual-Therapie muss beim Versorgungsamt angefragt werden, da bis dato jedes Bundesland es etwas anders handhabt.

Schnelle Hilfen in spezialisierten Traumambulanzen

§ 31 SGB XIV - Leistungen in einer Traumambulanz

(1) In einer Traumaambulanz wird psychotherapeutische Intervention erbracht, um den Eintritt einer psychischen Gesundheitsstörung oder deren Chronifizierung zu verhindern.

(2) Psychotherapeutische Intervention wird nur in Traumaambulanzen erbracht, mit denen die Träger der Sozialen Entschädigung eine Vereinbarung nach § 37 geschlossen haben.

Um diese Leistung in Anspruch zu nehmen hat der Gesetzgeber ein vereinfachtes Verfahren eingerichtet. Es genügt, wenn eine summarische Prüfung ergibt, dass eine Person durch ein schädigendes Ereignis betroffen sein kann. Das bedeutet, der dargelegte Sachverhalt wird als wahr unterstellt.

Dieses erleichterte Verfahren hat keine Auswirkungen auf die Bearbeitung des Hauptantrages auf Leistungen nach dem Sozialen Entschädigungsrecht.

Das bedeutet, das erleichterte Verfahren kann positiv verlaufen und im Hauptantrag dann negativ beschieden werden. Die Kosten müssen nicht nachträglich zurückgezahlt werden, wenn der Antrag abgelehnt wird.

Leistungen bei Pflegebedürftigkeit

Die Pflegebedürftigkeit nach dem Gesetzbuch der Pflegeversicherung ist bindend für das Soziale Entschädigungsrecht.

Das bedeutet: hat man z.B. einen Pflegegrad 2 bei der Pflegekasse und besteht dieser aufgrund der Schädigungsfolgen, dann hat man ebenso einen Pflegegrad 2 beim Sozialen Entschädigungsrecht.

Das Soziale Entschädigungsrecht übernimmt neben den Leistungen der Pflegeversicherung noch weitere notwendige und angemessene Kosten in voller Höhe:

- Pflegesachleistungen (Pflegedienst)
- Verhinderungspflegegeld (in tatsächlicher Höhe)
- Pflegehilfsmittel und wohnumfeldverbessernde Maßnahmen
- Tages- und Nachtpflege
- Vollstationäre Pflege

Häusliche Pflege im Arbeitgebermodell

Es ist möglich, den eigenen Partner bzw. die Eltern mit einem Arbeitsvertrag im Arbeitgebermodell anzustellen, um die Pflege zu gewährleisten. Dafür wird das komplette Pflegegeld angerechnet, aber die vollen notwendigen und angemessenen Kosten inkl. der Arbeitnehmer- und Arbeitgebersozialversicherungsbeiträge werden übernommen.

Wichtig ist, dass die fachgerechte Pflege durch die Pflegeperson dadurch gewährleistet ist. Es findet daher eine Prüfung statt, ob die Pflegeperson die Pflege gewährleisten kann

Aufwendungen für die Erfüllung der Pflichten als Arbeitgeber können in angemessener Höhe erstattet werden. Als angemessen gilt in der Regel ein Betrag in Höhe von bis zu 35 € monatlich.

Was bedeutet angemessene Kosten für die Pflegeperson?

Als Grundlage für eine angemessene Bezahlung kann der Pflegemindestlohn[53] herangezogen werden werden. Mit dem Pflegelöhneverbesserungsgesetz vom November 2019 hat der Gesetzgeber eine Untergrenze des Pflegemindestlohnes bestimmt. Dies bedeutet, dass in der stationären Pflege mindestens dieser Stundenlohn gezahlt werden muss. Beim Beantragen des Arbeitgebermodells beim Versorgungsamt kann sich auf dieses Gesetz bezogen werden, um einen angemessenen Stundenlohn zu begründen.

Da der Pflegemindestlohn im Häuslichen Umfeld nicht verpflichtend ist, muss man hier gut argumentieren! Argumente können sein:

- **Wettbewerbsfähigkeit**

Sicherstellung der Pflege (da, wenn nicht genug Pflegepersonal gefunden wird, die Pflege nicht sichergestellt werden kann.)

Wichtig: wenn Familienmitglieder im gleichen Haushalt angestellt werden, muss trotzdem auf das Arbeitszeitgesetz geachtet werden.

Das heißt, falls das Versorgungsamt argumentiert, dass die Pflege durch den Ehepartner ja rund um die Uhr sichergestellt sei und „nur" 40h/Woche bewilligt werden, kann hier argumentiert werden, dass auch im Privathaushalt das Arbeitszeitgesetz gilt und der Arbeitnehmer ein Recht darauf hat, das dies eingehalten wird. Deswegen müssen neben dem Ehepartner noch zusätzliche Pflegekräfte angestellt werden.

Wichtig! Die Konstellation Häusliche Pflege im Arbeitgebermodell, wo Partner bzw. Eltern angestellt werden dürfen, ist nur bei Anerkennung nach dem Sozialen Entschädigungsrecht möglich.

---

[53] www.bundesregierung.de/breg-de/aktuelles/mindestlohn-altenpflege-steigt-2216632

Zinsen bei Nachzahlung

Da die Verfahren für eine Anerkennung nach dem Sozialen Entschädigungsrecht sehr lange andauern, ist folgender Paragraf sehr wichtig!

Nach § 44 Abs. 1 SGB I sind Ansprüche auf Geldleistungen nach Ablauf eines Kalendermonats nach dem Eintritt ihrer Fälligkeit bis zum Ablauf des Kalendermonats vor der Zahlung mit vier von Hundert zu verzinsen.

Die Verzinsung beginnt frühestens nach dem Ablauf von sechs Kalendermonaten nach Eingang des vollständigen Leistungsantrages beim zuständigen Leistungsträger, beim Fehlen eines Antrages nach Ablauf des Kalendermonats nach der Bekanntgabe der Entscheidung über die Leistung (§ 44 Abs. 2 SGB I).

Verzinst werden volle Euro-Beträge. Dabei ist der Kalendermonat mit dreißig Tagen zugrunde zu legen (§ 44 Abs. 3 SGB I).

Das heißt kurz gesagt, dass bspw. die Nachzahlung der Entschädigungszahlung mit 4 % verzinst werden muss, sofern es von Antragsstellung bis Bewilligung länger als 6 Monate gedauert hat. So verhält es sich auch mit den anderen Geldleistungen.

Rechtliche Unterstützungsmöglichkeiten

Recht haben und Recht bekommen sind leider zwei verschiedene Paar Schuhe. Insbesondere Menschen mit Beeinträchtigungen haben oft keine Kraft, so für sich selbst zu kämpfen, wie es gesunde Menschen ggf. können.

Aus diesem Grund gibt es verschiedene Möglichkeiten rechtlicher Unterstützung.

Die Beratungshilfe

Das Amtsgericht gewährt Beratungshilfe für Kosten eines Anwalts für die außergerichtliche Rechtsberatung. Mit dem Beratungshilfeschein kann der Rechtssuchende einen Rechtsanwalt seiner Wahl aufsuchen und sich beraten und, wenn notwendig, außergerichtlich vertreten lassen.

Beispiele:

- Prüfung eines Bescheides
- Widerspruchsverfahren

Vorrausetzung für die Gewährung von Beratungshilfe:

- Bedürftigkeit
- Es dürfen keine anderen Hilfen zur Lösung des Problems vorhanden sein (Mitgliedschaft in einem Sozialverband, Verbraucherzentrale, Mitgliedschaft Gewerkschaft)

Verfahrenskostenhilfe (VKH)

Wer ein Familienverfahren führen muss und nicht in der Lage ist, die Gerichts- und/oder Rechtsanwaltskosten aufzubringen, kann einen Antrag auf Gewährung von Verfahrenskostenhilfe stellen.

Beispiele:

- Scheidung
- Sorgerechtsstreit

Wichtig! Unterliegt man im Verfahren, also verliert man, müssen die Rechtsanwaltskosten der Gegenseite trotz bewilligter Verfahrenskostenhilfe bezahlt werden. Dazu wird bis zum Ablauf von 4 Jahren regelmäßig geprüft, ob die finanziellen Verhältnisse sich verändert haben.

Prozesskostenhilfe (PKH)

Wer einen Zivilprozess führen muss und nicht in der Lage ist, die Gerichts- und/oder Rechtsanwaltskosten aufzubringen, kann einen Antrag auf Gewährung von Prozesskostenhilfe stellen.

Beispiel:

- Klageverfahren

Wichtig! Unterliegt man im Verfahren, also verliert man, müssen die Rechtsanwaltskosten der Gegenseite trotz bewilligter Prozesskostenhilfe bezahlt werden. Dazu wird bis zum Ablauf von 4 Jahren regelmäßig geprüft, ob die finanziellen Verhältnisse sich verändert haben.

Untätigkeitsklage

Die Untätigkeitsklage ist ein rechtliches Mittel, das eingesetzt werden kann, wenn eine Behörde trotz Antrags keine Entscheidung trifft oder über einen Widerspruch nicht innerhalb einer bestimmten Frist entscheidet.

Die folgenden Schritte beschreiben, wie bei einer Untätigkeitsklage vorgegangen werden sollte:

1. Prüfen der Voraussetzungen und Fristen

Bei Anträgen, die nicht mit einem Widerspruch verbunden sind, wie zum Beispiel einem Erstantrag auf Eingliederungshilfe, gilt eine Wartefrist von sechs Monaten. Sollte innerhalb dieser Frist nichts geschehen, kann eine Untätigkeitsklage erhoben werden, um die Behörde zu einer Entscheidung zu zwingen. Eine Untätigkeitsklage kann auch bei einem Widerspruch eingereicht werden, wenn die Behörde nach drei Monaten noch keine Entscheidung getroffen hat.

2. Sachstandsanfrage stellen

Ein Schreiben an die Behörde dient dazu, den aktuellen Sachstand zu erfragen und höflich, aber bestimmt an die ausstehende Entscheidung zu erinnern. Dabei sollten das Anliegen sowie das Datum des ursprünglichen Antrags oder Widerspruchs eindeutig angegeben werden.

Zusätzlich sollte eine klare Frist von zwei Wochen gesetzt werden, innerhalb derer die Behörde aufgefordert wird, eine Entscheidung zu treffen oder zumindest den Stand der Bearbeitung mitzuteilen.

3. Formulierung der Androhung

Falls die Behörde weiterhin untätig bleibt, kann die Androhung einer Untätigkeitsklage formuliert werden. Das Schreiben sollte folgende Inhalte enthalten:

- Kontaktdaten und das Aktenzeichen des Verfahrens
- Eine kurze Schilderung des Sachverhalts (Antrag/Widerspruch und bisheriger Schriftverkehr)
- Den Hinweis, dass die gesetzliche Entscheidungsfrist abgelaufen ist
- Die Anmerkung, dass beabsichtigt wird, eine Untätigkeitsklage einzureichen, falls keine Entscheidung innerhalb der gesetzten Frist erfolgt
- Es ist wichtig, freundlich, aber nachdrücklich auf den Antrag hinzuweisen, der bislang unbeantwortet geblieben ist.

Beispielformulierung:

Sehr geehrte Damen und Herren,

ich nehme Bezug auf meinen Antrag vom [Datum], mit welchem ich Leistungen in Form von [konkrete Bezeichnung des Antrags] beantragte. Seither ist bereits erhebliche Zeit verstrichen, ohne dass eine Bescheidung erfolgte. Meine bisherige(n) Sachstandsanfrage(n) vom [Datum] (und [Datum]) blieben leider ohne Erfolg. Es konnte mir nicht mitgeteilt werden, wann mit einer Bearbeitung zu rechnen ist. Ein längeres Zuwarten ist nicht zumutbar, da die beantragten Leistungen dringend benötigt werden.

Ich fordere daher auf, unverzüglich über den oben genannten Antrag zu entscheiden. Sollte bis spätestens [Fristdatum] keine Entscheidung vorliegen, werde ich gezwungen sein, zur Wahrung der Interessen rechtliche Schritte in Form einer Untätigkeitsklage einzuleiten.

Mit freundlichen Grüßen

4. Untätigkeitsklage einreichen

Wenn die Behörde auch nach der Androhung nicht handelt, können kann man die Klage beim zuständigen Sozialgericht einreichen.

Die Klage muss schriftlich erfolgen und folgende Informationen enthalten:

- Name und Anschrift der Klägerin oder des Klägers
- Name der Behörde
- Darstellung des Sachverhalts inkl. Datum Sachstandsanfrage
- Der Antrag, dass die Behörde zur Entscheidung verpflichtet wird

5. Voraussetzungen für die Untätigkeitsklage
- **Angemessene Wartefrist:**

Wie schnell die Behörde antworten muss, hängt von der Art der Entscheidung ab. Als angemessen gilt eine Wartefrist von sechs Monaten bei Anträgen wie zum Beispiel einem Antrag auf Eingliederungshilfe. Für Widerspruchsbescheide beträgt die angemessene Wartefrist hingegen drei Monate.

- **Zureichender Grund für die Untätigkeit:**

In manchen Fällen kann die angemessene Frist vom Gericht verlängert werden, wenn ein zureichender Grund vorliegt. Ein Beispiel hierfür wäre die Notwendigkeit, ein medizinisches Gutachten einzuholen. Strukturelle Probleme wie Personalmangel gelten jedoch nicht als zureichender Grund. Wenn kein solcher Grund vorliegt, wird das Gericht die Behörde dazu verurteilen, über den Antrag oder Widerspruch zu entscheiden.

Die Untätigkeitsklage ist ein legitimes Mittel, um eine Entscheidung der Behörde einzufordern, und hat keine negativen Auswirkungen auf den ursprünglichen Antrag. Sie dient lediglich dazu, die Behörde zur Erfüllung ihrer gesetzlichen Pflichten zu bewegen.

- **Mitwirkungspflicht des Klagenden:**

Der Antragsteller muss alles getan haben, um die Bearbeitung seines Antrags oder Widerspruchs zu ermöglichen. Dazu gehört das fristgerechte Einreichen aller angeforderten Unterlagen. Wenn der Antragsteller seiner Mitwirkungspflicht nicht nachkommt, kann die Behörde nicht für ihre Untätigkeit verantwortlich gemacht werden.

Wichtige Hinweise:

Es kann sinnvoll sein, sich rechtlichen Beistand zu holen, insbesondere wenn die Untätigkeitsklage eingereicht werden muss.

Einstweiliger Rechtsschutz

Ein Klageverfahren vor Gericht kann Monate oder auch viele Jahre dauern, bis eine abschließende Entscheidung getroffen wird. Für die Zeit bis zur Klärung des Rechtsstreits bietet der einstweilige Rechtsschutz eine vorübergehende Zwischenlösung.

Arten des einstweiligen Rechtsschutzes

Vor den Sozialgerichten gibt es zwei wesentliche Formen:

1. Einstweilige Anordnung:

Mit einer einstweiligen Anordnung kann z. B. die vorläufige Gewährung einer Sozialleistung beantragt werden. Hierfür müssen zwei Voraussetzungen erfüllt sein:

Anordnungsanspruch: Der Antragsteller macht glaubhaft, dass ihm die Leistung zusteht.

Anordnungsgrund: Es besteht eine besondere Dringlichkeit, die ein Abwarten bis zur Hauptentscheidung unzumutbar macht. Beispiele hierfür sind dringend benötigte Assistenzleistungen, um akute Gefahren für Leib und Leben zu vermeiden. Weitere Psychotherapiestunden, um einer Verschlechterung der Symptome und einer möglichen geschlossenen Unterbringung in der Psychiatrie vorzubeugen.

Das Gericht entscheidet im Eilverfahren ohne Zeugen und meist ohne mündliche Verhandlung. Da die Prüfung nur oberflächlich erfolgt, kann das Hauptverfahren zu einem anderen Ergebnis führen. In diesem Fall müssen erhaltene Leistungen ggf. zurückgezahlt werden.

2. Entscheidung über aufschiebende Wirkung:

Wenn eine Entscheidung einer Behörde, wie etwa ein Bescheid des Jobcenters, negativ ist und dagegen Widerspruch oder Klage eingelegt wird, hat dies normalerweise eine sogenannte aufschiebende Wirkung (§ 86a Abs. 1 SGG). Das bedeutet, die Entscheidung wird vorerst nicht umgesetzt. Es gibt aber Ausnahmen, zum Beispiel bei der Rückerstattung von Arbeitslosengeld II (§ 39 SGB II). In solchen Fällen kann man beim Gericht beantragen, dass die aufschiebende Wirkung wieder hergestellt wird. Das Gericht entscheidet dann nach einer Abwägung der Interessen und einer ersten Überprüfung, ob die Behördenentscheidung rechtmäßig ist.

Rechtsmittel

Wird der Antrag auf einstweiligen Rechtsschutz abgelehnt, kann in vielen Fällen Beschwerde beim Landessozialgericht eingelegt werden. Ausnahmen und Details hierzu sind in der Rechtsmittelbelehrung der Entscheidung vermerkt.

Gesetzlicher Betreuer

Kann ein beeinträchtigter Mensch seine Angelegenheiten nicht mehr selbst regeln, wird eine gesetzliche Betreuung angeordnet. Auch der beeinträchtigte Mensch selbst kann eine gesetzliche Betreuung anregen, wenn er sich selbst als überfordert ansieht.

Aber was macht eine gesetzliche Betreuung?

Erst einmal muss man verstehen, dass ein gesetzlicher Betreuer nur das tun darf, was ihm vom Gericht übertragen wurde. Nicht jeder Betreuer macht immer das gleiche: Es gibt vier Entscheidungsbereiche, in denen gesetzliche Betreuer agieren können. Welche das jeweils sein sollen, wird gerichtlich festgehalten.

Gesundheitsfürsorge:

- Pflegedienst beauftragen
- Reha-Maßnahmen einleiten
- Behandlungen im Krankenhaus veranlassen
- Ärztliche Behandlungen sicherstellen

Vermögenssorge

- Renten, Sozialhilfe oder Einkünfte geltend machen
- Unterhaltspflichten prüfen
- Schuldenregulierung einleiten
- Erbangelegenheiten regeln
- Vermögen und Finanzen wirtschaftlich sinnvoll verwalten

Aufenthaltsbestimmung

- Geeigneten Wohnort finden
- Leben in der eigenen Wohnung sichern
- Interessen gegenüber einer Einrichtung vertreten
- Mietverträge und Heimverträge prüfen und abschließen

Behördenangelegenheiten

- Interessen der Betreuten vertreten
- Aufenthaltsrechte für Menschen nicht-deutscher Herkunft sichern
- Ansprüche durchsetzen

Den Antrag auf eine Gesetzliche Betreuung stellt man beim Betreuungsgericht, dieses leitet alles Weitere in die Wege.

Wichtig! Bevor eine gesetzliche Betreuung eingerichtet wird, haben andere Hilfen Vorrang. Dies können unter anderem ambulante Hilfen im Haushalt, Schuldnerberatung, soziale Dienste (ambulant betreutes Wohnen, Assistenzleistungen) und Beratungsstellen sein.

Psychiatrische Patientenverfügung

Mit einer Patientenverfügung kann man im Voraus in zukünftige ärztliche Behandlungen einwilligen oder sie untersagen. Man kann z.B. für den Fall eines Dissoziativen Stupors bestimmte Medikamente ausschließen und stattdessen andere verlangen oder sogar jede Medikation verbieten.

Da dieses Thema sehr umfangreich ist, kann ich die aktuelle Version einer Psychiatrischen Patientenverfügung vom Netzwerk Psychiatrie München e.V. empfehlen. Dieses hat eine sehr ausführliche und gesetzeskonforme Vorlage herausgebracht, die auf seiner Website bestellt oder heruntergeladen werden kann.

Website: www.netz-m.de

Beiordnung eines Rechtsanwalt (Opferanwalt)

Unter bestimmten Voraussetzungen kann das Gericht einen Rechtsanwalt zur Wahrung der Interessen einer Person für die Dauer ihrer Vernehmung beiordnen. Insbesondere bei schweren Straftaten gegen die sexuelle Selbstbestimmung besteht ein Anspruch darauf. Durch diese Beiordnung entstehen der Person keine Kosten.

In der Regel müssen die Kosten für einen Rechtsanwalt jedoch selbst getragen werden, wenn keine Beiordnung stattfinden kann.

Der Weiße Ring, (Siehe Kapitel „Beratungsstellen") kann unter Umständen einen Beratungsschein für eine Erstberatung beim Rechtsanwalt ausstellen.

Leistungen für den Lebensunterhalt

Beim Aufbau eines Helfernetzwerks steht zunächst die Schaffung einer finanziellen Absicherung im Vordergrund, um eine stabile Lebensgrundlage zu gewährleisten und Abhängigkeitsverhältnisse zu überwinden. Dieses Kapitel bietet einen grundlegenden Überblick über die Möglichkeiten zur Sicherung des Lebensunterhalts, ohne dabei ins Detail zu gehen.

SGB II – Bürgergeld

Voraussetzungen:

Die hilfebedürftige Person muss mindestens 15 Jahre alt sein und darf die Altersgrenze für den Rentenbezug noch nicht erreicht haben. Der Wohnsitz und Lebensmittelpunkt müssen in Deutschland liegen, und es muss eine Erwerbsfähigkeit von mindestens 3 Stunden pro Tag bestehen.

Die Höhe der Leistungen setzt sich aus den Kosten für Miete, dem Regelsatz und möglichen Mehrbedarfen zusammen.

Mehrbedarfe[54]:

- Für werdende Mütter ab der 13. Schwangerschaftswoche
- Für Alleinerziehende
- Für Leistungsberechtigte mit Behinderungen
- Für Ernährung

---

[54] www.arbeitsagentur.de/datei/dok_ba015861.pdf (Stand Dez. 2024)

SGB XII – Hilfe zum Lebensunterhalt und Grundsicherung im Alter und bei Erwerbsminderung

Infografik von der Website des Bundesministerium für Arbeit und Soziales[55] (Stand Dez.2024)

Hilfe zum Lebensunterhalt	Grundsicherung im Alter und bei Erwerbsminderung
finanziell hilfebedürftig	finanziell hilfebedürftig
befristet voll erwerbsgemindert	**dauerhaft** voll erwerbsmindert oder Regelaltersgrenze erreicht
kein Mindestalter vorgesehen	
Das der Regelaltersgrenze entsprechende Alter ist noch nicht erreicht	Mindestalter 18 Jahre (volljährig)
Antrag nicht zwingend erforderlich	Antrag erforderlich

Die Höhe der Leistungen setzt sich aus den Kosten für Miete, dem Regelsatz und möglichen Mehrbedarfen zusammen.

Mehrbedarfe:

- Mehrbedarf aufgrund eingeschränkter Mobilität
- Mehrbedarf für Alleinerziehende mit einem oder mehreren Kindern
- Mehrbedarf für dezentrale Warmwassererzeugung

---

[55] https://www.bmas.de/DE/Soziales/Sozialhilfe/Leistungen-fuer-den-Lebensunterhalt/leistungen-fuer-den-lebensunterhalt.html

- Mehrbedarf für werdende Mütter ab der 13. Schwangerschaftswoche
- Mehrbedarf für gemeinschaftliche Mittagsverpflegung in einer Werkstatt für behinderte Menschen
- Mehrbedarf für kostenaufwändige Ernährung beispielsweise durch eine chronische Krankheit
- Mehrbedarf für einmalige, unabweisbare, besondere Bedürfnisse

Abweichende Regelsatzfestsetzung

Da sich die Sozialhilfe immer an den Besonderheiten jedes Einzelfalls orientiert, müssen auch spezielle Situationen berücksichtigt werden. In bestimmten Fällen wird deshalb von der üblichen Pauschalierung abgewichen. Das nennt man eine abweichende Regelsatzfestsetzung.

Gerichtsurteile zu Abweichende Festlegung des Regelsatzes nach § 27a SGB XII

- **Haushaltshilfe**

Sozialgericht Stuttgart vom 07.07.2010, Aktenzeichen: S 24 AS 3645/10[56].

„Härtefallregelung anlässlich Erkrankung/Behinderung:

Putz-/Haushaltshilfe für körperlich stark beeinträchtigte Personen, die wegen einer körperlichen, geistigen oder seelischen Krankheit oder Behinderung für die gewöhnlichen und regelmäßig wiederkehrenden Verrichtungen im Ablauf des täglichen Lebens auf Dauer in erheblichem oder höherem Maße der Hilfe im Haushalt bedürfen, z.B. Rollstuhlfahrer"

---

[56] https://openjur.de/u/352728.html

- **Erhöhter Energieverbrauch**

Landessozialgericht Niedersachsen-Bremen vom 23.02.2011, Aktenzeichen: L13 AS 90/08[57]

„Erhöhter Energieverbrauch wegen Waschzwang"

- **Mehrbedarf Kosten Begleithundes**

Landessozialgericht Niedersachsen Bremen vom 18.02.2020, Aktenzeichen L 16 KR 253/18[58]

Ein Mehrbedarf für die Kosten eines Begleithundes aufgrund der Behinderung wurde als abweichende Festlegung des Regelsatzes nach § 27a Abs. IV bewilligt, sofern dies notwendig ist, um die Autonomie des behinderten Menschen zu stärken.

Einmalige Mehrbedarfe nach § 30 SGB XII

Neu seit 01.01.2023:

Für Leistungsberechtigte wird ein Mehrbedarf anerkannt, soweit im Einzelfall ein einmaliger, unabweisbarer, besonderer Bedarf besteht, der auf keine andere Weise gedeckt werden kann, und ein Darlehen nach § 37 Absatz 1 SGB XII ausnahmsweise nicht zumutbar oder wegen der Art des Bedarfs nicht möglich ist.

Praktische Beispiele für einmalige Bedarfe sind:

- Brillen
- Gebühren für Pässe und Passbeschaffungskosten
- Kosten zur Beschaffung von Papieren, Geburtsurkunden,
- Heiratsfähigkeitsbescheinigungen
- Elektrogroßgeräte
- Digitale Endgeräte

---

[57] https://openjur.de/u/326500.html
[58] voris.wolterskluwer-online.de/browse/document/1afaa4dd-c337-4de0-8d23-2d9e92838e0a

- Reisekosten zu schwer erkrankten oder sterbenden
- Angehörigen oder zur Beerdigung

Einmalige Bedarfe nach § 31 SGB XII

- Erstausstattung der Wohnung einschließlich Haushaltsgeräten
- Erstausstattung mit Bekleidung und bei Schwangerschaft und Geburt
- Ausstattung Bekleidung bei starken dokumentierten Gewichtsschwankungen
- Anschaffung und für Reparaturen von orthopädischen Schuhen, Reparaturen von therapeutischen Geräten und Ausrüstungen sowie für die Miete von therapeutischen Geräten erbracht, Brillenreparatur (siehe dazu BSG-Urteil vom 25.10.2017, Aktenzeichen: B 14 AS 4/17 R[59])

Krankengeld

Bei Arbeitsunfähigkeit wird das Arbeitsentgelt in der Regel für sechs Wochen weiterhin vom Arbeitgeber gezahlt. Danach übernimmt die Krankenkasse und zahlt 70 Prozent des regelmäßig erzielten Bruttoarbeitsentgelts, jedoch höchstens bis zur Beitragsbemessungsgrenze (5.175,00 Euro monatlich, Stand 2024) und nicht mehr als 90 Prozent des letzten Nettoarbeitsentgelts.

Insgesamt ist das Krankengeld, einschließlich der Entgeltfortzahlung, auf maximal 78 Wochen innerhalb von drei Jahren begrenzt.

---

[59] https://openjur.de/u/971616.html

(Teil-)Erwerbsminderungsrente[60]

Bei gesundheitlich bedingter Arbeitsunfähigkeit ersetzt die Rente wegen voller Erwerbsminderung das Einkommen. Wenn noch eine tägliche Arbeitsfähigkeit für einige Stunden besteht, wird das selbst erzielte Einkommen durch die Rente wegen teilweiser Erwerbsminderung ergänzt.

Voraussetzung ist, dass die Regelaltersgrenze, also der Zeitpunkt für den Bezug der regulären Altersrente, noch nicht erreicht wurde.

Weitere Voraussetzungen für den Bezug der Erwerbsminderungsrente sind:

- Es müssen mindestens fünf Jahre Versicherung in der Deutschen Rentenversicherung vorliegen (allgemeine Wartezeit).
- In den letzten fünf Jahren vor Eintritt der Erwerbsminderung müssen grundsätzlich mindestens **drei Jahre Pflichtbeiträge** eingezahlt worden sein, etwa durch eine versicherte Beschäftigung.

Die Höhe der Erwerbsminderungsrente wird individuell auf Grundlage der eingezahlten Beitragssätze berechnet. Für eine genaue Berechnung und Informationen über den eigenen Anspruch bietet die Rentenversicherung sowohl telefonische Beratung als auch Unterstützung in ihren Beratungsstellen an.

---

[60] https://www.deutsche-rentenversicherung.de/DRV/DE/Rente/Allgemeine-Informationen/Rentenarten-und-Leistungen/Erwerbsminderungsrente/erwerbsminderungsrente_node.html

Wohngeld

Wohngeld ist ein Zuschuss zu den Wohnkosten für einkommensschwache Haushalte. Es wird auf Antrag entweder als Mietzuschuss oder Lastenzuschuss gewährt. Mietzuschuss können Mieter, Untermieter oder Bewohner von Heimen beantragen. Eigentümer von selbstgenutzten Eigenheimen oder Eigentumswohnungen können Wohngeld als Lastenzuschuss erhalten.

Der Anspruch auf Wohngeld und dessen Höhe richten sich nach der Anzahl der Haushaltsmitglieder, dem Gesamteinkommen und den Wohnkosten (Miete oder Belastung). Haushalte, die Leistungen wie Arbeitslosengeld II, Grundsicherung im Alter oder Sozialhilfe beziehen und deren Unterkunftskosten bereits abgedeckt sind, haben keinen Anspruch auf Wohngeld.

Bafög

Das BAföG ermöglicht Jugendlichen und jungen Erwachsenen, eine Ausbildung entsprechend ihrer Fähigkeiten und Interessen zu absolvieren, auch wenn die finanzielle Unterstützung der Eltern nicht ausreicht.

- **Aufgabe des BAföG**

Das Ziel des BAföG ist es, Chancengleichheit zu schaffen, indem es finanzielle Unterstützung für eine gute Ausbildung bietet. So sollen Schülerinnen, Schüler und Studierende gefördert werden, deren Familien sie nicht ausreichend unterstützen können.

- **Geförderte Ausbildungswege**

Das BAföG unterstützt die erste Ausbildung an berufsbildenden Schulen, Kollegs, Akademien und Hochschulen. Seit der Reform im Jahr 2019 ist auch die Förderung eines Studiums an privaten Berufsakademien möglich.

- **Förderberechtigte Personen**

Die Bewilligung von BAföG hängt von persönlichen Voraussetzungen ab. Entscheidende Kriterien sind Staatsangehörigkeit oder aufenthaltsrechtlicher Status, Alter, Eignung für die angestrebte Ausbildung sowie das Einkommen und Vermögen der antragstellenden Person.

- **Antragstellung**

Die Leistungen müssen schriftlich oder elektronisch beim zuständigen Amt für Ausbildungsförderung beantragt werden. Anträge können über BAföG-Digital, per Post, Fax oder E-Mail eingereicht werden. Formulare und weitere Informationen zur Antragstellung sind online verfügbar.

Berufsausbildungsbeihilfe (BAB)

Die Berufsausbildungsbeihilfe (BAB) bietet finanzielle Unterstützung für Auszubildende, die während ihrer Ausbildung auf eigenen Beinen stehen möchten. Besonders, wenn die Ausbildungsvergütung nicht ausreicht, um Miete, Lebenshaltungskosten oder Fahrten nach Hause zu decken, kann die Bundesagentur für Arbeit (BA) mit einem monatlichen Zuschuss helfen.

Voraussetzungen für BAB

Ein Anspruch auf BAB besteht, wenn mindestens eine der folgenden Bedingungen erfüllt ist:

- Teilnahme an einer Berufsvorbereitenden Bildungsmaßnahme (BvB), möglicherweise zur Vorbereitung auf einen Hauptschulabschluss oder einen gleichwertigen Abschluss.
- Absolvierung einer betrieblichen oder außerbetrieblichen Berufsausbildung in einem anerkannten Ausbildungsberuf, wobei der Ausbildungsbetrieb zu weit entfernt liegt, um im Elternhaus wohnen zu bleiben.

- Absolvierung einer betrieblichen oder außerbetrieblichen Berufsausbildung und:
- Volljährigkeit, oder
- Verheiratet sein bzw. Zusammenleben mit Partner oder Partnerin.
- Absolvierung einer betrieblichen oder außerbetrieblichen Berufsausbildung, mit mindestens einem Kind und ohne Wohnsitz im Elternhaus.
- Teilnahme an der ausbildungsvorbereitenden Phase einer Assistierten Ausbildung (AsA).

Ausschlusskriterien für BAB

Kein Anspruch auf BAB besteht in folgenden Fällen:

- Die Ausbildung ist rein schulisch, wie beispielsweise zur Physiotherapeutin oder zum Physiotherapeuten.
- Es werden bereits Leistungen von einer anderen Behörde bezogen, die BAB-ähnlich sind.

Rehabilitationsmöglichkeiten

Die Ziele einer Reha sind individuell und hängen von der Art und Schwere der Erkrankung sowie der Lebenssituation der Betroffenen ab. Im Vorfeld werden die wesentlichen Punkte gemeinsam mit der behandelnden Fachärztin oder dem behandelnden Facharzt besprochen und in einem Behandlungsplan festgehalten.

Grundsätzlich zielt die Reha darauf ab, Betroffenen den Zugang zu Lebensbereichen zu ermöglichen, in denen sie aufgrund ihrer Erkrankung eingeschränkt sind. Häufig geht es hierbei um die Rückkehr ins Berufsleben und die Wiederaufnahme sozialer Kontakte.

Ein zentrales Anliegen der Reha ist es, die Selbstständigkeit und Eigenverantwortung der Betroffenen zu fördern. Die Maßnahmen helfen, Einschränkungen zu identifizieren und damit umzugehen. Darüber hinaus werden Techniken und Unterstützung vermittelt, um eine Tagesstruktur zu entwickeln und einen geregelten Alltag aufzubauen.

Medizinische Rehabilitation

Eine medizinische Rehabilitation schafft die Grundlage für die Rückkehr ins Arbeitsleben. Sie umfasst neben allgemeinen Maßnahmen auch spezielle Programme wie die Rehabilitation für Kinder und Jugendliche, die onkologische Rehabilitation, die Behandlung von Abhängigkeitserkrankungen und die Anschlussrehabilitation (AHB). Die Medizinische Rehabilitation muss abgeschlossen sein, bevor eine berufliche Rehabilitation begonnen werden kann.

Rehabilitation psychisch kranker Menschen - RPK

Viele Betroffene von Traumafolgestörungen benötigen auch nach Abschluss der Akutbehandlung noch eine längerfristige Unterstützung und Begleitung, um in den Lebensalltag zurückzufinden. Dabei geht es um Ziele wie soziale Integration, eigenständiges Wohnen und Selbstversorgung. Ganz zentral geht es dabei auch um ein weiteres, in der Kultur sehr wichtiges Gut: Arbeit und Beschäftigung.

RPK-Einrichtungen können im Rahmen der Rehabilitation die notwendige Unterstützung geben: durch individuell zugeschnittene Behandlungselemente in der medizinischen Rehabilitation werden die gesundheitliche Stabilität und die Alltags- sowie Sozialkompetenzen für das Leben in der Gemeinschaft gefördert. Durch ein gestuftes Programm mit Bildungsangeboten, Arbeitspraxis und psychosozialer Beratung im Rahmen der beruflichen Rehabilitation werden Belastbarkeit und Leistungsfähigkeit für eine Ausbildung oder Arbeit schrittweise aufgebaut.

Berufliche Rehabilitation

Leistungen zur beruflichen Rehabilitation oder zur Berufsförderung, auch als "Leistungen zur Teilhabe am Arbeitsleben" bezeichnet, bieten Unterstützung, um die Erwerbsfähigkeit zu erhalten und neue berufliche Perspektiven zu schaffen. Diese Leistungen können nachfolgend zu einer medizinischen Rehabilitation oder auch eigenständig durchgeführt werden. Ziel ist es, die Eingliederung ins Arbeitsleben zu sichern oder wiederherzustellen.

Es gibt Maßnahmen, die den bestehenden Arbeitsplatz erhalten sollen, sowie Aus- und Weiterbildungsangebote, die neue berufliche Chancen eröffnen. Anspruch auf berufliche Reha besteht, wenn gesundheitliche Gründe die Ausübung des bisherigen Berufs unmöglich machen.

Ein Antrag auf berufliche Rehabilitation muss gestellt werden.

Leistungen zur Teilhabe am Arbeitsleben sind:

- **Technische Hilfen und persönliche Hilfsmittel:**

Bereitstellung von Geräten oder Anpassungen, die die Ausübung des Berufs trotz gesundheitlicher Einschränkungen ermöglichen.

- **Kraftfahrzeughilfe:**

Unterstützung beim Erwerb eines behinderungsgerechten Fahrzeugs, um den Arbeitsweg zu erleichtern.

- **Leistungen zur Aktivierung und beruflichen Eingliederung:**

Maßnahmen, die die Rückkehr ins Berufsleben fördern, wie Bewerbungstrainings oder Arbeitserprobungen.

- **Wohnungshilfen:**

Wohnungshilfen sind Förderbeträge, die für den behindertengerechten Um- und Ausbau des Wohnbereichs erhalten werden können. Die Baumaßnahmen müssen dazu beitragen, den Arbeitsplatz möglichst barrierefrei und selbständig zu erreichen. Es darf nicht in erster Linie einer besseren Lebensqualität dienen.

- **Arbeitsassistenz:**

Bereitstellung von persönlichen Assistenten, die im Arbeitsalltag unterstützen.

- **Förderung der Aufnahme einer selbständigen Tätigkeit (Gründungszuschuss):**

Finanzielle Unterstützung und Beratung bei der Gründung einer eigenen selbstständigen Tätigkeit. (Gründungszuschuss)

- **Leistungen in einer anerkannten Werkstatt für behinderte Menschen (WfbM):**

Angebote für Menschen, die aufgrund ihrer Behinderung nicht auf dem allgemeinen Arbeitsmarkt tätig sein können.

Wie sieht eine Reha bei Trauma aus?

Für Menschen mit Trauma-Erfahrungen wird die Reha speziell darauf abgestimmt, Stabilität und Sicherheit zu fördern. Traumapatienten lernen, belastende Symptome wie Flashbacks oder Angstzustände besser zu bewältigen. Ziel ist es, die Lebensqualität zu verbessern und schrittweise wieder Zugang zu sozialen und beruflichen Aktivitäten zu finden. Therapeutische Angebote können dabei unter anderem Traumatherapie, Achtsamkeitstraining und Gruppentherapien umfassen.

Wann kommt eine Reha infrage?

Grundsätzlich kann eine Reha für nahezu alle psychischen Erkrankungen geeignet sein, insbesondere wenn diese die tägliche Routine und die berufliche Ausübung beeinträchtigen. Voraussetzung ist, dass die Maßnahme als erfolgversprechend eingestuft wird. Auch die Motivation der Betroffenen zum Wiedereinstieg spielt eine wichtige Rolle. Sollte die Motivation zunächst nicht gegeben sein, prüfen die Behandlerinnen und Behandler, ob diese im Verlauf der Therapie gefördert werden kann.

Wichtig ist, dass der Zustand der Betroffenen ausreichend stabil ist. Bei zu akuten Symptomen oder Suizidgefahr kann eine Reha nicht begonnen werden. In solchen Fällen muss zunächst eine Akutbehandlung durch die gesetzliche Krankenversicherung erfolgen.

Wie können die Leistungen in Anspruch genommen werden?

Um Leistungen zur Rehabilitation zu erhalten, ist es notwendig, einen Antrag beim zuständigen Kostenträger zu stellen. Die Antragsformulare sind bei den jeweiligen Sozialleistungsträgern erhältlich. Sollten Sie unsicher sein, welcher Träger für Sie zuständig ist, können Sie den Antrag bei jedem Sozialleistungsträger einreichen; dieser leitet ihn bei Bedarf an die richtige Stelle weiter.

Hilfe zur Beantragung können die Behörden selbst geben oder man nimmt eine Beratungsstelle in Anspruch, siehe dazu das Kapitel „Beratungspflicht Sozialbehörden und weitere Beratungsstellen".

Budget für Ausbildung

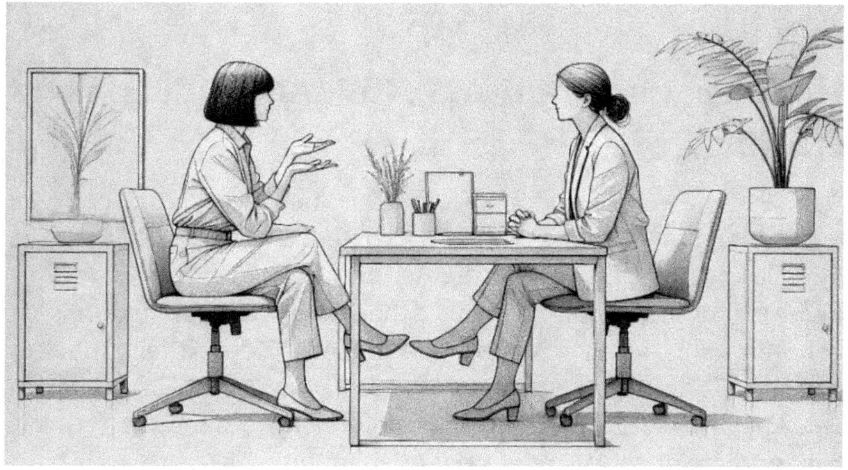

Das Budget für Ausbildung ist eine seit dem 01.01.2020 eingeführte Leistung zur Teilhabe am Arbeitsleben (LTA), die speziell für Menschen mit Behinderungen gedacht ist. Es ermöglicht diesen Personen, eine reguläre betriebliche Ausbildung oder eine Fachpraktikerausbildung auf dem allgemeinen Arbeitsmarkt zu beginnen, sofern ein Anspruch auf Leistungen im Eingangsverfahren und Berufsbildungsbereich einer Werkstatt für behinderte Menschen (WfbM) besteht.

Anspruchsberechtigter Personenkreis

Mit dem Inkrafttreten des Teilhabestärkungsgesetzes (TeilhStG) am 01.01.2022 wurde der Kreis der Anspruchsberechtigten erweitert. Ab diesem Zeitpunkt können auch Menschen, die bereits im Arbeitsbereich einer WfbM oder bei anderen Leistungsanbietern tätig sind, das Budget für Ausbildung erhalten. Damit können sie eine sozialversicherungspflichtige betriebliche Ausbildung oder

Fachpraktikerausbildung auf dem allgemeinen Arbeitsmarkt aufnehmen, wie in § 61a Absatz 1 Satz 1 SGB IX in der neuen Fassung festgelegt.

Umfang des Budgets für Ausbildung und zuständige Leistungsträger

Das Budget für Ausbildung umfasst mehrere Leistungen: Es beinhaltet die Finanzierung von Assistenzleistungen sowohl am Ausbildungsplatz als auch in der Berufsschule sowie die Erstattung der Ausbildungsvergütung an die Arbeitgeber. Seit dem 01.01.2022 gehören auch die Fahrtkosten und der Anteil der Arbeitgeber am Gesamtsozialversicherungsbeitrag zum Budget für Ausbildung (§ 61a Absatz 2 Satz 1 SGB IX). Die Leistungen werden längstens bis zum erfolgreichen Abschluss der Ausbildung gewährt.

Die Zuständigkeit für die Gewährung des Budgets für Ausbildung liegt bei verschiedenen Trägern, darunter die Bundesagentur für Arbeit (BA), die Rentenversicherung, die Unfallversicherung oder das soziale Entschädigungsrecht.

Budget für Arbeit

Das Budget für Arbeit ist eine Leistung zur Teilhabe am Arbeitsleben (LTA), die zum 1. Januar 2018 eingeführt wurde. Ziel ist es, Menschen mit Behinderungen, die in einer Werkstatt für behinderte Menschen (WfbM) tätig sind, eine sozialversicherungspflichtige Beschäftigung auf dem Allgemeinen Arbeitsmarkt zu ermöglichen. Das Budget umfasst einen unbefristeten Lohnkostenzuschuss, der an Arbeitgeber gezahlt wird, sowie die notwendige kontinuierliche Assistenz für die betroffenen Personen am Arbeitsplatz. Diese Assistenz dient der Anleitung und Begleitung der Beschäftigten.

Anspruchsberechtigter Personenkreis

Das Budget für Arbeit richtet sich in erster Linie an Menschen mit Behinderungen, die in einer Werkstatt für behinderte Menschen arbeiten und die nun eine Alternative zur WfbM auf dem allgemeinen Arbeitsmarkt suchen. Laut § 61 Absatz 1 SGB IX sind grundsätzlich alle Personen mit Behinderungen anspruchsberechtigt, die einen Anspruch auf Leistungen im Arbeitsbereich einer anerkannten WfbM haben. Dies schließt auch Menschen ein, die bei anderen Leistungsanbietern nach § 60 SGB IX beschäftigt sind. Ein Anspruch auf das Budget für Arbeit wird nur gewährt, wenn ein Beschäftigungsangebot vorliegt und die betroffene Person eine zur Aufnahme der Arbeit erforderliche Beschäftigungsfähigkeit nachweisen kann.

Leistung zur Teilhabe am Arbeitsleben

Das Budget für Arbeit ist eine Leistung zur Teilhabe am Arbeitsleben, wobei die geförderten Arbeitsverhältnisse sozialversicherungspflichtig sind – jedoch ohne die Einbeziehung in die Arbeitslosenversicherung. Zuständig für die Gewährung des Budgets sind in der Regel die Träger der Eingliederungshilfe. Diese sind je nach Bundesland entweder Landesbehörden oder kommunale Körperschaften. In einigen Fällen können auch Träger der Unfallversicherung, das Soziale Entschädigungsrecht oder die öffentlichen Jugendhilfe zuständig sein.

Um das Budget zu erhalten, muss ein Gesamtplanverfahren durchgeführt werden, bei dem die Wünsche und Bedürfnisse der betroffenen Person bezüglich Ziel und Art der Leistungen berücksichtigt und dokumentiert werden. Das Integrationsamt oder Inklusionsamt kann sich nachrangig an der Finanzierung des Budgets beteiligen.

Tagestätten

für Erwachsene mit psychischen Behinderungen

Die Tagesstätten bieten ein niedrigschwelliges, tagesstrukturierendes Angebot, das darauf abzielt, Aufenthalte in Kliniken oder die Aufnahme in besondere Wohnformen zu verhindern. Ziel ist es, ein selbstständiges Leben im eigenen Haushalt zu unterstützen.

Zielgruppe: Die Tagesstätten richten sich an Erwachsene mit psychischen Erkrankungen oder seelischen Behinderungen, die Unterstützung bei der Tagesstrukturierung, Freizeitgestaltung und sozialen Teilhabe benötigen. Dazu zählen Menschen auch Menschen mit (komplexen) Traumafolgestörungen.

Angebote: Die Tagesstätten bieten ein breites Spektrum an Aktivitäten, um die Teilnehmenden individuell zu unterstützen. Dazu gehören:

- Hauswirtschaftliche Aufgaben: Kochen, Einkaufen, Wäschepflege
- Kreative und ergotherapeutische Maßnahmen: Basteln, Werken, künstlerische Tätigkeiten
- Sportliche Angebote: Reiten, Jogging, Walking, Gymnastik
- Regelmäßige Mahlzeiten: Frühstück, Mittagessen, Nachmittagstee
- Zusätzliche Angebote: Kunst, Spaziergänge, Ausflugsfahrten
- Einzel- und Gruppengespräche: sowie Unterstützung bei der Inanspruchnahme anderer fachlicher Hilfen

Die Finanzierung erfolgt in der Regel über die Eingliederungshilfe. Die Dauer der Teilnahme wird individuell nach dem persönlichen Hilfebedarf bestimmt. Ob eine Zuzahlung zu leisten ist richtet sich nach dem eigenen Einkommen und möglichen Vermögen. Mehr dazu im Kapitel "Kostenträger".

Beratungspflicht Sozialbehörden und Beratungsstellen

Jeder Mensch hat ein Recht auf Beratung und Unterstützung, insbesondere in schwierigen Lebenslagen. Verschiedene Organisationen und gesetzliche Regelungen stellen sicher, dass Bürgerinnen und Bürger Zugang zu Informationen und Hilfsangeboten haben. Dieses Kapitel gibt einen Überblick über einige wichtige Beratungsstellen und deren Angebote, die in Anspruch genommen werden können, um Unterstützung und Orientierung in komplexen sozialen Situationen zu erhalten.

Auskunfts- und Beratungspflicht der Sozialleistungsträger

Bürgerinnen und Bürger haben einen gesetzlichen Anspruch auf umfassende Informationen über ihre sozialen Rechte. Die Sozialversicherungsträger sowie unabhängige Beratungsstellen sind verpflichtet, diese Auskünfte unentgeltlich zu erteilen.

§ 14 SGB I - Beratung

Jeder hat Anspruch auf Beratung über seine Rechte und Pflichten nach diesem Gesetzbuch. Zuständig für die Beratung sind die Leistungsträger, denen gegenüber die Rechte geltend zu machen oder die Pflichten zu erfüllen sind.

Kurz gesagt: Sozialbehörden haben eine gesetzliche Beratungsaufgabe und sind verpflichtet, alle notwendigen Informationen zur Verfügung zu stellen.

EUTB® –
Ergänzende unabhängige Teilhabeberatung

Die Ergänzende unabhängige Teilhabeberatung (EUTB) unterstützt Menschen mit Behinderungen oder von Behinderung bedrohte Menschen und deren Angehörige dabei, ein selbstbestimmtes Leben zu führen.

Sie berät kostenlos und umfassend zu allen Fragen rund um Rehabilitation und Teilhabe, wie zum Beispiel Assistenz, Hilfsmittel, Wohnen oder berufliche Rehabilitation.

Website: www.teilhabeberatung.de

Weißer Ring e.V.

Der Verein bietet umfassende Hilfe für Menschen, die von Straftaten betroffen sind. Unabhängig von Geschlecht, Alter, Religion, Staatsangehörigkeit und politischer Überzeugung erhalten Opfer von Kriminalität schnelle und direkte Hilfe.

Zu den Hilfsmöglichkeiten zählen unter anderem menschlicher Beistand und persönliche Betreuung, Begleitung zu Terminen bei Polizei, Staatsanwaltschaft und Gericht, Gewährung von

Rechtsschutz sowie finanzielle Unterstützung von tatbedingten Notlagen.

Website: www.weisser-ring.de

Opfer-Telefon: 116 006

Bundesweit. Kostenfrei. Anonym. Ein Hilfsangebot des WEISSEN RINGS: 7 Tage die Woche von 7 bis 22 Uhr.

Hilfetelefon – Gewalt gegen Frauen

Telefonnummer: 08000 116 016

Auszug Website des Hilfetelefons (Stand Dez. 2024):

365 Tage im Jahr, rund um die Uhr kostenfrei erreichbar:

Das Hilfetelefon "Gewalt gegen Frauen" bietet Betroffenen erstmals die Möglichkeit, sich zu jeder Zeit anonym, kompetent, sicher und barrierefrei beraten zu lassen.

Qualifizierte Beraterinnen stehen den Hilfesuchenden vertraulich zur Seite und vermitteln sie bei Bedarf an Unterstützungsangebote vor Ort, etwa an eine Frauenberatungsstelle oder ein Frauenhaus in der Nähe. Barrierefreiheit und Mehrsprachigkeit sichern den Zugang für Frauen mit Behinderung und geringen Deutschkenntnissen. Auch Angehörigen, Freundinnen und Freunden sowie Fachkräften steht das Hilfetelefon für Fragen und Informationen zur Verfügung.

Website: www.hilfetelefon.de

Hilfetelefon – Gewalt an Männern

Telefon-Beratung: 0800 123 99 00

Telefonzeiten:

Montag – Donnerstag 08:00 Uhr – 20:00 Uhr
Freitag   08:00 Uhr – 15:00 Uhr
Website: www.maennerhilfetelefon.de

Hilfetelefon – Schwangere in Not

anonym & sicher erreichbar unter folgender Telefonnummer:

0800 40 40 020

Auszug Website des Bundesamt für Familie und zivilgesellschaftliche Aufgaben (Stand Dez. 2024):

Das Beratungsangebot des Hilfetelefons informiert über die Hilfen für Schwangere und zu dem Verfahren der vertraulichen Geburt. Die Beraterinnen geben Auskunft über die Arbeitsweise und das Angebot von Schwangerenberatungsstellen und Kliniken und vermitteln die Anrufenden auf Wunsch an entsprechende Angebote vor Ort.

Website: www.bafza.de/rat-und-hilfe/hilfetelefon-schwangere-in-not.

Hilfe-Portal Sexueller Missbrauch

Das bundesweite Hilfe-Portal Sexueller Missbrauch ist ein Angebot der Unabhängigen Beauftragten für Fragen des sexuellen Kindesmissbrauchs. Es unterstützt alle Menschen, Informationen, Hilfe und Beratung bei sexuellen Übergriffen zu finden – vor Ort, online oder telefonisch.

Hilfetelefon Sexueller Missbrauch:

0800 22 55 530

Telefonzeiten:

Montag: 09:00 Uhr bis 14:00 Uhr
Dienstag: 15:00 Uhr bis 20:00 Uhr
Mittwoch: 09:00 Uhr bis 14:00 Uhr
Donnerstag: 15:00 Uhr bis 20:00 Uhr
Freitag: 09:00 Uhr bis 14:00 Uhr
(Stand Dez. 2024)

Website: www.hilfe-portal-missbrauch.de

Wildwasser e.V.

Auszug von der Website von Wildwasser (Stand Dez. 2024):

Wildwasser war ursprünglich eine Selbsthilfegruppe von Frauen, die sich Anfang der 80er Jahre in Berlin zusammengetan haben. Von dort verbreitete sich die Bewegung, und immer mehr Wildwassergruppen entstanden.

Heute gibt es in vielen Orten professionelle Fachberatungsstellen mit dem Schwerpunkt sexualisierte Gewalt, die sich Wildwasser nennen. Dort berät psychologisches und pädagogisches Fachpersonal die von sexualisierter Gewalt Betroffenen.

Weitere Aufgaben sind Öffentlichkeitsarbeit, Prävention, Fortbildungen und Supervision.

Website: www.wildwasser.de

VIELFALT e.V.

Schwerpunkte des Vereins sind:

- informiert über traumabedingte Dissoziation und ihre Ursachen
- unterstützt Menschen mit dissoziativer Identitätsstruktur (DIS)
- setzt sich dafür ein, dass körperliche, psychische und sexualisierte Gewalt gegen Menschen in unserer Gesellschaft wahrgenommen, geächtet und verhindert wird

Telefonische Beratungszeiten:

Tel. 0421 - 7 94 94 34

Mittwoch: 17.00 - 18.00 Uhr
Freitag: 9.30 - 11.00 Uhr
(Stand Dez. 2024)

Website: https://www.vielfalt-info.de

Abkürzungsverzeichnis

Abkürzung	Bedeutung
APP	Ambulant Psychiatrische Pflege
BAföG	Bundesausbildungsförderungsgesetz
BPS	Borderline-Persönlichkeitsstörung
BTHG	Bundesteilhabegesetz
DIS	Dissoziative Identitätsstörung
EUTB	Ergänzende unabhängige Teilhabeberatung
FSM	Fonds Sexueller Missbrauch
GdB	Grad der Behinderung
GdS	Grad der Schädigungsfolgen
ICD	International Classification of Diseases
KPTBS	Komplexe Posttraumatische Belastungsstörung
MD	Medizinischer Dienst
pDIS	Partielle Dissoziative Identitätsstörung
PG	Pflegegrad
PKH	Prozesskostenhilfe
PTA	Psychotherapeutische Akutbehandlung
PTBS	Posttraumatische Belastungsstörung
RPK	Rehabilitation psychisch kranker Menschen
SGB II	Sozialgesetzbuch II (Grundsicherung für Arbeitsuchende)
SGB III	Sozialgesetzbuch III (Arbeitsförderung)
SGB V	Sozialgesetzbuch V (Gesetzliche Krankenversicherung)
SGB VI	Sozialgesetzbuch VI (Gesetzliche Rentenversicherung)

SGB VII	Sozialgesetzbuch VII (Gesetzliche Unfallversicherung)
SGB VIII	Sozialgesetzbuch VIII (Kinder- und Jugendhilfe)
SGB IX	Sozialgesetzbuch IX (Rehabilitation und Teilhabe)
SGB XI	Sozialgesetzbuch XI (Gesetzliche Pflegeversicherung)
SGB XII	Sozialgesetzbuch XII (Sozialhilfe)
SGB XIV	Sozialgesetzbuch XIV (Soziales Entschädigungsrecht)
VKH	Verfahrenskostenhilfe
WfbM	Werkstatt für behinderte Menschen

Persönlicher Brief an Betroffene

Liebe Leserin, lieber Leser,

ich weiß, wie es sich anfühlt, wenn die Symptome überwältigend sind – Flashbacks, Alpträume und Amnesien, die das Leben erschweren und die Vergangenheit immer wieder ins Jetzt holen. Wie du im Buch vielleicht mitbekommen hast, lebe ich selbst mit einer komplexen Posttraumatischen Belastungsstörung und einer Dissoziativen Identitätsstörung und kenne die Kämpfe, die damit einhergehen. Aber ich möchte dir sagen: Es ist möglich, sich ein Leben jenseits des reinen Überlebens aufzubauen.

Mit der Zeit und durch viele kleine Schritte habe ich Unterstützung gefunden – Menschen, die mich verstehen, mich begleiten und mir helfen, weiterzumachen. Es war kein leichter Weg, und es war nicht immer klar, welche Hilfe wirklich hilfreich sein wird. Aber ich habe gelernt, dass es okay ist, nach Unterstützung zu fragen und sie auch anzunehmen. Das wünsche ich dir von Herzen: Dass du Menschen findest, die an deiner Seite stehen und dir den Raum geben, den du brauchst.

Ja, ich weiß, wie frustrierend es sein kann, wenn Behörden ablehnen, wenn man für Leistungen kämpfen muss, die einem eigentlich zustehen. Es fühlt sich oft ungerecht an und kann unglaublich zermürbend sein. Aber bitte lass dich davon nicht unterkriegen. Du hast das Recht, für das einzustehen, was dir zusteht – sei es eine bedarfsgerechte Psychotherapie, finanzielle Unterstützung oder andere Hilfen. Und du darfst dir jede Unterstützung holen, die du dafür brauchst. Sei es von Beratungsstellen, Helfern in deinem bereits bestehenden Netzwerk oder Menschen, die sich mit diesen Behördenkriegen auskennen. Es ist dein gutes Recht, nicht allein zu kämpfen.

Du bist nicht allein. Es gibt Menschen, die an deiner Seite sein wollen. Menschen, die sehen, was du durchgemacht hast, und die dich dabei unterstützen möchten, deinen eigenen Weg zu finden –

einen Weg hinaus aus dem Überleben und hinein in ein Leben, was dir gehört.

Die Täter werden nicht gewinnen. Sie haben dir vielleicht einen Teil deiner Geschichte genommen, aber sie werden nicht bestimmen, wie dein Leben weitergeht. Und weißt du was? Allein die Tatsache, dass du den Mut hattest, dir dieses Buch zu kaufen und dich mit diesen Themen zu beschäftigen, ist ein kleiner Schritt gegen die Täter. Es zeigt, dass du für dich einstehst, dass du bereit bist, dir zurückzuholen, was dir gehört: dein Leben.

Du bist stark, auch wenn es sich nicht immer so anfühlt. Du bist mutig, allein schon, weil du diesen Weg gehst. Und du darfst kämpfen – für dich, für deine Zukunft, für all das, was dir zusteht.

Ich möchte dir mit diesem Buch und diesen Zeilen zeigen: Es gibt Hoffnung. Es gibt ein Leben, das mehr ist als Überleben.

Gib nicht auf. Du bist es wert.

Von Herzen,
Deine Quen

Danksagung

Während ich diese Zeilen schreibe, weiß ich, dass dieses Buch in einer Woche erscheint. Es fühlt sich komisch für mich an, denn seit mehr als drei Jahren habe ich an diesem Buch gearbeitet. Es gab mir an Tagen Kraft, wenn es mir richtig mies ging. Denn ich konnte mich richtig darin vertiefen. Ich vergaß die Welt um mich herum. Ich konnte damit meine Symptome ausblenden.

Naja, eigentlich nicht ich allein, denn ich habe eine Dissoziative Identitätsstörung. Das heißt, mein Körper beherbergt mehrere unterschiedliche Persönlichkeitsanteile, die ziemlich kunterbunte eigene Interessen, Fähigkeiten und auch Funktionsniveaus haben. Ich habe nicht allein an diesem Buch gearbeitet – wir haben als System gemeinsam unsere verschiedenen Stärken gebündelt. Deswegen möchte ich stellvertretend Danke sagen. Danke an alle, die an diesem Buch mitgearbeitet haben. Danke an alle Innen, dass ihr so stark und mutig seid, nicht aufzugeben. Danke, dass ihr kämpft, damit alle in uns eines Tages ein selbstbestimmtes Leben führen können.

Mein Dank geht aber nicht nur an uns selbst. Nein, ich möchte auch Danke sagen an all die Menschen, die unseren Weg begleiten.

Einen riesengroßen Dank an unsere Therapeutin. Danke, dass Sie uns damals als Patientin angenommen haben. Danke, dass Sie 1 ½ Jahre mit uns Kreise drehten und an uns geglaubt haben, dass wir aus der Leugnungsphase herauskommen werden. Danke, dass Sie da nicht aufgegeben haben. Und auch danke dafür, dass Sie mit allen von uns wertschätzend umgehen, auch wenn Anteile eine aggressive Sprache verwenden. Wir haben dadurch das Gefühl, dass jeder richtig ist, wie er ist – nur nicht gelernt hat, anders zu kommunizieren. Dadurch vermitteln Sie uns: Jeder darf da sein. Das war für uns eine komplett neue Erfahrung.

Ein großer Dank geht an unsere Assistentinnen. Danke, dass ihr für jeden Blödsinn zu haben seid und unsere Teilhabe am Leben so sehr stärkt. Danke, dass ihr jeden von uns in seinem eigenen individuellen Tempo unterstützt, die Welt zu entdecken. Danke, dass ihr traumatisierten Anteilen die Welt zeigt, die nicht nur aus Leid besteht, sondern aus so viel mehr.

Ein Dank an unsere Freunde – sowohl online als auch offline. Danke, dass ihr uns so nehmt, wie wir sind. Danke, dass ihr immer ein offenes Ohr für uns habt.

Und ein Dank geht auch an all die Menschen, die uns schon seit so vielen Jahren in den sozialen Netzwerken den Rücken stärken. Eure kleinen und großen Nachrichten helfen uns sehr, auch an blöden Tagen zurechtzukommen.

Einfach Danke. ♥